Beck'sche Musterverträge, Band 18

Wegmann: Ehegattentestament und Erbvertrag

D1670943

Ehegattentestament und Erbvertrag

Von

Prof. Dr. Bernd Wegmann

Notar in Ingolstadt

3., neu bearbeitete Auflage

Verlag C. H. Beck München 2004

Verlag C. H. Beck im Internet:
beck.de

ISBN 3 406 51150 3
© 2004 Verlag C. H. Beck oHG
Wilhelmstraße 9, 80801 München
Druck und Bindung: Nomos Verlagsgesellschaft
In den Lissen 12, 76547 Sinzheim

Satz: jürgen ullrich typosatz, Nördlingen

Gedruckt auf säurefreiem, alterungsbeständigem Papier
(hergestellt aus chlorfrei gebleichtem Zellstoff)

Inhaltsverzeichnis

A. Einleitung und Textabdruck

B. Erläuterungen

A. Einleitung und Textabdruck

I. Einleitung

In den nächsten 10 Jahren werden in Deutschland ca. 1,3 Billionen € (in Zahlen 1.300.000.000.000,– EURO) vererbt. In der Vergangenheit haben nur ca. 20% der Erblasser ihre Nachlassangelegenheiten testamentarisch geregelt. In den weiteren Todesfällen trat die gesetzliche Erbfolge ein. Die gesetzliche Erbfolge entspricht gerade bei Ehegatten i. d. R. nicht den Wünschen der Beteiligten (s. nachf. 2.). Durch ein Testament oder einen Erbvertrag kann Abhilfe geschaffen werden. Dieses Buch soll für verheiratete Erblasser und ihre Berater Informationen über Probleme bei der Gestaltung von letztwilligen Verfügungen geben und will dazu beitragen, diese Probleme zu lösen. Außerdem ist kurz dargestellt, wie die jeweilige letztwillige Verfügung durch lebzeitige Maßnahmen ergänzt oder ersetzt werden kann oder muss.

1. Gesetzliche Erbfolge

Wenn ein Erblasser verstirbt, ohne eine gültige letztwillige Verfügung zu hinterlassen, wird er nach der gesetzlichen Erbfolge beerbt. Wenn Ehegatten nacheinander versterben, unterscheidet sich die gesetzliche Erbfolge beim ersten Todesfall von der gesetzlichen Erbfolge beim zweiten Todesfall.

1.1. Gesetzliche Erbfolge beim ersten Todesfall. Die gesetzliche Erbfolge beim ersten Todesfall hängt bei Ehegatten davon ab, in welchem Güterstand sie verheiratet sind.

a) Gesetzlicher Güterstand. Leben die Ehegatten im gesetzlichen Güterstand der sog. Zugewinngemeinschaft, das heißt, haben sie keinen Ehevertrag geschlossen oder nur den § 1372 modifiziert (sog. „modifizierte Zugewinngemeinschaft") erbt der **überlebende Ehegatte, wenn** der zuerst versterbende Partner **Kinder** oder Abkömmlinge von Kindern (Enkelkinder, Urenkelkinder) hinterlässt, **zur Hälfte** (§§ 1931 Abs. 1, 1371 Abs. 1 BGB). Die Kinder teilen sich in die weitere Hälfte (§§ 1931 Abs. 1, 1924 Abs. 4 BGB). Ist nur **ein Kind** vorhanden, **erbt** es **zur Hälfte, zwei Kinder** zu je $1/4$. Ist

ein Kind verstorben und hinterlässt es eigene Kinder, treten die Enkelkinder an die Stelle des Kinds (§ 1924 Abs. 3 BGB). Ehegatten
von Kindern werden kraft Gesetzes nicht Ersatzerben.

Beispiel: A und B sind verheiratet. Sie hatten zwei Kinder, C und D. C ist
vor seinen Eltern verstorben, hinterlässt aber zwei Kinder E und F. In diesem Fall erben beim Tod von A: B zu $1/2$, D zu $1/4$ und E und F zu je $1/8$.

Gesetzlich erbberechtigt sind nur eigene Abkömmlinge des Verstorbenen, das heißt leibliche Kinder und Enkelkinder oder adoptierte
Kinder bzw. Enkelkinder. Einseitige Kinder des anderen Ehegatten
(z. B. nichteheliche Kinder und Kinder aus einer eventuell vorangegangenen Ehe, solange sie nicht als gemeinschaftliche Kinder adoptiert wurden) sind nur beim Tod des Ehegatten erbberechtigt, mit
dem sie verwandt sind, beim Tod des anderen Ehegatten nicht.

Hinterlässt ein Ehegatte beim Tod **keine eigenen Kinder oder Abkömmlinge von Kindern,** erbt der überlebende **Ehegatte zu** $3/4$. Das
restliche Viertel steht den Eltern des verstorbenen Ehegatten zu. **Jeder Elternteil erbt zu** $1/8$ (§§ 1925 Abs. 2 BGB, 1931 Abs. 1 BGB).
Ist ein Elternteil verstorben, treten an seine Stelle dessen Abkömmlinge (das heißt die Geschwister des Verstorbenen bzw. deren Kinder).

Wenn beim Tod eines Ehegatten weder Abkömmlinge noch Eltern, noch Abkömmlinge von Eltern, noch Großeltern (§ 1931
Abs. 1 BGB) vorhanden sind, erbt der überlebende Ehegatte alleine.

b) Gütertrennung. Wenn die Ehegatten in einem Ehevertrag Gütertrennung vereinbart haben (§§ 1408 Abs. 1, 1410, 1414 BGB),
hängt das Erbrecht des überlebenden Ehegatten, wenn neben ihm
noch Abkömmlinge des Verstorbenen vorhanden sind, **von der An-
zahl der Kinder** ab. Ist nur **ein Kind** vorhanden, erbt der überlebende Ehegatte zur Hälfte und das Kind zur Hälfte. Bei **zwei Kindern**
erbt der überlebende Ehegatte und erbt jedes der Kinder zu $1/3$. Bei
drei oder mehr Kindern erbt der überlebende Ehegatte zu $1/4$; die
Kinder teilen sich – untereinander zu gleichen Teilen – in die restli-
chen $3/4$. An die Stelle eines verstorbenen Kindes treten, wenn es Abkömmlinge hinterlässt, dessen Abkömmlinge.

Beispiel: Wenn die Ehegatten im Fall oben Gütertrennung vereinbart hatten, ergibt sich beim Tod von A: B erbt zu $1/3$. D erbt zu $1/3$. E und F erben
jeweils zu $1/6$.

Hinterlässt ein Ehegatte keine Abkömmlinge, aber Eltern oder Abkömmlinge von Eltern (Geschwister oder Kinder bzw. Kindeskinder
von Geschwistern) oder Großeltern, erbt der überlebende **Ehegatte
zur Hälfte.** Die **Eltern** erben **jeweils zu** $1/4$. Wenn ein Elternteil verstorben ist, treten dessen Abkömmlinge an seine Stelle.

c) **Gütergemeinschaft.** Bei Gütergemeinschaft ist zu berücksichtigen, dass Nachlass, der vererbt wird, nur der hälftige Anteil des verstorbenen Ehegatten am Gesamtgut der Gütergemeinschaft ist (§§ 1482, 1476 Abs. 1 BGB). Der Nachlass wird, **wenn** der Verstorbene neben dem Ehegatten **Abkömmlinge** hinterlässt, zu ¼ **dem überlebenden Ehegatten** vererbt. Die **Abkömmlinge** teilen sich – untereinander zu gleichen Teilen – die verbleibenden ¾ (§ 1931 Abs. 1 BGB). Wenn **keine Abkömmlinge** vorhanden sind, aber Eltern, Abkömmlinge von Eltern oder Großeltern, erbt der **überlebende Ehegatte** zur Hälfte. Sind weder Abkömmlinge noch Eltern, noch Abkömmlinge von Eltern, noch Großeltern vorhanden, erbt der überlebende Ehegatte alleine (§ 1931 Abs. 2 BGB).

1.2. Zweiter Todesfall. Das gesetzliche Erbrecht beim zweiten Todesfall hängt zunächst davon ab, ob der überlebende Ehegatte nochmals heiratet oder weitere Kinder hat.

a) **Keine Wiederverehelichung/keine weiteren Kinder.** Wenn der überlebende Ehegatte weder nochmals heiratet noch Vater oder Mutter von weiteren Kindern wird, wird er beim zweiten Todesfall, wenn Kinder oder Abkömmlinge vorhanden sind, ausschließlich von diesen beerbt. Mehrere Kinder erben zu gleichen Teilen. Wenn ein Kind vorverstorben ist, aber selbst Abkömmlinge hinterlässt, treten dessen Abkömmlinge an seine Stelle.

Beispiel: Von den Ehegatten A und B stirbt A als erster. Beim Tod von B hinterlässt B folgende Abkömmlinge: C, E und F. C ist ein gemeinschaftlicher Sohn von A und B. E und F sind die Kinder des vorverstorbenen gemeinschaftlichen Sohns D. B wird kraft Gesetzes zur Hälfte von D und jeweils zu ¼ von E und F beerbt.

Wenn beim zweiten Todesfall **keine Abkömmlinge** vorhanden sind, erben die Eltern des Zweitversterbenden, ersatzweise deren Abkömmlinge (also die Geschwister des Zweitversterbenden und deren Kinder), wiederum ersatzweise die Großeltern und deren Abkömmlinge.

b) **Wiederverehelichung.** Wenn der Überlebende wieder heiratet und vor dem neuen Ehegatten verstirbt, entspricht das gesetzliche Erbrecht den Regeln, die oben unter 2.1. dargestellt sind: Der neue Ehegatte ist gesetzlich erbberechtigt. Wenn aus einer neu eingegangenen Ehe weitere Kinder hervorgehen, gehören zu den erbberechtigten Abkömmlingen dann nicht nur die Kinder aus der ersten Ehe, sondern auch die Kinder aus der neugeschlossenen Ehe.

c) **Geburt weiterer Kinder.** Wenn der überlebende Ehegatte, ohne wieder zu heiraten, Vater bzw. Mutter von Kindern wird, werden diese gleichberechtigt neben den erstehelichen Kindern erbberechtigt. Strategien, um das Erbrecht von neuen Ehegatten oder weiteren

Kindern des überlebenden Ehegatten zu mindern, werden im 1. Muster, Grundfall, Erl. 2. zu § 2 dargestellt.

1.3. Erbrecht von nichtehelichen Kindern. Nichteheliche Kinder sind ehelichen Kindern erbrechtlich grundsätzlich gleichgestellt. Uneingeschränkt gilt dies, wenn die Mutter von nichtehelichen Kindern verstirbt. Wenn bei Ehegatten die Ehefrau also neben ehelichen Kindern und Kindern aus eventuell vorangegangenen Ehen nichteheliche Kinder hat, ändert dies an der Position der Kinder nichts.

Dies gilt nunmehr grundsätzlich ebenso, wenn der Vater nichtehelicher Kinder stirbt (§§ 1934 a ff. BGB, die früher dem nichtehelichen Kind beim Tod des Vaters statt des Erbanspruchs einen Ersatzerbanspruch gewährten, wurden durch das ErbGleichG aufgehoben). Nur wenn das nichteheliche Kind vor dem 1. 7. 1949 geboren ist, ist es beim Tod des Vaters vom gesetzlichen Erbrecht (und Pflichtteilsrecht) ausgeschlossen; dies gilt entsprechend für Abkömmlinge solcher nichtehelicher Kinder, die vor dem 1. 7. 1949 geboren wurden (§ 10 Abs. 2 NEhelG). Strategien, um erbrechtliche Ansprüche nichtehelicher Kinder gering zu halten, werden in der Variante 2 zum 1. Muster dargestellt.

1.4. Mehrere gesetzliche Erben. Wird ein Ehegatte durch mehrere Personen beerbt, bilden die Erben untereinander eine sog. Erbengemeinschaft. Wenn ein Partner den überlebenden Ehegatten und Kinder hinterlässt, bilden diese die Erbengemeinschaft. Das Verhältnis unter Miterben in der Erbengemeinschaft wird gesetzlich in den §§ 2032 ff. BGB geregelt: Das Nachlassvermögen wird gemeinschaftliches Vermögen der Erben. Ein Erbe kann nicht über seinen Anteil an den einzelnen Nachlassgegenständen, sondern nur über seinen Anteil an dem Gesamtnachlass verfügen. Wenn er diesen verkauft, sind die Miterben nach § 2034 BGB zum Vorkauf berechtigt. Die Miterben haben sich über den Nachlass, wenn sie sich nicht anderweitig einigen, nach §§ 2042 ff. BGB auseinander zusetzen. Jeder Miterbe kann jederzeit die Auseinandersetzung verlangen. Die Auseinandersetzung erfolgt bei Werten, die sich ohne Wertverlust zerlegen lassen (z. B. bei Geldguthaben oder vertretbaren Sachen) durch Teilung in Natur, sonst nach § 753 BGB, das heißt insbesondere bei Grundstücken durch Zwangsversteigerung und durch Teilung des Erlöses nach den Erbquoten.

2. Änderungsmöglichkeiten

a) **Testierfreiheit.** Auf Grund der grundrechtlich geschützten Testierfreiheit kann der Erblasser abweichend von der gesetzlichen Erbfolge frei über seinen Nachlass nach den §§ 1937 ff. BGB verfügen.

In formeller Hinsicht können Ehegatten **letztwillige Verfügungen** in **einseitigen Testamenten** (§§ 2229 ff. BGB), in **gemeinschaftlichen Testamenten** (§§ 2265 ff. BGB – nur für Ehegatten mögliche Testierform!) und in **Erbverträgen** (§§ 2274 ff. BGB) errichten.

b) **Gemeinschaftliche contra einseitige Verfügung.** Ehegatten können, wenn sie ihren letzten Willen aufeinander abgestimmt errichten, ihre letztwilligen Verfügungen gemeinschaftlich, d. h. in derselben Urkunde in einem gemeinschaftlichen Testament oder in einem Erbvertrag niederlegen. Sie können ihren letzten Willen auch in zwei getrennten Urkunden jeweils durch Einzeltestamente niederlegen.

In der Regel wollen Ehegatten eine gemeinschaftliche letztwillige Verfügung treffen, wenn sie die Verfügungen inhaltlich aufeinander abstimmen und wenn der Wille besteht, dass zumindest einzelne der inhaltlich aufeinander abgestimmten Verfügungen nicht von einem Ehegatten völlig frei widerrufen werden können.

Beispiel: Wenn sich Ehegatten zu Alleinerben und ersatzweise die gemeinschaftlichen Kinder einsetzen, wollen die Ehegatten nicht, dass ein Partner hinter dem Rücken des anderen andere Regelungen trifft. Bei einseitigen Testamenten wäre dies möglich, auch wenn sie inhaltlich aufeinander abgestimmt sind.

Bei aufeinander abgestimmten gemeinschaftlichen letztwilligen Verfügungen kann der einseitige Rücktritt durch die Aufnahme sogenannter „wechselbezüglicher Verfügungen" (siehe dazu 1. Muster, Grundfall, Erl. zu § 6) erschwert werden. Bei Erbverträgen kann durch Vereinbarung erbvertragsmäßig bindender Verfügungen der einseitige Rücktritt sogar ganz unmöglich gemacht werden.

Gemeinschaftliche letztwillige Verfügungen bieten einen weiteren Vorteil: Nur sie ermöglichen es, den Übergang des Gesamtvermögens beider Ehegatten zu steuern. In den ersten beiden Mustern werden gemeinschaftliche letztwillige Verfügungen dargestellt.

Einseitige testamentarische Verfügungen werden von Ehegatten errichtet, wenn nur ein Ehegatte testierwillig ist, wenn der andere Ehegatte keine inhaltlich abgestimmte letztwillige Verfügung mit seinem Partner errichten will oder wenn der testierende Ehegatte die Möglichkeit haben will, diese zu ändern oder aufzuheben, ohne dass der andere Ehegatte davon auch nur Kenntnis erlangt. Das dritte Muster zeigt ein einseitiges Testament eines Ehegatten.

3. Form letztwilliger Verfügungen

a) Erbvertrag. Ein Erbvertrag muss zwingend notariell beurkundet werden (§ 2276 Abs. 1 S. 1 BGB). Der Notar hat die Bestimmungen des Beurkundungsgesetzes zu berücksichtigen.

b) Gemeinschaftliches Testament. Das gemeinschaftliche Testament kann in öffentlicher Form errichtet werden, indem es zur Niederschrift eines Notars erklärt wird.

Es kann auch eigenhändig errichtet werden, indem es von einem Ehegatten eigenhändig geschrieben und von beiden Ehegatten eigenhändig unterschrieben wird.

c) Einseitiges Testament. Auch ein einseitiges Testament kann entweder in öffentlicher Form zur Niederschrift eines Notars erklärt werden oder eigenhändig durch eigenhändige Niederschrift und eigenhändige Unterzeichnung errichtet werden.

d) Entscheidung bzgl. der Rechtsform. Die Entscheidung ob der letzte Wille durch die Ehegatten inhaltlich gegenseitig abgestimmt wird (gemeinschaftliches Testament oder Erbvertrag) oder nicht (einseitiges Testament), hängt von den oben unter 2.b) a.E. aufgeführten persönlichen Umständen und Entscheidungen ab. Bei der Entscheidung, ob ein **gemeinschaftliches Testament oder ein Erbvertrag** errichtet werden soll, steht die unterschiedliche Bindungswirkung von gemeinschaftlichen Testamenten und Erbverträge im Vordergrund (siehe dazu 1. Muster, Grundfall, Erl. 1 zu § 1). Wenn die Ehegatten wünschen, dass eine Verfügung zu Lebzeiten eines Ehegatten nicht ohne den anderen Ehegatten geändert werden kann, muss ein Erbvertrag geschlossen werden.

Bei der Entscheidung, ob ein **gemeinschaftliches Testament eigenhändig errichtet oder vor dem Notar beurkundet wird**, ist zu berücksichtigen:

– Die notarielle Beurkundung gewährleistet die sachkundige Beratung. Die Beratungsleistung wird dem Notar nicht neben der Beurkundung gesondert vergütet, sondern ist in der Beurkundungsgebühr (siehe dazu unten) enthalten.

– Notariell beurkundete gemeinschaftliche Testamente werden zwingend in die besondere gerichtliche Verwahrung gegeben. Dadurch ist die Eröffnung beim Tod gewährleistet. Ein gemeinschaftliches eigenhändiges Testament kann beim zuständigen Amtsgericht verwahrt werden (§§ 2248, 2258a, 2258b BGB); vorgeschrieben ist dies freilich nicht. Wenn dies versäumt wird, können Probleme entstehen, wenn gemeinschaftliche Testamente nach dem Tod nicht mehr auffindbar sind oder von den Personen, die sie auffinden (meist aus gutem Grund!) vernichtet oder unterschlagen werden.

– Durch ein notariell beurkundetes Testament oder einen Erbvertrag wird beim Tod für die Erben der kostspielige Erbschein häufig entbehrlich: das Grundbuch kann alleine durch Vorlage des notariell beurkundeten Testaments (bzw. Erbvertrags) und der Eröffnungsniederschrift zugunsten des Erben berichtigt werden. Auch beim Handelsregister reicht die notariell beurkundete letztwillige Verfügung mit dem Eröffnungsprotokoll der letztwilligen Verfügung aus. Dadurch können dem Erben erhebliche Kosten gespart werden.

– Nachteilig sind zwar zunächst die Kosten der notariellen Beurkundung (zu deren Höhe siehe unten). Diese werden aber durch die o.a. Kostenvorteile aufgehoben.

4. Lebzeitige Maßnahmen als Alternative zu erbrechtlichen Verfügungen

Statt Vermögen von Todes wegen zu hinterlassen, kann der Erblasser zu Lebzeiten Vermögen teilweise unentgeltlich übertragen, soweit der Erblasser das Vermögen nicht benötigt, um vermögensmäßig unabhängig zu bleiben. Soweit bezüglich einzelner Vermögensgegenstände die lebzeitige Übergabe möglich wäre, sind die Vor- und Nachteile der lebzeitigen Übergabe gegenüber der Vererbung gegeneinander abzuwägen.

Für die teilweise „Vorwegnahme der Erbfolge" durch lebzeitige Überlassungsverträge spricht:

– Wenn Pflichtteilsansprüche begrenzt werden sollen, kann eine lebzeitige Überlassung zur Pflichtteilsminderung führen, wenn die Überlassung an andere Personen als an den Ehegatten erfolgt (z.B. an Kinder oder Enkelkinder), zwischen dem Zeitpunkt der Überlassung und dem Tod mindestens 10 Jahre vergehen und sich der Schenker nicht den wesentlichen Genuss der verschenkten Sache vorbehält. Dann wird der Pflichtteilsberechnung der überlassene Gegenstand nicht mehr zugrundegelegt.

– Wenn die Versorgung des Erblassers vertraglich sichergestellt werden soll (z.B. durch Wart und Pflege), kann dies optimal nur durch eine lebzeitige Überlassung erreicht werden, dagegen nur eingeschränkt bei erbrechtlichen Verfügungen.

– Wenn umgekehrt derjenige, der bereit ist, Versorgungsleistungen zu gewähren, sicher sein will, dass er bestimmte Vermögensgegenstände erhält, kann auch dies nur optimal durch eine lebzeitige letztwillige Verfügung erfolgen.

– Wenn der vom Erblasser Begünstigte Vermögen erhält, das den Erbschaftsteuerfreibetrag (siehe dazu unten) übersteigt, kann durch eine zeitliche „Streckung" des Vermögenserwerbs durch

Schenkung(en) und Erbschaft der Freibetrag bei der Schenkungs- und Erbschaftsteuer auch nach dem neuen ErbStG vervielfacht werden, wenn zwischen den einzelnen Erwerbsvorgängen (Schenkung(en) und Erbschaft) jeweils mindestens 10 Jahre liegen (§ 14 ErbStG).

– Wenn derjenige, der Grundbesitz erwerben will, bereits zu Lebzeiten des Erblassers Aufwendungen auf den Grundbesitz geltend macht, insbesondere selbst genutzten Wohnraum schafft, kann er Vergünstigungen nach dem EigZulG nur beanspruchen, wenn er den Gegenstand nicht erbt, sondern bereits zum Zeitpunkt der Aufwendungen Eigentum daran hat.

In bestimmten Fällen wird der lebzeitige Erwerb erbschaftsteuerlich privilegiert, während die Vererbung nicht dieselben erbschaftsteuerlichen Vorteile nach sich zieht: Ein eigengenutztes Haus kann nach § 13 Abs. 1 Nr. 4a ErbStG dem Ehegatten nur zu Lebzeiten außerhalb des Erbschaftsteuerrechts zugewendet werden.

Für die Zuwendung im Rahmen einer letztwilligen Verfügung sprechen dagegen folgende Gründe:

– Der Veräußerer hat bei Überlassungen nur eingeschränkte Möglichkeiten, den Vorgang nach den §§ 527ff. BGB rückgängig zu machen, wenn nicht vertraglich ausdrücklich etwas anderes vereinbart wird. Letztwillige Verfügungen können dagegen grds. bis zum Tod aufgehoben und geändert werden.

– Wenn der Vermögenserwerb über mehrere Generationen gesteuert werden soll, kann dies durch letztwillige Verfügungen mit Vor- und Nacherbfolge ohne weiteres gestaltet werden. Durch lebzeitige Verfügungen lässt sich eine vergleichbare Regelung nur schlecht realisieren.

– Wenn selbstgenutzter Wohnraum während des Zeitraums, zu dem Vergünstigungen nach dem EigZulG beansprucht werden können, überlassen wird, geht die Vergünstigung (Subventionsberechtigung) verloren.

5. Erbschaftsteuer

Bei der Gestaltung der letztwilligen Verfügung sind erbschaftsteuerrechtliche Überlegungen einzubeziehen, damit Nachteile für die Erben vermieden werden. Das Erbschaftsteuerrecht kann hier nur in Umrissen dargestellt werden.

Generell wird jeder Erwerb von Todes wegen versteuert, gleichgültig ob er durch Erbschaft oder durch Vermächtnis erfolgt. Bei der Vor- und Nacherbschaft wird der Vorgang zweimal der Erbschaftsteuer unterworfen: Beim Eintritt der Vorerbfolge und beim Eintritt der Nacherbfolge.

Für die Gestaltung von letztwilligen Verfügungen sind insbesondere die erbschaftsteuerlichen Wertbestimmungsregeln und die Freibeträge entscheidend.

a) **Wertbestimmung.** Zu versteuern ist der Wert des erhaltenen Vermögens. Wenn Vermögen mit Verbindlichkeiten belastet ist, können die Verbindlichkeiten abgezogen werden. Insbesondere kann ein Erbe, der mit Vermächtnissen beschwert ist, den Wert der Vermächtnisse, die er an die begünstigten Vermächtnisnehmer herausgeben muss, grundsätzlich abziehen. Ausnahmen gelten nach § 25 ErbStG für Nießbrauchs- und Rentenvermächtnisse zugunsten des Ehegatten des Verstorbenen.

Der Wert des erworbenen Vermögens wird grundsätzlich mit dem Verkehrswert angesetzt. **Besonderheiten bestehen beim Grundbesitz.** Für Betriebsvermögen, land- und forstwirtschaftliche Betriebe und Anteile an Kapitalgesellschaften gelten darüber hinausgehende Besonderheiten, die in Abschnitt c) behandelt werden. Bei sehr hohem Vermögen des Erblassers kann Erbschaftsteuer dadurch gespart werden, dass Vermögen „umgeschichtet wird" in Grundbesitz, um dem Bedachten den Vorteil des nach wie vor günstigeren Wertansatzes für Grundbesitz zu verschaffen. Allgemein geht man davon aus, dass mit den unten näher dargestellten Bewertungsregeln maximal 50% bis 60% der Verkehrswerte erfasst werden. Schulden können in jeweils voller Höhe abgezogen werden. Die unterschiedliche Bewertung z.B. von Grundbesitz und Aktien veranlasste den BFH, die Frage der Verfassungsmäßigkeit zu stellen; hierüber hat das vom BFH angerufene BVerfG zu entscheiden.

Bei der Bewertung von (nicht im land- und forstwirtschaftlichem Betriebsvermögen stehenden) Grundbesitz ist zu differenzieren zwischen unbebauten (Definition in § 145 Abs. 1 und 2 Bewertungsgesetz neuer Fassung) und bebauten Grundstücken:

- **Unbebaute Grundstücke** werden nach ihrer Fläche und dem durch die Gutachterausschüsse ermittelten Bodenrichtwerten abzüglich eines Abschlags von 20% bewertet (§ 145 Abs. 3 Bewertungsgesetz n. F.). D. h. im Regelfall mit ca. 80% des Verkehrswerts.
- Bei **bebauten Grundstücken** wird differenziert zwischen sonstigen bebauten Grundstücken und solchen, die ausschließlich Wohnzwecken dienen und nicht mehr als 2 Wohnungen enthalten:
  aa) Sonstige bebaute Grundstücke werden mit dem 12,5-fachen der (im Durchschnitt der letzten 3 Jahre) erzielten Jahresmiete bewertet, abzüglich eines Wertabschlags wegen Alters von 0,5% für jedes Jahr seit Bezugsfertigkeit, maximal abzüglich eines Wertabschlags von 25% (Ertragsbewertung). Werden Gebäudeteile nicht oder eigengenutzt (einschließlich Nutzung durch Familienangehörige), unentgeltlich zur Nutzung überlassen oder an Angehörige oder

Arbeitnehmer vermietet, ist statt der erzielten Miete die übliche Miete – d. h. Fremdmiete – maßgeblich. Mindestens wird aber der Wert angesetzt, der für das Grundstück maßgeblich wäre, wenn es unbebaut wäre (s. o. 80% Bodenrichtwert).

bb) Bei Objekten, die nur Wohnzwecken dienen und nicht mehr als 2 Einheiten enthalten, wird der Ertragswert nach aa) um 20% erhöht. Auch hier wird mindestens der Wert angesetzt, der maßgeblich wäre, wenn das Objekt unbebaut wäre.

cc) Beispiel: In einem 1987 errichteten Zweifamilienhaus wohnt in einer der Wohnungen ein Fremdmieter und zahlt hierfür jährlich 6.000,– EURO Kaltmiete. In der zweiten gleich großen und gleich ausgestatteten Wohnung wohnt der Eigentümer.

Für die Mietwohnung sind zunächst € 75.000,– anzusetzen (12,5 × € 6.000,–), für die selbstgenutzte Wohnung weitere a) € 75.000,–. Von der Summe von b) € 150.000,– ist ein Altersabschlag von 8,5% (im Jahr 2004) abzurechnen (17 × 0,5%), d. h. c) € 12.750,–. Der Betrag von € 137.250,– ist um 20% (weil das Objekt ausschließlich Wohnzwecken dient und nicht mehr als 2 Wohnungen enthält) zu erhöhen. Daraus errechnet sich der maßgebliche Erbschaftsteuerwert von € 164.700,–.

b) Steuerklasse und Steuerfreibetrag. Ob und wie hoch ein Erwerb versteuert werden muss, hängt von der Steuerklasse und dem Freibetrag ab. Das Erbschaftsteuergesetz unterscheidet nunmehr zwischen drei verschiedenen **Steuerklassen.** Zur Steuerklasse I gehören der Ehegatte, Kinder und Stiefkinder sowie Abkömmlinge von Kindern und Stiefkindern sowie – beim Erwerb von Todes wegen –, Eltern und Großeltern. Zur Steuerklasse II gehören Eltern und Großeltern bei Schenkungen, allgemein Geschwister, Kinder von Geschwistern (Neffen und Nichten), Stiefeltern, Schwiegerkinder, Schwiegereltern und der geschiedene Ehegatte. Zur Steuerklasse III gehören alle sonstigen Personen. Die Steuerklasse ist entscheidend für den Freibetrag (siehe dazu noch unten) und für den Steuersatz. Beim Steuersatz bestehen erhebliche Differenzen. Ein erbschaftsteuerlich zu versteuernder Erwerb (d. h. nach Abzug von Freibeträgen) von z. B. € 50.000,– ist in der Steuerklasse I mit 7%, in der Steuerklasse II mit 12% und in der Steuerklasse III mit 17% zu versteuern.

Gestaltungsmöglichkeiten bei der Steuerklasse ergeben sich, wenn der Erblasser entferntere Verwandte, z. B. Neffen oder Nichten, die er bedenken will, adoptiert. Dadurch „wachsen" die Begünstigten im Beispielsfall von der Steuerklasse II in die Steuerklasse I. Alternativ kann steuerliches Privatvermögen in Betriebsvermögen umgewandelt werden; nach § 19 a ErbStG wird für dieses Vermögen Steuerklasse I angewendet, auch wenn sich der Erbe eigentlich in einer ungünstigeren Steuerklasse befindet.

Ein begünstigter **Ehegatte** hat **stets** einen **Freibetrag** von
€ 307.000,–. Ggf. steht einem Ehegatten noch ein **Versorgungs-
freibetrag** von weiteren € 256.000,– zu. Dieser Freibetrag wird aber
gekürzt oder entfällt, wenn der begünstigte Ehegatte öffentlich-
rechtliche Versorgungsbezüge bezieht. Bei Ehegatten, die im gesetzlichen Güterstand der sog. **Zugewinngemeinschaft** leben, muss der
überlebende Ehegatte auch den Betrag nicht versteuern, den er unabhängig von jeder ehevertraglichen Modifikation (s. § 5 Abs. 1
ErbStG) für den Fall der Scheidung der Ehe ggf. als Zugewinnausgleich beanspruchen könnte. **Kinder, Adoptivkinder und Stiefkinder**
haben einen Freibetrag in einer Höhe von € 205.000,–. Kindern
können darüber hinaus Versorgungsfreibeträge zustehen und zwar
je nach Alter bis zu € 52.000,–. Enkelkinder, Enkelstiefkinder sowie erbende Eltern und Großeltern haben einen Freibetrag von
€ 51.200,–. Die Personen der **Steuerklasse II** haben generell einen
Erbschaftsteuerfreibetrag in einer Höhe von € 10.300,–, Personen
der Steuerklasse III € 5.200,–.

Gestaltungsmöglichkeiten ergeben sich neben der schon angesprochenen Adoption und der Umschichtung in nach wie vor steuerlich
privilegierten Grundbesitz, wenn ein Teil des Vermögens schon zu
Lebzeiten übertragen wird, wodurch sich der Freibetrag vervielfachen
kann (s. dazu oben 5.) Wenn eine Person Zuwendungen erhalten soll,
die ihren Freibetrag übersteigt, kann weiter überlegt werden, ob nicht
ein Teil der Zuwendungen an Verwandte des Begünstigten erfolgen
soll, wenn diese sonst unausgeschöpfte Freibeträge haben. Beispiel:
Wenn ein Erblasser ein Kind und zwei Enkelkinder hat und einen
Erbschaftsteuerwert von € 400.000,– allein dem Kind hinterlässt,
muss dieses € 195.000,– versteuern. Würde der Erblasser jeweils
€ 50.000,– den Enkeln zuwenden und dem Kind € 300.000,– müsste
das Kind nur € 95.000,– versteuern. Der Erwerb der Enkelkinder
wäre vollkommen erbschaftsteuerfrei.

c) Betriebsvermögen u. a. Für Betriebsvermögen, land- und forstwirtschaftliche Betriebe und Anteile von Kapitalgesellschaften von
mehr als 25% (nähere Definition in § 13a Abs. 4 ErbStG) gelten weitere Besonderheiten beim Freibetrag und beim Steuertarif. **Als Freibetrag** stehen für diese Vermögensmassen € 225.000,– zur Verfügung,
die allerdings pro Erblasser bzw. pro Schenker nur einmal gewährt
werden und auf mehrere bedachte Erben (oder Beschenkte) verteilt
werden; siehe dazu § 13a Abs. 1 ErbStG n. F. Der darüber hinausgehende Wert wird nur mit 65% angesetzt (§ 13a Abs. 2 ErbStG n. F.).
Bezüglich des Steuersatzes gilt die Besonderheit, dass auch andere
Personen, die solches Vermögen erwerben, insoweit den Steuersätzen
der Steuerklasse I unterworfen werden, selbst wenn sie sonst nicht
zum Kreis der Personen gehören würden, die zur Steuerklasse I gehö-

ren (§ 19a ErbStG n. F.). Die gewählte Begünstigung entfällt rück-
wirkend, wenn der Erwerber während 5 Jahren gegen die wirtschaftlichen Bindungen nach § 13a Abs. 5 ErbStG n. F. verstößt.

Beispielsfall: Vererbt der Erblasser sein Vermögen seinem Neffen und gehört dazu sowohl Betriebs- als auch Privatvermögen, unterliegt der Anfall
des Privatvermögens den Regeln für die Steuerklasse II. Soweit Betriebsvermögen betroffen ist, wird der Freibetrag von € 225.000,– gewährt und
darüber hinaus gehender Erwerb mit 65% bewertet und nach dem Steuersatz der Steuerklasse I versteuert. Wegen der Einzelheiten wird verwiesen
auf Spezialliteratur.

6. Kosten

Bei den Kosten für die Tätigkeit von Anwalt und Notar ist deren
unterschiedlicher Charakter zu berücksichtigen: Rechtsanwälte können in Angelegenheiten, bei denen ein Interessenkonflikt nicht ausgeschlossen werden kann, nur eine Partei beraten. Auch wenn ein
Anwalt bei der Errichtung eines gemeinschaftlichen Testaments be-
rät, kann der Beratungsauftrag nur von einem Beteiligten erteilt
werden und muss der Anwalt einseitig die Interessen des Auftragge-
bers wahrnehmen. Der Notar ist dagegen ein unparteiischer Berater.
Insbesondere bei gemeinschaftlichen Testamenten und Erbverträgen
kann und darf er nicht nur einseitig die Belange eines Ehegatten berücksichtigen, sondern er muss auch die des anderen Ehegatten
wahrnehmen. Beim Anwalt beschränkt sich die Tätigkeit auf die Beratung und ggf. die Entwurfsfertigung. Auch wenn der Testaments-
entwurf vom Anwalt gefertigt ist, bleibt den Beteiligten die Ab-
schreibetätigkeit mit eigener Hand nicht erspart. Bei der notariellen
Tätigkeit ist dagegen neben der Beratung auch die Testaments- bzw.
Erbvertragserrichtung in den Gebühren enthalten, bei notarieller
Verwahrung des Erbvertrags auch die Verwahrungstätigkeit des
Notars.

Ausgangswert für die Gebührenberechnung ist sowohl beim Notar als auch beim Rechtsanwalt der Nachlasswert. Das heißt der
Verkehrswert des Vermögens des Erblassers nach Abzug von Schulden; bei gemeinschaftlichen Testamenten und Erbverträgen der
Nachlasswert beider Ehegatten.

Beim Notar wird für ein gemeinschaftliches Testament oder für
einen Erbvertrag eine $20/_{10}$-Gebühr nach der KostO erhoben, für ein
einseitiges Testament eine $10/_{10}$-Gebühr nach der KostO. Beim
Rechtsanwalt wird, wenn er ein gemeinschaftliches oder einseitiges
Testament entwirft, eine Gebühr in Höhe von $5/_{10}$ bis $10/_{10}$ nach der
BRAGO (§ 118 Abs. 1 Nr. 1 BRAGO) ausgelöst. In der nachfolgenden Aufstellung wird von einem $7.5/_{10}$-Ansatz ausgegangen.

Wenn ein gemeinschaftliches oder einseitiges Testament hinterlegt wird, fällt zusätzlich eine Hinterlegungsgebühr beim Nachlassgericht an. Dabei handelt es sich um eine $1/4$-Gebühr nach der KostO (§§ 101, 46 Abs. 4 KostO). Erbverträge können kostenfrei beim Notar hinterlegt werden. Bei den nachfolgend genannten Nachlasswerten ergeben sich folgende Kosten:

Nachlasswert	not. beurk. ErbV od. gem. Test.	not. beurk. einseit. Test.	gerichtl. Verwahrung (einseit. od. gem. Test.)	anwaltl. Entwurf	notarielle Verwahrung (ErbV)
20.000	144	72	18	484,50	kostenfrei
40.000	228	114	28,50	676,50	kostenfrei
100.000	414	207	51,75	1.015,50	kostenfrei
200.000	714	357	89,25	1.362,–	kostenfrei
400.000	1.314	657	164,25	1.981,50	kostenfrei
700.000	2.214	1.107	276,75	2.697,–	kostenfrei
1.000.000	3.114	1.557	389,25	3.372,–	kostenfrei

Kosten für die Steuerberatung werden nicht aufgeführt. Die Beratung durch den Steuerberater kann sich nämlich nur auf die steuerlichen Aspekte beziehen. Zur zivilrechtlichen Rechtsberatung in Erbschaftsangelegenheiten ist der Steuerberater nach dem noch geltenden Rechtsberatungsgesetz nicht befugt.

7. Vorbemerkung zu den erläuterten Mustern

Die beiden ersten vorgestellten Muster sollen Anregungen zur Gestaltung von gemeinschaftlichen letztwilligen Verfügungen für Ehegatten bieten, die ihre letztwilligen Verfügungen aufeinander abgestimmt und gemeinsam errichten. Die Beratungspraxis zeigt, dass in der Regel unterschiedliche Absichten der Erblasser bestehen, je nach dem, ob die Ehegatten gemeinschaftlich erwirtschaftetes Vermögen haben oder ob dies nicht oder nur eingeschränkt der Fall ist. Diese unterschiedlichen Absichten führen dazu, dass zwei verschiedene Regelungsmuster vorgestellt werden. Ehegatten, die nahezu ausschließlich **gemeinschaftlich erwirtschaftetes Vermögen** besitzen, finden im **1. Vertragsmuster** Gestaltungsvorschläge, die in vergleichbaren Situationen häufig gewählt werden; Beteiligte, von denen einer auch wesentliche **Vermögensbestandteile** besitzt, die **nicht gemeinschaftlich erwirtschaftet** wurden, finden Gestaltungsvorschläge, die in ihrer Situation häufig zur Anwendung kommen, im **2. Muster**. Vorwiegend im 2. Muster werden auch Besonderheiten erläutert, die zu beachten sind, wenn sich im Nachlass (eines oder beider Beteiligten) ein Gewerbebetrieb oder eine Gesellschaftsbeteiligung befinden. Neben einem vollständig erläuterten **Grundmuster** werden **Varianten** für abweichende Fallgestaltungen vorgestellt. Diese sind nur insoweit erläutert, als sie vom Grundmuster abweichen.

Ehegatten besitzen gemeinschaftlich erwirtschaftetes Vermögen im hier verstandenen Sinne, wenn Vermögen während der Dauer der Ehe erworben wurde und beide zum Erwerb des Vermögens einen Beitrag geleistet haben. Ein Beitrag zum Erwerb des Vermögens liegt dann vor, wenn das Vermögen durch eine gemeinsame wirtschaftliche Tätigkeit erwirtschaftet wurde oder wenn es nur durch einen Ehegatten erwirtschaftet wurde, der andere aber alleine die Haushaltsführung und die Erziehung von Kindern übernommen hat. Vermögen ist nicht gemeinschaftlich erwirtschaftet, wenn ein Ehegatte es geerbt oder während der Dauer unentgeltlich erworben hat oder es selbst erwirtschaftet hat, ohne dass sein Partner in der Ehe die Rolle der Haushaltsführung und Kindererziehung übernommen hat; sei es weil der Partner selbst berufstätig ist, sei es weil die Haushaltsführung und Kindererziehung faktisch von Dritten (z. B. von Dienstboten) erledigt wird.

Das 3. Muster zeigt, wie die letztwillige Verfügung eines Verheirateten gestaltet werden kann, der sein Testament einseitig, d. h. nicht inhaltlich abgestimmt mit seinem Ehegatten und auch nicht in derselben Urkunde wie dieser, errichtet.

In einem **4. Muster** werden in Grundzügen die Probleme dargestellt, die sich bei Auslandsbezug ergeben.

Ein 5. Muster befasst sich mit Schiedsklauseln in letztwilligen Verfügungen, die der Erblasser anordnen kann, wenn er Rechtsstreitigkeiten in Zusammenhang mit seinem Nachlass durch ein Schiedsgericht statt durch ein staatliches Gericht entscheiden lassen möchte.

8. Checkliste

(I) **Verbot letztwilliger Verfügungen**
Ggf. bei **Vorehe eines Beteiligten**, wenn dieser mit seinem vorangegangenen Ehegatten ihn noch bindende Erbverträge oder gemeinschaftliche Testamente errichtet hatte.
   – In der Regel unproblematisch bei geschiedener Vorehe, s. S. 55, 57.
   – Ggf. problematisch, wenn der erste Ehegatte eines Beteiligten vorverstorben ist, s. S. 55, 57 f.

(II) **Besondere Gestaltungssituationen**
   (1) Besonderheiten auf Grund **persönlicher Umstände**
      a) **Einseitige Kinder** oder sonstige Abkömmlinge eines Beteiligten
         aa) Einseitiges Kind soll begünstigt werden, 104 ff.
         bb) Einseitiges Kind soll nicht begünstigt werden, s. S. 110 ff.
      b) **Behindertes Kind**, das Sozialhilfe bezieht, s. S. 79 f., 87 ff.
      c) **Keine gemeinschaftlichen Abkömmlinge**, s. S. 114 ff.
      d) **Minderjährige gemeinschaftliche Abkömmlinge**, s. S. 102 f.
      e) Zu „**versorgende Haustiere**", s. S. 114 ff.
   (2) **Vermögensmäßige Besonderheiten**
      a) **Land- und forstwirtschaftlicher Betrieb** im Nachlass, s. S. 102.
      b) **Unternehmens- oder Gesellschaftsbeteiligung** im Nachlass, s. S. 119, 121 ff., 133 ff., 142, 147 ff.
   (3) **Auslandsbezug**
      a) **Vermögen deutscher Staatsangehöriger im Ausland**, s. S. 164 ff.
      b) **Ein Beteiligter war bei Eheschließung nicht deutscher Staatsangehöriger**, s. S. 165.
      c) **Ein Beteiligter ist zum Zeitpunkt der Testamentserrichtung (und des voraussichtlichen Todes) nicht deutscher Staatsangehöriger**, s. S. 167.

(III) **Allgemeine Gestaltungsgrundsätze**
   (1) Gestaltungshindernis: **Pflichtteil**
      a) Grundsätze, s. S. 64 ff., 86 ff.
      b) Reduzierung, s. S. 66, 86.
      c) Pflichtteilsstrafklauseln, s. S. 64 ff.
   (2) Inhaltliche Gestaltungsentscheidungen und -fragen

II. Textabdruck

1. Muster: Gemeinschaftliches Testament von Ehegatten mit Vermögen, das sie gemeinschaftlich erwirtschaftet haben

Grundfall: *Aus der Ehe sind mehrere gemeinsame Abkömmlinge hervorgegangen. Keiner der Ehegatten hat einseitige Abkömmlinge. Spezialprobleme: Pflichtteilsstrafklausel. Wiederverehelichung des überlebenden Ehegatten. Behindertes Kind.*

§ 1
Eingang

Gemeinschaftliches Testament

Wir, Hans Koch, geboren am 6. 7. 1949, und Elfriede Koch, geborene Möller, geboren am 2. 9. 1952, haben am 10. 8. 1973 die Ehe vor dem Standesbeamten in München geschlossen. Für den Ehemann ist es die 2. Ehe, für die Ehefrau die 1. Ehe. Aus unserer Ehe sind zwei gemeinsame Kinder hervorgegangen, Jakob Koch, geboren am 1. 2. 1975, und Florentine Koch, geboren am 16. 3. 1988. Wir haben keine Kinder adoptiert. Keiner von uns hat einseitige Kinder.

Wir sind an der gemeinschaftlichen Verfügung über unseren Nachlass nicht gehindert: der Erbvertrag, den der Ehemann mit seiner ersten, von ihm geschiedenen Ehefrau am 6. 5. 1970 geschlossen hatte, ist infolge der Scheidung hinfällig. Die Ehefrau hat mit anderen Personen bisher keine Erbverträge geschlossen. Keiner von uns hat bisher ein einseitiges Testament errichtet.

Vorsorglich widerrufen wir alle zeitlich vorangegangenen letztwilligen Verfügungen, die einer von uns oder die wir gemeinsam errichtet haben, so dass für den Fall unseres Todes nur das Folgende gilt:

§ 2
Verfügungen für den ersten Todesfall

> *1. Interessenlage: Ausschließlich Sicherung des überlebenden Ehegatten*

• **Grundmuster**

Beim ersten Todesfall setzen wir uns gegenseitig zu unseren alleinigen und ausschließlichen Erben ein.

Wenn die Ehefrau die Überlebende ist, wird sie durch Vermächtnisse oder Auflagen nicht beschwert.

Wenn der Ehemann der Überlebende ist, wird er durch Folgendes Vermächtnis beschwert: Er hat den Schmuck der Ehefrau, insbesondere die Perlenkette und das Weißgoldarmband, der Tochter Florentine zu übereignen. Das Vermächtnis ist mit dem Tod der Ehefrau zu erfüllen. Ein Ersatzvermächtnisnehmer für den Fall, dass Florentine vorverstorben ist, wird nicht benannt.

• **Ergänzung** *(gesteigerter Schutz des überlebenden Ehegatten vor Pflichtteilsansprüchen):*

Wenn ein Kind von uns oder dessen Abkömmling beim ersten Todesfall den Pflichtteil geltend macht, das andere nicht, gilt ergänzend:

In diesem Fall steht den pflichtteilsberechtigten Abkömmlingen, die den Pflichtteilsanspruch nicht geltend gemacht haben, jeweils ein Geldvermächtnis zu, das beim Tod des überlebenden Ehegatten fällig wird. Der Berechnung des Geldvermächtnisses ist der Wert des gesetzlichen Erbteils zugrunde zulegen, der dem Abkömmling zugestanden hätte, der den Pflichtteilsanspruch nicht geltend gemacht hat. Diesem Ausgangsbetrag sind für den Zeitraum zwischen dem ersten und dem zweiten Todesfall Zinsen in Höhe von 2% über dem jeweiligen Basiszinssatz hinzuzurechnen.

Wenn ein Abkömmling den Pflichtteil geltend gemacht hat, ist der überlebende Ehegatte darüber hinaus, selbst wenn ihm sonst nach § 7 des Testaments die Abänderung der Bestimmungen für den 2. Todesfall nicht gestattet ist, berechtigt, den Abkömmling, der den Pflichtteil gefordert hat und dessen Abkömmlinge von der Schlusserbfolge auszuschließen.

> *2. Interessenlage: Schutz der Kinder vor Vermögensverschleuderungen – speziell bei Wiederverehelichung des Überlebenden – dadurch, dass bestimmte Vermögensgegenstände auf die Kinder übergehen*

Beim ersten bei uns eintretenden Todesfall setzen wir uns gegenseitig zu unseren alleinigen und ausschließlichen Erben ein.

Der Überlebende wird aber durch Folgendes Vermächtnis bzw. Verschaffungsvermächtnis beschwert: wir sind Miteigentümer je zur Hälfte des Anwesens Lenbachstraße 3 in Schrobenhausen. Der Überlebende hat dieses Anwesen, und zwar sowohl den vom Erstversterbenden ererbten als auch den ihm schon vor dem Erbfall gehörenden Hälfte-Miteigentumsanteil zu gleichen Teilen an unsere gemeinschaftlichen Kinder oder nach seiner Wahl an eines davon zu übereignen.

Die Übereignungspflicht wird mit dem Tod des Überlebenden fällig oder, wenn dieser vorher wieder heiratet, mit dessen Wiederverehelichung. Trotz Wiederverehelichung verbleibt es bei der Fälligkeit des Vermächtnisses beim Todesfall, wenn der Überlebende mit dem neuen Ehegatten Gütertrennung vereinbart oder durch einen Ehevertrag den Zugewinnausgleich auch im Todesfall ausschließt und der neue Ehegatte auf seinen Pflichtteil am Nachlass des überlebenden Ehegatten wirksam und auf Dauer verzichtet.

Zur Sicherung der Übereignungsverpflichtung ist zu Gunsten der Kinder (als Begünstigten zu gleichen Teilen) eine Auflassungsvormerkung auf Kosten des Erben in das Grundbuch einzutragen. Die Kosten der Vermächtniserfüllung trägt der Erbe.

Bis zur Fälligkeit des Vermächtnisses trägt der Erbe die Zins- und Tilgungsleistungen für das Darlehen bei der Bayer. Hypo- und Vereinsbank AG Nr. ..., das der eingetragenen Grundschuld für dieses Kreditinstitut in einer Höhe von € 110.000,- zugrunde liegt, alleine. Der Erbe hat die Zins- und Tilgungsleistungen entsprechend dem bisherigen Zins- und Tilgungsplan weiter zu tragen. Der Erbe ist zu einer Neuvalutierung der Grundschuld und zur Bestellung von weiteren Grundpfandrechten für neuaufgenommene Darlehen nur dann berechtigt, wenn die Neuvalutierung der Grundschuld bzw. die Grundschuldneubestellung der Sicherung von Verbindlichkeiten dient, die zur Werterhaltung oder Wertverbesserung des Anwesens Lenbachstraße 3 in Schrobenhausen erforderlich sind. In diesem Fall haben die Vermächtnisnehmer mit ihrer Auflassungsvormerkung im Rang hinter die neuen Grundschulden zurückzutreten.

Nach der Fälligkeit des Vermächtnisses ist das derzeit bestehende Darlehen und sind nach den Bestimmungen oben zulässigerweise neu aufgenommene Darlehen, soweit sie bis zur Fälligkeit des Vermächtnisses nicht von dem Erben getilgt wurden, von den Vermächtnisnehmern zu tilgen und zu verzinsen. Darüberhinaus gehende Aufwendungs- oder Verwendungsersatzansprüche stehen dem Erben nicht zu.

– Alternativen u. verweisende Ergänzung s. Erläuterungsteil –

§ 3
Verfügungen für den zweiten Todesfall

> *Interessenlage 1: Alle Kinder sollen bedacht werden, und zwar ohne gegenständliche Zuordnung des Nachlasses*

Erben des Letztversterbenden von uns werden unsere gemeinschaftlichen Abkömmlinge zu unter sich gleichen Teilen nach Stämmen entsprechend den Regeln über die gesetzliche Erbfolge.

– Alternativen s. Erläuterungsteil –

> *Interessenlage 2: Alle Kinder sollen bedacht werden, und zwar durch gegenständliche Zuordnung des Nachlasses*

Erben des Letztversterbenden von uns werden unsere Kinder Jakob und Florentine. Diese erben in dem Verhältnis der Vermögenswerte, die ihnen bei der nachfolgenden Teilungsanordnung zukommen.

Im Wege der Teilungsanordnung wird bestimmt:

Jakob steht der Geschäftsanteil an der Koch GmbH mit dem Sitz in Neufahrn zu, der derzeit dem Ehemann gehört. Wenn weitere Anteile an dieser Gesellschaft durch einen von uns erworben werden, stehen ihm auch diese zu.

Florentine steht das Eigentum an dem Anwesen Lenbachstr. 3 in Schrobenhausen zu, das derzeit im Alleineigentum der Ehefrau steht. Florentine hat unter vollständiger Entlastung des weiteren Miterben Verbindlichkeiten, die etwa zum Zeitpunkt des Todes des Letztversterbenden von uns noch vorhanden sind und die zum Erwerb, zur Werterhaltung und zur Wertverbesserung dieses Anwesens aufgenommen wurden, zur künftigen alleinigen Tilgung und Verzinsung zu übernehmen. Für den Fall, dass die Gläubiger die Schuldentlassung des weiteren Miterben nicht genehmigen, ist eine schuldrechtliche Freistellungsverpflichtung ausreichend. Florentine stehen umgekehrt sämtliche entstandenen und noch entstehenden Eigentümerrechte und Rückgewährsansprüche in Ansehung von Grundpfandrechten, die an dem Anwesen Lenbachstr. 3 in Schrobenhausen lasten, alleine zu.

Sonst beim Tod des Letztversterbenden von uns vorhandenes Vermögen steht den Kindern jeweils zur Hälfte zu. Diese tragen andere als die vorbezeichneten, beim Tod des Letztversterbenden von uns etwa vorhandenen Verbindlichkeiten jeweils zur Hälfte.

– Alternativen s. Erläuterungsteil –

Interessenlage 3: Nur eines der Kinder soll bedacht werden

Alleinige Erbin beim Tod des Letztversterbenden von uns wird unsere Tochter Florentine. Sollte diese vorverstorben sein, treten deren Abkömmlinge zu unter sich gleichen Teilen nach Stämmen an deren Stelle.

- *Ergänzung:*
  Unser Sohn Jakob und dessen Abkömmlinge haben keinen Anspruch mehr auf den Nachlass des Letztversterbenden. Jakob hat nämlich bereits das uns jeweils zur Hälfte gehörende Baugrundstück (Fl. Nr. 781/25 der Gemarkung Giesing) im Jahr 1997 erhalten. In Abschnitt VII. des notariellen Kaufvertrags vom ... des Notars ... wurde angeordnet, dass sich Jakob den Wert der Zuwendung auf die Erb- und Pflichtteilsansprüche (oder: nur Pflichtteilsansprüche) anrechnen zu lassen hat. Wir haben Jakob darüber hinaus jeweils zur Hälfte als Ausstattung einen Betrag in einer Höhe von € 120.000,– zugewendet, als dieser ein Elektrohandelsgeschäft gegründet hat.

  – Alternativen zur Ergänzung s. Erläuterungsteil –

Interessenlage 4: Eines der Kinder ist behindert und bezieht Sozialhilfe

---

Zu Erben des Letztversterbenden setzen wir unsere gemeinschaftlichen Abkömmlinge zu unter sich gleichen Teilen nach Stämmen ein.

Unsere Tochter Florentine, die behindert ist und derzeit in dem Heim des Vereins „Lebensfreude e. V." in Ingolstadt untergebracht ist, ist aber nur Vorerbin.

Der Nacherbfall tritt beim Tod des Vorerben ein. Nacherben von Florentine sind unsere weiteren Abkömmlinge zu unter sich gleichen Teilen nach Stämmen entsprechend den Regeln über die gesetzliche Erbfolge, die maßgeblich wären, wenn der letzte von uns zum Zeitpunkt des Todes von Florentine gleichzeitig mit dieser versterben würde.

Solange Florentine lebt, wird in Bezug auf ihren Erbteil und auf dasjenige Vermögen, das sie bei der Erbauseinandersetzung erhält, die Testamentsvollstreckung angeordnet. Der Testamentsvollstrecker hat Florentine bei der Erbauseinandersetzung zu vertreten und dasjenige, was Florentine bei der Erbauseinandersetzung erhält, während der Dauer der Testamentsvollstreckung zu verwalten. Er hat alle Rechte eines Verwaltungsvollstreckers. Der Testamentsvollstrecker ist in der Eingehung von Verbindlichkeiten für den Nachlass nicht beschränkt und von § 181 BGB befreit.

Zum Testamentsvollstrecker wird unser Sohn Jakob ernannt. Für den Fall, dass Jakob das Amt nicht annehmen kann oder annehmen will oder nach Annahme des Amts wegfällt, wird ersatzweise Rechtsanwalt Dr. Hans Lachner in München zum Testamentsvollstrecker ernannt. Für den Fall, dass dieser das Amt nicht annehmen kann oder will oder nach Annahme des Amts wegfällt, hat das Nachlassgericht einen geeigneten Testamentsvollstrecker zu bestellen.

Dem Testamentsvollstrecker steht als Vergütung für seine Tätigkeit 5% des jährlichen Ertrags des Nachlasses zu. Er ist berechtigt, die Vergütung am Ende eines Kalenderjahres aus dem Nachlass zu entnehmen. Soweit die Leistung des Testamentsvollstreckers der Umsatzsteuer unterliegt, ist er zusätzlich berechtigt, die dafür angefallene Umsatzsteuer zu entnehmen.

Der Testamentsvollstrecker hat den Ertrag der Nachlassverwaltung insoweit der Vorerbin zur Verfügung zu stellen als
- Florentine Geldbeträge in Höhe des jeweiligen Rahmens zur Verfügung zu stellen sind, der ihr nach dem Bundessozialhilfegesetz zur Verfügung gestellt werden kann, ohne dass deren Ansprüche auf Sozialhilfe geschmälert werden;
- er für Florentine Mittel zur Verfügung zu stellen hat, die zur Anschaffung von Gegenständen dienen, die zur Befriedigung geistiger, insbesondere wissenschaftlicher oder künstlerischer Bedürfnisse dienen und deren Besitz nicht Luxus ist;
- er jährlich Florentine die Teilnahme an Reisen zu ermöglichen hat, die speziell für Behinderte veranstaltet werden. Florentine ist auch während der Dauer der Reise ein angemessenes Taschengeld zur Verfügung zu stellen.

Sollte Florentine jemals in der Lage sein, allein oder mit Angehörigen oder mit Pflegepersonen eine eigene Wohnung zu bewohnen, hat der Testamentsvollstrecker aus den Mitteln des Nachlasses eine solche Wohnung für Florentine zu kaufen.

§ 4
Verfügungen für den Fall des gleichzeitigen Todes

Wenn die Kinder beim ersten Todesfall auf den Pflichtteil gesetzt werden und erst beim 2. Todesfall bedacht werden:

Für den Fall, dass wir gleichzeitig oder auf Grund derselben Gefahr versterben sollten, gelten die Bestimmungen in § 3 entsprechend.

• **Alternative:** *Wenn den Kindern schon beim ersten Todesfall Vermächtnisse ausgesetzt werden und diese im Übrigen dann noch beim zweiten Todesfall bedacht werden:*
Für den Fall, dass wir gleichzeitig oder auf Grund derselben Gefahr versterben sollten, gelten die Bestimmungen in § 3 des Testaments mit folgender Maßgabe entsprechend:
Der Schlusserbe wird durch diejenigen Vermächtnisse bzw. Vorausvermächtnisse beschwert, die nach § 2 des Testaments beim sukzessiven Ableben von uns schon beim ersten Todesfall zu erfüllen wären.

§ 5
Verfügungen für alle Todesfälle

Bei allen bei uns eintretenden Todesfällen gilt: Der jeweilige Erbe wird mit der Auflage beschwert, dass der Versterbende in dem Familiengrab in Pfaffenhofen im Wege der Erdbestattung beizusetzen ist und dass auf die Lebensdauer des Erben dieser die Grabstätte zu erhalten und in einem würdigen Zustand zu pflegen hat und jeweils am Jahrestag des Verstorbenen eine Messe lesen lassen muss.
Wenn Personen als Erben, Vermächtnisnehmer oder Begünstigte von Auflagen von uns bedacht werden, die mit ihrem Ehegatten im Güterstand der Gütergemeinschaft leben, erhalten sie die jeweilige letztwillige Zuwendung von uns zum Vorbehaltsgut.

§ 6
Wechselbezüglichkeit

Alle vorstehenden Erbeinsetzungen, Vermächtnisse und Auflagen sind wechselbezüglich.

§ 7
Abänderungsrecht

Völlig freie Abänderbarkeit:
Nach dem ersten Todesfall ist der Überlebende berechtigt, sämtliche Bestimmungen für den zweiten Todesfall uneingeschränkt aufzuheben oder abzuändern. Er kann danach insbesondere einzelne oder alle Schlusserben enterben, die Quote unter den Schlussabkömmlingen beliebig verändern, Vermächtnisse aufheben oder die Erben mit weiteren Vermächtnissen beschweren, Auflagen aufheben oder den bzw. die Erben mit weiteren Auflagen beschweren und die Testamentsvollstreckung anordnen. Wenn der Überlebende von die-

sem Vorbehalt Gebrauch macht, bleiben die Verfügungen, die für den ersten Todesfall getroffen wurden, uneingeschränkt gültig.

• **Variante 1:** *eingeschränkte Abänderungsmöglichkeit:*
Nach dem Tod des Erstversterbenden ist der Überlebende zu Änderungen und Ergänzungen bezüglich der Bestimmungen für den zweiten Todesfall wie folgt berechtigt:
Er kann innerhalb des Kreises der gemeinschaftlichen Abkömmlinge die Erbfolge ändern und einzelne gemeinschaftliche Abkömmlinge von der Erbfolge zugunsten anderer gemeinschaftlicher Abkömmlinge ausschließen. Er kann weiter den bzw. die Schlusserben mit beliebigen Vermächtnissen oder Auflagen zu Gunsten gemeinschaftlicher Abkömmlinge beschweren.
Er ist aber nicht berechtigt, durch Erbeinsetzungen, Vermächtnisse oder Auflagen andere Personen als gemeinschaftliche Abkömmlinge zu begünstigen. Er darf insbesondere für den Fall einer Wiederverehelichung nicht Kinder aus einer folgenden Ehe oder einen neuen Ehegatten bedenken.
Er ist zu Lasten von gemeinschaftlichen Abkömmlingen berechtigt, die Testamentsvollstreckung anzuordnen. Soweit es sich dabei um eine Verwaltungsvollstreckung handelt, ist sie längstens bis zu dem Tag zulässig, zu dem der Abkömmling das 23. Lebensjahr vollendet hat, bezüglich dessen Erbteil oder Vermächtnis Testamentsvollstreckung angeordnet wird.
Wenn der Überlebende von diesem Vorbehalt Gebrauch macht, bleiben die Verfügungen, die für den ersten Todesfall getroffen wurden, uneingeschränkt gültig.

• **Variante 2:** keinerlei Abänderungsbefugnis:
Nach dem ersten Todesfall ist der Überlebende von uns zu Ergänzungen oder Änderungen der Bestimmungen für den zweiten Todesfall nicht berechtigt.

• **Ergänzung:** *Aufhebung der Bindung des überlebenden Ehegatten an Bestimmungen für den zweiten Todesfall, wenn er nur Vorerbe ist und bei Wiederverehelichung die Nacherbfolge eintritt:*
Wenn der Überlebende von uns wieder heiratet und deshalb der Nacherbfall eintritt, ist er an die Erbeinsetzungen für den zweiten Todesfall nicht mehr – Alternative: unverändert – gebunden.

§ 8
Ausschluss der Anfechtung

Alle letztwilligen Verfügungen werden unabhängig davon getroffen, ob und welche Pflichtteilsberechtigten beim Ableben eines jeden von uns vorhanden sind. Eine Anfechtung nach § 2079 BGB scheidet deshalb aus.

• **Ergänzung:** Wir verzichten auch auf ein eventuelles künftiges Anfechtungsrecht wegen Irrtums nach § 2078 BGB.

§ 9
Ertragswertklausel

Nur wenn sich im Nachlass ein land- oder forstwirtschaftliches Anwesen befindet:
Der Ehemann ist Eigentümer eines landwirtschaftlichen Anwesens. Bei der Berechnung von Pflichtteilsansprüchen ist beim Tod eines jeden von uns in Bezug auf dieses landwirtschaftliche Anwesen der Ertragswert zugrunde zu legen, soweit dies gesetzlich zulässig ist und soweit dieser niedriger ist als der Verkehrswert.

§ 10
Benennung eines Vormunds

Nur bei minderjährigen Kindern:
Unsere Tochter Florentine ist derzeit noch minderjährig. Sollte diese beim Tod des Zweitversterbenden von uns oder, falls wir gleichzeitig versterben sollten, zu diesem Zeitpunkt noch minderjährig sein, benennt jeder von uns zum Vormund für Florentine den Bruder des Ehemanns, Fritz Koch, geboren am 12. 9. 1939. Sollte dieser das Amt nicht annehmen können oder wollen oder nach der Übernahme des Amts wegfallen, so wird ersatzweise die Stiefschwester der Ehefrau, Heike Müller, geborene Meier, geboren am 27. 4. 1955, benannt.

§ 11
Schlussvermerk

Sonst wollen wir heute nichts bestimmen.

Pfaffenhofen, den 2. 1. 2002

gez. Hans Koch gez. Elfriede Koch

• **Variante 1 zum 1. Muster:**
Neben gemeinschaftlichen Abkömmlingen existiert noch ein einseitiges Kind des Ehemanns aus seiner geschiedenen ersten Ehe. Dieses wächst bei den testierenden Ehegatten auf und wird wie ein gemeinschaftliches Kind behandelt und soll auch testamentarisch bedacht werden.

---

§ 1
Eingang

Wortlaut, siehe wie beim Grundfall mit folgender Ergänzung:
Aus der ersten, geschiedenen, Ehe des Ehemanns ist dessen Sohn Hans-Frieder Koch, geboren am 9. 8. 1971 hervorgegangen. Der Ehemann ist für Hans-Frieder Koch sorgeberechtigt. Das Kind Hans-Frieder Koch wuchs bei uns in der Familie auf und wird von uns wie ein gemeinschaftliches Kind behandelt.

§ 2
Verfügungen für den ersten Todesfall

Beim ersten bei uns eintretenden Todesfall setzen wir uns gegenseitig zu unseren alleinigen und ausschließlichen Erben ein.

Wenn der Ehemann der Überlebende ist, wird er durch Folgendes Vermächtnis beschwert: Er hat den Schmuck der Ehefrau, insbesondere die Perlenkette und das Weißgoldarmband der Tochter Florentine zu übereignen. Das Vermächtnis ist mit dem Tod der Ehefrau zu erfüllen.

Ergänzend gilt:

Sollte ein gemeinschaftliches Kind von uns oder dessen Abkömmlinge oder der Sohn Hans-Frieder Koch des Ehemanns oder dessen Abkömmlinge den Pflichtteil geltend machen, steht den pflichtteilsberechtigten Abkömmlingen, die den Pflichtteilsanspruch nicht geltend gemacht haben und Hans-Frieder Koch bzw. dessen Abkömmlingen, sofern sie den Pflichtteil nicht geltend gemacht haben, ein Geldvermächtnis zu, das beim Tod des überlebenden Ehegatten fällig wird. Bei der Berechnung des Geldvermächtnisses ist von dem Betrag des Pflichtteils auszugehen, der an den Abkömmling bzw. Hans-Frieder Koch oder dessen Abkömmlinge ausbezahlt wurde, der den Pflichtteil geltend machte. Diesem Ausgangsbetrag sind für den Zeitraum zwischen dem ersten und dem zweiten Todesfall Zin-

sen in Höhe von 2% über dem jeweiligen Basiszinssatz hinzuzurechnen.

Wenn ein Vermächtnisnehmer vorverstorben ist, treten seine Abkömmlinge an seine Stelle.

In diesem Fall ist der Überlebende darüber hinaus, selbst wenn
ihm sonst nach § 8 des Testaments die Abänderung der Bestimmungen für den zweiten Todesfall nicht gestattet ist, berechtigt, das
Kind, das den Pflichtteil verlangt hat und dessen Abkömmlinge von
der Erbfolge auszuschließen. Wenn der Sohn Hans-Frieder des
Ehemanns oder dessen Abkömmlinge beim Tod des Ehemanns den
Pflichtteil geltend gemacht haben, können auch Hans-Frieder und
dessen Abkömmlinge von der Schlusserbfolge ausgeschlossen werden.

§ 3
Verfügungen für den zweiten Todesfall

Schlusserben des Letztversterbenden von uns werden unsere gemeinschaftlichen Kinder Jakob und Florentine und der Sohn Hans-
Frieder des Ehemanns je zu ⅓.

Sollte einer der Schlusserben unter Hinterlassung von Abkömmlingen vorverstorben sein, treten dessen Abkömmlinge zu unter sich
gleichen Teilen nach Stämmen entsprechend der gesetzlichen Erbfolge an dessen Stelle. Sonst tritt Anwachsung an die weiteren
Schlusserben ein.

§§ 4–6

Siehe dazu §§ 4–6 des Grundfalls.

§ 7
Abänderungsvorbehalt

Völlig freie Abänderbarkeit: siehe dazu Grundfall § 7.

• **Variante 1:** *Abänderbarkeit, wenn nur gemeinschaftliche Abkömmlinge oder das erstebeliche Kind und dessen Abkömmlinge
bedacht werden dürfen.*

Nach dem ersten Todesfall ist der Überlebende von uns berechtigt, die Bestimmungen für den zweiten Todesfall wie folgt
aufzuheben oder abzuändern: Als Erben, Vermächtnisnehmer und
Berechtigte von Auflagen dürfen nur gemeinschaftliche Abkömmlinge von uns und/oder der erstehliche Sohn des Ehemanns Hans-
Frieder Koch und/oder Abkömmlinge von diesem begünstigt werden.

Innerhalb des Kreises der Personen, die somit durch Erbschaften,
Vermächtnisse oder Auflagen begünstigt werden dürfen, ist der
Überlebende völlig frei.

Er ist aber nicht berechtigt, andere Personen zu begünstigen.

Er ist berechtigt, die Testamentsvollstreckung anzuordnen. Bei
Anordnung der Verwaltungsvollstreckung ist dies nur in Bezug auf
Erben oder Vermächtnisnehmer zulässig, die noch nicht 23 Jahre alt
sind, und nur so lange, bis diese das 23. Lebensjahr vollendet haben.

• **Variante 2:** *Wenn die Ehefrau die Überlebende ist, darf sie das
erstehliche Kind nicht zu Lasten der gemeinschaftlichen Kinder
benachteiligen*

Wenn die Ehefrau die Überlebende ist, ist sie nach dem Tod des
Ehemanns zur Änderung der Bestimmungen für den zweiten Todesfall wie folgt berechtigt:

Dem erstehlichen Sohn des Ehemanns Hans-Frieder Koch muss
im Wege der Erbeinsetzung (auch mit Teilungsanordnung) oder
durch Vermächtnisse mindestens $1/3$ des beim zweiten Todesfall
vorhandenen Nachlasswerts zukommen. Statt Hans-Frieder Koch
oder neben ihm dürfen wegen dieses Anteils nur dessen Abkömmlinge bedacht werden. Die Ehefrau ist, soweit sie Nachlasswerte
Abkömmlingen von Hans-Frieder Koch zuwendet, berechtigt, die
Testamentsvollstreckung zum Zweck der Verwaltung des Nachlasses anzuordnen; längstens jedoch für jeden bedachten Abkömmling von Hans-Frieder Koch, bis dieser das 23. Lebensjahr vollendet
hat.

Im Übrigen ist der Überlebende in seiner Verfügung vollkommen
frei. Nachlasswerte, die nicht Hans-Frieder Koch bzw. dessen Abkömmlinge vorbehalten sind, können beliebigen Personen im Wege
des Erbes oder des Vermächtnisses zugewendet werden.

• **Variante 3:** keinerlei Abänderungsbefugnis: siehe dazu Grundfall
§ 7.1.2.

§§ 8 ff. siehe dazu §§ 8 ff. des Grundfalls.

> • **Variante 2 zum 1. Muster:**
> *Das ersteheliche Kind Hans-Frieder Koch des Ehemanns, zu
> dem keinerlei Kontakte bestehen, soll beim Tod der Ehegatten
> nicht bedacht werden.*

§ 1
Eingang

Siehe Eingang des Grundfalls mit folgender Änderung:

Aus der ersten geschiedenen Ehe des Ehemanns ist dessen Sohn
Hans-Frieder Koch, geboren am 27. 8. 1971 hervorgegangen. Dieser ist nach der Scheidung bei seiner Mutter aufgewachsen. Weder
zu ihm noch zu seinen Abkömmlingen bestehen irgendwelche Kontakte.

§ 2
Verfügungen für den ersten Todesfall

Wenn der Ehemann als erster von uns beiden verstirbt, setzt er die
Ehefrau zu seiner alleinigen und ausschließlichen Erbin ein.

Wenn die Ehefrau die Erstversterbende ist, setzt sie ihren Ehemann zum Erben ein. Der Ehemann ist aber nur Vorerbe. Er ist von
den Beschränkungen und Verpflichtungen der §§ 2113 ff. BGB befreit, soweit dies gesetzlich zulässig ist. Der Nacherbfall tritt beim
Tod des Vorerben ein. Beim Eintritt der Nacherbfolge hat der Vorerbe oder dessen Rechtsnachfolger dem Nacherben die Erbschaft
herauszugeben.

Nacherben beim Tod des Ehemanns werden unsere gemeinschaftlichen Abkömmlinge zu unter sich gleichen Teilen nach Stämmen,
und zwar diejenigen, die gesetzliche Erben des Ehemanns würden,
wenn der Ehemann bei seinem Tod unverheiratet und ohne Hinterlassung von Hans-Frieder Koch und dessen Abkömmlingen versterben würde.

Der Vorerbe wird durch Vermächtnisse nicht beschwert.

Wenn die Nacherbfolge eintritt, wird im Wege der Teilungsanordnung Folgendes bestimmt:

Befindet sich dann das Anwesen Lenbachstraße 3, das derzeit im
Eigentum der Ehefrau steht, noch im Nachlass, so ist dieses der gemeinschaftlichen Tochter Florentine alleine zu übereignen (zur weiteren Ausgestaltung der Teilungsanordnung siehe Grundfall § 3,
Interessenlage 2).

• **Ergänzung:** Die Anordnung der Nacherbfolge ist wie folgt auflösend bedingt: Der Ehemann wird Vollerbe, wenn er bei seinem Tod
eine wirksame letztwillige Verfügung hinterlässt, in der er ausdrücklich auch über das gesamte Vermögen verfügt, das Nachlassvermögen beim ersten Todesfall ist und dies im Wege der Erbeinsetzung
(auch mit Teilungsanordnungen) oder durch Vermächtnis ausschließlich gemeinschaftlichen Abkömmlingen von uns zuwendet.
Gleichgültig ist es dabei, welchem oder welchen gemeinschaftlichen
Abkömmlingen er den Nachlass des Erstversterbenden zuwendet,
wenn er nur über den gesamten Nachlass verfügt.

§ 3
Verfügungen für den zweiten Todesfall

Siehe dazu § 3 des Grundfalls.

• **Ergänzung:** Von der Erbfolge ausgeschlossen wird der erstehelic-
che Sohn Hans-Frieder Koch des Ehemanns und werden dessen Abkömmlinge.

§§ 4 ff.

Siehe dazu §§ 4 ff. beim Grundfall.

> • **Variante 3 zum 1. Muster:**
> *Aus der Ehe sind keine gemeinschaftlichen Abkömmlinge hervorgegangen*
> *Spezialproblem: Versorgung von Haustieren.*

§ 1
Eingang

Siehe dazu Grundfall mit folgender Änderung:
Aus unserer Ehe sind keine gemeinschaftlichen Abkömmlinge hervorgegangen. Keiner von uns hat einseitige Abkömmlinge.

§ 2
Verfügungen für den ersten Todesfall

Siehe dazu Grundfall.

§ 3
Verfügungen für den zweiten Todesfall

> *Interessenlage 1: Die Verwandten des Ehemanns und der Ehefrau sollen jeweils zur Hälfte bedacht werden, ohne dass die Begünstigten näher bezeichnet werden.*

Schlusserben des Letztversterbenden von uns werden die Verwandten des Ehemanns und die Verwandten der Ehefrau jeweils zur Hälfte. Die Berechtigung innerhalb der jeweiligen Verwandtschaft und die Quote unter den erbberechtigten Verwandten ergeben sich dabei entsprechend den Regeln über die gesetzliche Erbfolge, die eintreten würde, wenn wir zum Zeitpunkt des Letztversterbenden von uns gleichzeitig versterben würden.

> *Interessenlage 2: Das Vermögen soll nur an die Verwandten des einen Ehegatten anfallen. Die Verwandten des anderen Ehegatten sollen von der Erbfolge ausgeschlossen werden.*

Schlusserben des Letztversterbenden von uns werden ausschließlich die Verwandten des Ehemanns. Sollte der Ehemann der Letztver-

sterbende sein, erben diese zu unter sich gleichen Teilen nach Stämmen entsprechend den Regeln über die gesetzliche Erbfolge. Sollte
die Ehefrau die Letztversterbende sein, ergeben sich die Berechtigung unter den Verwandten des Ehemanns und die Quote entsprechend den Regeln über die gesetzliche Erbfolge, die eintreten würde,
wenn der Ehemann zum Zeitpunkt des Todes der Ehefrau als Letzter von uns versterben würde.

Diese werden durch Folgendes Vermächtnis bzw. Vorausvermächtnis beschwert:

Das Anwesen Lenbachstraße 3 in Schrobenhausen, das derzeit im
Eigentum der Ehefrau steht, ist ausschließlich dem Vetter Klaus
Koch des Ehemanns, geboren am 29. 11. 1945, zu übereignen. Soll-
te dieser vorverstorben sein, ist Ersatzvermächtnisnehmer dessen
Sohn Hans-Peter Koch. (Siehe im Übrigen zur Ausgestaltung des
Vermächtnisses Grundfall § 3.1.2.1.)

Die Verwandten der Ehefrau werden von der Erbfolge ausdrücklich ausgeschlossen.

---

*Spezialproblem: Verfügung „zu Gunsten von Haustieren" –
„Zamperltestament".*

Sollte der Überlebende ein Haustier hinterlassen, insbesondere den
von uns derzeit gehaltenen Rauhhaardackel „Zamperl", steht dem
Trägerverein des Ingolstädter Tierheims ein Vermächtnis in Höhe
von € 7.000,– zu. Der Vermächtnisnehmer wird mit der Auflage
beschwert, das hinterlassene Haustier in dem Tierheim aufzunehmen und es so lange zu unterhalten, bis das Tier verstirbt oder in
gute Hände weggegeben wird. Ein nach Erfüllung der Auflage evtl.
vorhandener Rest des Vermächtnisses steht dem Vermächtnisnehmer zur freien Verfügung zu.

§§ 4–6

Siehe dazu §§ 4–6 des Grundfalls.

§ 7
Abänderungsvorbehalt

- **Variante 1:** *Völlig freie Abänderbarkeit:*
  Siehe dazu Grundfall § 7.

• **Variante 2:**

Schutz vor Abänderungen für die Verwandten des Erstversterbenden

Nach dem Tod des Erstversterbenden ist der Überlebende zu Änderungen bzw. Ergänzungen der Bestimmungen für den zweiten Todesfall mit folgender Maßgabe berechtigt:

Er kann insoweit, als andere Personen als Verwandte des Erstversterbenden bedacht sind, Änderungen und Ergänzungen in beliebiger Weise vornehmen.

Soweit Verwandte des Erstversterbenden durch Erbeinsetzungen und Vermächtnisse bedacht werden, ist er zu Änderungen nicht berechtigt.

• **Alternative:**

Wenn Verwandte des erstversterbenden Ehegatten durch Erbeinsetzungen und Vermächtnisse bedacht werden, ist er zu Änderungen bzw. Ergänzungen insoweit befugt, als durch diese Änderungen und Ergänzungen wiederum Verwandte des erstversterbenden Ehegatten begünstigt werden. Er kann Vermögen, das Verwandten des Erstversterbenden zugedacht ist, aber nicht anderen Personen zuwenden.

§§ 8 ff.

Siehe §§ 8 ff. des Grundfalls.

2. Muster: Erbvertrag mit Pflichtteilsverzicht von Ehegatten mit bedeutenden Vermögensbestandteilen, die nicht gemeinsam erwirtschaftet wurden

Grundfall: *Ehegatten ohne gemeinsame Abkömmlinge. Spezialprobleme: Vererbung von Gesellschaftsbeteiligungen; Testamentsvollstreckung an Gesellschaftsbeteiligungen; geschiedener Ehegatte mit Sorgerecht für ersteheliches Kind; Pflichtteil des Ehegatten.*

Erbvertrag mit Pflichtteilsverzicht

(notarielle Einleitungsformel)

§ 1
Vorbemerkungen

Wir, Walter Schütz und Evi Müller-Schütz, geborene Maier, vorverehel. Kuhn, haben am 27. 9. 1997 die Ehe geschlossen. Es ist für uns beide die zweite Ehe. Wir haben keine gemeinschaftlichen Abkömmlinge. Aus der vorangegangenen Ehe des Ehemanns, dessen erste Ehefrau 1994 verstorben ist, ging der Sohn Daniel Schütz, geboren am 1. 10. 1978 hervor. Aus der geschiedenen ersten Ehe der Ehefrau ging die Tochter Sibylle Kuhn geboren am 26. 3. 1985 hervor. Evi Müller-Schütz ist für Sibylle sorgeberechtigt. Weder der Ehemann noch die Ehefrau haben mit ihren früheren Ehegatten gemeinschaftliche Testamente oder Erbverträge errichtet.

Der Ehemann ist Gesellschafter der Werner und Walter Schütz OHG mit dem Sitz in Ingolstadt. Nach dem Gesellschaftsvertrag wird die Gesellschaft beim Tod eines Gesellschafters nicht aufgelöst, sondern mit dessen Erben fortgesetzt, wenn diese zum Kreis der Abkömmlinge des Gesellschafters gehören oder Mitgesellschafter sind. Der Gesellschaftsvertrag enthält keine Bestimmungen über die Zulässigkeit der Testamentsvollstreckung.

Im Übrigen ist der Ehemann noch Eigentümer des Anwesens Gerolfinger Straße 170 in Ingolstadt, das von beiden Ehegatten gemeinsam bewohnt wird. Beide Ehegatten sind jeweils zur Hälfte Miteigentümer einer Eigentumswohnung in der Jagdstraße 10, 80338 München. Im Übrigen besitzt jeder von uns derzeit Wertpapiere und Guthaben bei Kreditinstituten.

§ 2
Verfügungen des Ehemanns

1. Erbeinsetzung. Der Ehemann setzt seinen Sohn Daniel Schütz zum alleinigen und ausschließlichen Erben ein. Sollte dieser gemeinsam mit dem Ehemann versterben, erben ersatzweise dessen Abkömmlinge zu unter sich gleichen Teilen nach Stämmen. Sollten Abkömmlinge von Daniel nicht vorhanden sein, erbt wiederum ersatzweise der Bruder des Ehemanns, Walter Schütz, geboren am 6. 7. 1942.

2. Vermächtnisse. Der Erbe des Ehemanns wird durch folgende Vermächtnisse beschwert:

a) Sollte der Ehemann vor der Ehefrau versterben, gilt:

aa) Der Erbe hat der Ehefrau den Nießbrauch an dem Anwesen Gerolfinger Straße 170 in Ingolstadt auf deren Lebensdauer, längstens jedoch bis zu einer eventuellen Wiederverehelichung einzuräumen. Für das Nießbrauchsrecht gelten die gesetzlichen Bestimmungen. Der Nießbrauch ist im Grundbuch dinglich zu sichern.

bb) Er hat der Ehefrau den hälftigen Miteigentumsanteil des Ehemanns an der Eigentumswohnung in München, Jagdstraße 10 frei von Belastungen in Abteilung II und III des Grundbuchs zu übereignen.

cc) Er hat der Ehefrau als Leibrente einen Betrag in einer Höhe von € 3.500,– (derzeit) monatlich zu bezahlen. Die Verpflichtung zur Zahlung beginnt mit dem Monatsersten, der auf den Tod des Ehemanns folgt. Sie endet beim Tod der Ehefrau, spätestens jedoch bei einer eventuellen Wiederverehelichung. Die Leibrente ist jeweils monatlich im Voraus bis zum Dritten des Kalendermonats auf ein Konto zu überweisen, das der Berechtigte dem Erben benennt.

Der innere Wert der Leibrente soll gegen Wertverlust geschützt werden. Ändert sich deshalb der vom Statistischen Bundesamt in Wiesbaden amtlich festgestellte Verbraucherpreisindex nach dem Tod des Ehemanns gegenüber dem Stand, den dieser zum Zeitpunkt des Todes des Ehemanns aufwies, um mehr als 5%, ändert sich der als Leibrente zu zahlende Geldbetrag im entsprechenden prozentualen Umfang. Die Änderung ist erstmals in dem Monat zu berücksichtigen, der auf die 5-prozentige Veränderung folgt. Nach einer erfolgten Anpassung ist die vorstehende Klausel jeweils erneut mit der Maßgabe anwendbar, dass die 5-prozentige Änderung gegenüber der Indexzahl eingetreten sein muss, die die letzte Änderung auslöste.

§ 323 ZPO wird ausdrücklich ausgeschlossen: Auch eine wesentliche Veränderung der wirtschaftlichen Verhältnisse des Erben und der Ehefrau führt also nicht zu einer Änderung des Leibrentenbetrages mit Ausnahme der o. a. Indexanpassung. Der Erbe hat zur Sicherung der Leibrente zugunsten der Vermächtnisnehmerin an dem Anwesen Gerolfinger Straße 170 in Ingolstadt eine Reallast zu bestellen. Auf Verlangen des Vermächtnisnehmers hat er sich in einer notariellen Urkunde wegen der Verpflichtung zur Zahlung der Leibrente in der jeweiligen Höhe der sofortigen Zwangsvollstreckung in sein gesamtes Vermögen mit der Maßgabe zu unterwerfen, dass vollstreckbare Ausfertigungen ohne Fälligkeitsnachweis erteilt werden können. Bei einer Änderung des Leibrentenbetrags ist die Unterwerfungserklärung jeweils abzuändern.

Es wird davon ausgegangen, dass der Vermächtnisnehmer den sogenannten „Ertragsanteil" der Leibrente als Einkünfte aus wiederkehrenden Leistungen versteuert und der Erbe den „Ertragsanteil" als Sonderausgabe steuerlich geltend machen kann. Wenn diese steuerliche Annahme – z. B. wegen falsch interpretierter oder geänderter finanzgerichtlicher Rechtsprechung oder Verwaltungspraxis – nicht zutrifft, haben die Beteiligten (Erbe und Vermächtnisnehmer) sich wirtschaftlich entsprechend zu stellen.

dd) Für alle vorbezeichneten Vermächtnisse gilt: Sie sind mit dem Tod des Erben zu erfüllen. Die Kosten der Vermächtniserfüllung trägt der Erbe.

b) Sollte der Ehemann gleichzeitig mit der Ehefrau versterben oder nach dieser, ist die zum Zeitpunkt des Todes im Eigentum des Ehemanns stehende Eigentumswohnung in München, Jagdstraße 10, bzw. gegebenenfalls nur dessen Miteigentumsanteil daran der Tochter Sibylle der Ehefrau frei von Belastungen in Abteilung II und III des Grundbuchs zu übereignen.

Das Vermächtnis ist mit dem Tod des Ehemanns fällig. Die Kosten der Vermächtniserfüllung trägt der Erbe.

3. **Testamentsvollstreckung.** Der Ehemann ordnet die Testamentsvollstreckung an, wenn der Erbe oder der jüngste der Erben beim Tod des Ehemanns noch nicht 30 Jahre alt ist. Die Testamentsvollstreckung bezieht sich nur auf die Beteiligung des Ehemanns an der Werner und Walter Schütz OHG. Die Testamentsvollstreckung beginnt mit dem Tod des Erblassers und endet mit Vollendung des 30. Lebensjahres des Erben, bei mehreren Erben mit Vollendung des 30. Lebensjahres des jüngsten Erben.

Der Testamentsvollstrecker hat die Beteiligung zu verwalten. Ihm werden sämtliche Rechte eines Verwaltungsvollstreckers eingeräumt. Er ist in der Eingehung von Verbindlichkeiten für den Nachlass nicht beschränkt. Er wird von § 181 BGB befreit.

Dem Testamentsvollstrecker wird bereits heute, aufschiebend bedingt auf den Todestag und bis zum Ende der Testamentsvollstreckung Vollmacht in allen Angelegenheiten erteilt, die die Beteiligung des Ehemanns an der OHG betreffen. Insbesondere ist der Testamentsvollstrecker berechtigt, das Stimmrecht in Gesellschaftsversammlungen auszuüben.

Der Erbe wird im Wege der Auflage damit beschwert, die erteilte Vollmacht nicht ohne wichtigen Grund zu widerrufen, die Vollmacht gegebenenfalls in notariell beglaubigter oder beurkundeter Form mit diesem Inhalt zu wiederholen und sich sämtlicher eigenen Handlungen in Bezug auf den Gesellschaftsanteil zu enthalten, insbesondere sich der eigenen Stimmausübung in Gesellschafterversammlungen zu enthalten, es sei denn, dass ein wichtiger Grund vorliegt, der die eigene Stimmausübung rechtfertigt.

Wenn die Stimmrechtsausübung des Testamentsvollstreckers durch die weiteren Gesellschafter nicht zugelassen wird, hat der Erbe das Stimmrecht nach Weisung des Testamentsvollstreckers auszuüben.

Zum Testamentsvollstrecker wird Hans-Jürgen Kuhnert bestellt, persönlich haftender Gesellschafter der Kuhnert Bank KG. Wenn dieser das Amt des Testamentsvollstreckers nicht annehmen kann oder will oder nach der Übernahme wegfällt, ist zur Benennung des Testamentsvollstreckers Rechtsanwalt Dr. Hans Lachner in München berechtigt, der eine Unternehmerpersönlichkeit benennen soll.

Dem Testamentsvollstrecker steht für die Übernahme seines Amts eine Vergütung in Höhe von 3% des anteilig auf die verwaltete Beteiligung entfallenden Steuerbilanzgewinns der oHG zu. Soweit die Tätigkeitsvergütung umsatzsteuerpflichtig ist, ist zuzüglich zu diesem Betrag die gesetzliche Umsatzsteuer geschuldet. Er ist berechtigt, die Vergütung am Ende eines Kalenderjahres für das abgelaufene Kalenderjahr zu entnehmen.

Von dem verbleibenden Ertrag der Beteiligung hat der Testamentsvollstrecker dem Erben einen Betrag zur freien Verfügung zu überlassen, der es dem Erben gestattet, sämtliche Steuern sowie die Leibrente zugunsten der Ehefrau zu bezahlen, und der dem Erben neben seinen sonstigen Einkünften eine angemessene Lebensführung ermöglicht.

Der Testamentsvollstrecker hat den Vermächtnisnehmer an die Verwaltung der Beteiligung heranzuführen, so dass dieser nach Ablauf der Testamentsvollstreckung in der Lage ist, die Verwaltung des Vermächtnisses selbständig verantwortlich zu übernehmen. Zu diesem Zweck hat der Testamentsvollstrecker dem Vermächtnisnehmer den gesamten Schriftverkehr, der den Geschäftsanteil betrifft, zugänglich zu machen und diesen von Verhandlungen, die in Ansehung des Geschäftsanteils stattfinden, umfassend zu unterrichten. Er hat den Vermächtnisnehmer rechtzeitig vor einberufenen Gesellschafterversammlungen von der Tagesordnung zu informieren und diesem die gesamten eventuell zur Vorbereitung der Gesellschafterversammlung überreichten Unterlagen zugänglich zu machen sowie diese mit ihm zu erörtern. Er hat die Art und Weise, wie er das Stimmrecht in der Gesellschafterversammlung ausüben will, dem Vermächtnisnehmer darzulegen und zu begründen; soweit möglich vor Abgabe der Stimme, sonst nach Abgabe der Stimme. Er hat den Jahresabschluss der Gesellschaft dem Vermächtnisnehmer zugänglich zu machen und diesem zu erläutern. Widerspruchsrechte gegen Maßnahmen des Testamentsvollstreckers stehen dem Erben ungeachtet dessen nicht zu.

4. **Auflage.** Im Wege der Auflage wird angeordnet, dass der Erbe sein Verbleiben in der o. a. Gesellschaft nicht davon abhängig macht, dass ihm die Stellung eines Kommanditisten eingeräumt wird.

§ 3
Verfügungen der Ehefrau

1. **Erbeinsetzung.** Die Ehefrau setzt ihre Tochter Sibylle zu ihrer alleinigen und ausschließlichen Erbin ein, ersatzweise deren Abkömmlinge zu unter sich gleichen Teilen nach Stämmen. Sollte Sibylle ohne Hinterlassung von Abkömmlingen vorverstorben sein, erbt ersatzweise der Ehemann.

2. **Vermächtnis.** Der Erbe wird durch Folgendes Vermächtnis beschwert: Sollte zum Zeitpunkt des Todes der Ehefrau der Ehemann noch leben, ist diesem der hälftige Miteigentumsanteil der Ehefrau an der Eigentumswohnung in der Jagdstraße 10 in 80338 München frei von Belastungen in Abteilung II und III des Grundbuchs zu übereignen. Das Vermächtnis ist mit dem Tod der Ehefrau zu erfüllen. Die Kosten der Vermächtniserfüllung trägt der Vermächtnisnehmer.

3. **Vermögenssorge.** Wenn die Tochter Sibylle der Ehefrau Erbin wird und noch minderjährig ist, erstreckt sich dann, wenn der geschiedene erste Ehemann der Ehefrau noch lebt, dessen Vermögenssorge nicht auf das Vermögen, das Sibylle von der Ehefrau erbt. Zum Pfleger zur Verwaltung des Vermögens, das Sibylle beim Tod der Ehefrau erwirbt, wird dann, wenn der Ehemann die Ehefrau überlebt, dieser bestellt, sonst der Bruder der Ehefrau Erich Maier, geboren am 28. 12. 1954.

4. **Nacherbfolge.** Wenn Sibylle Erbin wird, wird die Nacherbfolge angeordnet. Die Nacherbfolge tritt beim Tod der Vorerbin ein. Nacherben von Sibylle sind der Bruder der Ehefrau, Erich Kuhn bzw., wenn dieser vorverstorben ist, dessen Abkömmlinge zu unter sich gleichen Teilen nach Stämmen. Der Vorerbe ist von den Beschränkungen und Verpflichtungen der §§ 2133 ff. befreit, soweit dies gesetzlich zulässig ist.

Die Anordnung der Nacherbfolge ist wie folgt auflösend bedingt: Wenn Sibylle heiratet oder Kinder hat, wird sie ab dem Zeitpunkt der Verehelichung bzw. ab dem Zeitpunkt der Geburt ihres ersten Kindes Vollerbin.

§ 4
Rechtsnatur der Verfügungen

Von den Verfügungen des Ehemanns sind nur die in § 2 Abschn. 2. und von den Bestimmungen der Ehefrau sind nur die in § 3 Abschn. 2. erbvertraglich bindend, d. h. einseitig grundsätzlich unwiderruflich vereinbart. Die weiteren Bestimmungen sind jeweils einseitig testamentarisch getroffen.

§ 5
Abänderungsbefugnis bzgl.
erbvertraglicher Verfügungen

Nach dem Tod eines Ehegatten ist der überlebende Ehegatte zu Änderungen bezüglich derjenigen Verfügungen, die erbvertraglich bindend getroffen wurden, nicht berechtigt.

Er kann ohne weiteres, wie bereits zu Lebzeiten beider Ehegatten, einseitige testamentarische Verfügungen aufheben oder abändern.

§ 6
Rücktritt von erbvertraglichen Verfügungen

Die Beteiligten wurden darauf hingewiesen, dass sie sich den einseitigen Rücktritt von erbvertraglichen Verfügungen der Urkunde vorbehalten können.

Ein solcher Vorbehalt soll nicht erfolgen.

§ 7
Ausschluss der Anfechtung

Alle einseitigen und erbvertraglichen Verfügungen sind unbeschadet des gegenwärtigen und künftigen Vorhandenseins pflichtteilsberechtigter Personen getroffen.

§ 8
Pflichtteilsverzicht

Der Notar wies die Beteiligten auf das gesetzliche Erb- und Pflichtteilsrecht hin.

Die Beteiligten verzichten gegenseitig auf das ihnen beim Tod des anderen Vertragsteils jeweils zustehende Pflichtteilsrecht. Der Verzicht wird ausdrücklich auf Pflichtteils- und Pflichtteilsergänzungsansprüche beschränkt und erfasst das gesetzliche Erbrecht nicht.

§ 9
Verwahrung, Kosten, Ausfertigung

Dieser Erbvertrag verbleibt in der Urkundensammlung des Notars.

Jeder der Beteiligten erhält eine Ausfertigung. Der Notar soll eine beglaubigte Abschrift zu seiner Urkundensammlung nehmen.

Der Ehemann trägt die Kosten der Errichtung und Ausfertigung der Urkunde.

• **Variante zum 2. Muster**
Ehegatten mit gemeinschaftlichen Abkömmlingen.
Spezialprobleme: Bestimmung eines Begünstigten durch Dritte.
Nießbrauch an Gesellschaftsbeteiligungen.

Erbvertrag

(notarielle Einleitungsformel)

§ 1
Vorbemerkung

Wir, Walter Schütz und Evi Müller-Schütz geborene Müller haben am 28. 6. 1981 die Ehe geschlossen. Es ist beiderseits die erste Ehe.

Aus unserer Ehe sind drei gemeinschaftliche Kinder hervorgegangen, Hans Schütz, geboren am 2. 2. 1983, Petra Schütz, geboren am 4. 5. 1988, und Fritz Schütz, geboren am 8. 11. 1990. Der Ehemann ist an der Schütz GmbH mit dem Sitz in Ingolstadt (HRB 487; derzeitiges Stammkapital € 100.000,–; derzeit gehaltener Geschäftsanteil € 50.000,–) beteiligt. Weiter besitzen wir zur Zeit sowohl gemeinschaftliches Vermögen als auch Vermögensbestandteile, die nur einem von uns gehören.

Die Satzung der o. a. GmbH sieht beim Tod weder die Einziehung des Geschäftsanteils vor, noch die Ausschließung des Rechtsnachfolgers, noch Ankaufsrechte zu Lasten des Rechtsnachfolgers. Die Verfügung über Geschäftsanteile bedarf nach § 5 der Satzung u. a. nicht der Zustimmung der Gesellschaft oder weiterer Gesellschafter, wenn die Veräußerung an Ehegatten oder Abkömmlinge erfolgt.

§ 2
Verfügungen des Ehemanns

1. **Erbeinsetzung.** Der Ehemann setzt hiermit zu seiner alleinigen Erbin die Ehefrau ein und als Ersatzerben (wenn die Ehefrau vorverstorben ist, gleichzeitig mit dem Ehemann oder auf Grund derselben Gefahr verstirbt oder die Erbschaft ausschlägt) unsere gemeinschaftlichen Abkömmlinge zu unter sich gleichen Teilen nach Stämmen.

2. **Vermächtnis.** a) Der Erbe wird durch Folgendes Vermächtnis bzw. Vorausvermächtnis beschwert: Er hat die dem Ehemann zum Zeitpunkt seines Todes zustehende Beteiligung an der Schütz GmbH an eines unserer gemeinschaftlichen Kinder zu übertragen.

Das Vermächtnis fällt, wenn die Ehefrau den Ehemann überlebt, an, wenn das jüngste unserer Kinder 20 Jahre alt ist, wenn die Ehefrau vorher verstirbt, mit deren Tod. Wenn die Ehefrau den Ehemann nicht überlebt, fällt es mit dem Tod des Ehemanns an.

Wenn die Ehefrau den Ehemann beerbt, ist diese berechtigt zu bestimmen, wer von den Abkömmlingen das Vermächtnis erhält. Sollte nicht die Frau Erbin des Ehemanns werden, so ist die Bestimmung durch den Bruder des Ehemanns, Werner Schütz, vorzunehmen.

Das Bestimmungsrecht ist, wenn die Ehefrau den Ehemann überlebt, nicht auszuüben, bevor das jüngste unserer Kinder 18 Jahre alt ist, wenn die Ehefrau nicht vorher verstirbt. Das Nachlassgericht soll keine kürzere Frist nach § 2151 Abs. 3 S. 2 BGB bestimmen.

b) Der Vermächtnisnehmer wird mit folgenden Untervermächtnissen beschwert:

aa) Er hat der Ehefrau auf deren Lebensdauer den Nießbrauch an dem Geschäftsanteil einzuräumen. Für den Nießbrauch gelten folgende Bestimmungen:

(1) Verwaltungs- und Stimmrechte, die aus der Beteiligung folgen, stehen dem Vermächtnisnehmer als Gesellschafter zu. Falls ihm die entsprechenden Rechte nicht kraft Gesetzes zustehen, hat der Nießbraucher dem Vermächtnisnehmer eine entsprechende Vollmacht zu erteilen und sich einer eigenen Rechtsausübung zu enthalten. Der Gesellschafter ist verpflichtet, bei der Ausübung der bei ihm verbliebenen Rechte alles zu unterlassen, was den Nießbrauch beeinträchtigen oder vereiteln könnte. Der Gesellschafter hat dem Nießbraucher soweit zulässig auf Verlangen Auskunft über sämtliche Angelegenheiten der Gesellschaft zu erteilen.

(2) Dem Nießbraucher steht der Gewinn zu, der während der Dauer der Nießbrauchsbelastung auf den Geschäftsanteil zur Auszahlung kommt.

Zu den Nutzungen des Nießbrauchsrechts gehören nicht bzw. stehen der Nießbraucherin nicht zu: der Anspruch auf den Liquidationserlös nach § 72 GmbHG bzw. ein Abfindungsguthaben und ein eventuelles Entgelt für die Einziehung des Geschäftsanteils, das Bezugsrecht auf Geschäftsanteile nach § 55 GmbHG, zurückgezahlte Nachschüsse nach § 30 Abs. 2 GmbHG, Teilrückzahlungen der Stammeinlage nach § 58 Abs. 2 GmbHG und ein Überschuss aus dem Verkauf von Geschäftsanteilen nach § 27 Abs. 2 GmbHG.

(3) Bei Liquidation, Einziehung und sonstigem Ausscheiden des Gesellschafters ist dem Nießbraucher jedoch an dem Liquidationserlös, dem Abfindungsguthaben oder dem Einziehungsentgelt der Nießbrauch erneut zu bestellen.

(4) Bei Kapitalerhöhungen aus Gesellschaftsmitteln ist der Nießbrauch auf den weiteren bzw. erhöhten Geschäftsanteil zu erstrecken. Bei sonstigen Kapitalerhöhungen erstreckt sich der Nießbrauch darauf nicht.

(5) Die Anrechnung der Kapitalertragsteuer steht dem Nießbraucher zu.

(6) Wenn der Geschäftsanteil während der Dauer des Nießbrauchs der Testamentsvollstreckung unterliegt, hat der Nießbraucher die Vergütung für den Testamentsvollstrecker zu zahlen.

bb) Aufschiebend bedingt auf den Tod der Ehefrau wird der Vermächtnisnehmer weiter mit folgenden Untervermächtnissen beschwert:

(1) Er hat unseren weiteren beiden Kindern den Bruchteilsnießbrauch an dem Geschäftsanteil zu jeweils 20% einzuräumen. Der Nießbrauch ist von dem auf den Tod der Ehefrau folgenden Tag den Untervermächtnisnehmern einzuräumen. Er endet 15 Jahre

nach dem Tod des Erblassers. Hat die Ehefrau bereits 15 Jahre oder länger gelebt, entfällt die Anordnung des aufschiebend bedingten Untervermächtnisses.

(2) Im Übrigen gelten für den jeweiligen Bruchteilsnießbrauch die Bestimmungen unter aa) oben entsprechend.

cc) Wir gehen davon aus, dass die Einkünfte aus Kapitalvermögen wegen des Nießbrauchs einschließlich Bruchteilsnießbrauchs aus dem GmbH-Anteil dem Nießbraucher bzw. Bruchteilsnießbraucher einschließlich Kapitalertragsteuer steuerlich zugerechnet werden. Sollte diese Ansicht jetzt oder künftig von der Finanzverwaltung oder -rechtsprechung nicht geteilt werden, sind die Beteiligten verpflichtet, die Folgen wirtschaftlich auszugleichen.

§ 3
Verfügungen der Ehefrau

Die Ehefrau setzt zu ihrem alleinigen Erben den Ehemann ein und als Ersatzerben unsere gemeinschaftlichen Abkömmlinge zu unter sich gleichen Teilen nach Stämmen.

§ 4
Rechtsnatur der Verfügungen

Von den Verfügungen des Ehemanns sind die Verfügungen in Abschnitt 2. einseitig testamentarisch getroffen. Alle weiteren vorstehenden Verfügungen sind erbvertraglich bindend vereinbart.

§ 5
Rücktritt von erbvertraglichen Verfügungen

Keiner der Beteiligten behält sich den einseitigen Rücktritt von erbvertraglichen Verfügungen vor.

§ 6
Abänderungsbefugnis bzgl. erbvertraglicher Verfügungen

Nach dem Tod eines Ehegatten ist der Überlebende zur Änderung der Schlusserbfolge berechtigt. Durch Änderungen dürfen aber nur gemeinschaftliche Abkömmlinge begünstigt werden.

§ 7
Ausschluss der Anfechtung

Siehe § 7 des Grundfallmusters (Muster 2).

§ 8
Verwahrung, Kosten, Ausfertigung

Siehe § 9 des Grundfallmusters (Muster 2).

3. Muster Einseitiges Testament eines Ehegatten

Grundfall: *Ehegatte wird Vorerbe, Kinder werden Nacherben. Wiederverehelichungsproblematik.*

§ 1
Eingang

Ich, Frank Müller, bin verheiratet mit Marianne Müller, geb. Mantz. Aus unserer Ehe sind zwei gemeinsame Kinder hervorgegangen: Fritz Müller, geb. am 16. 12. 1982 und Martin Müller, geb. am 4. 3. 1988. Weitere Abkömmlinge habe ich nicht.

Gemeinschaftliche Testamente oder Erbverträge mit anderen Personen habe ich nicht errichtet, speziell nicht mit meiner Ehefrau. Vorsorglich widerrufe ich alle etwa zeitlich vorangegangenen letztwilligen Verfügungen von mir in vollem Umfang, so dass für den Fall meines Todes nur die folgenden Bestimmungen gelten.

Ich bin nicht Eigentümer eines land- oder forstwirtschaftlichen Anwesens und habe ein solches auch künftig nicht zu erwarten.

Ich bin nicht an Personen- oder Kapitalgesellschaften beteiligt, bei denen die Vererbung oder vermächtnisweise Zuwendung eingeschränkt wäre oder bei denen der Erbe oder Vermächtnisnehmer aus der Gesellschaft ausgeschlossen werden könnte.

§ 2
Letztwillige Verfügungen

1. Bei meinem Tod setze ich meine Ehefrau Marianne Müller zu meiner alleinigen und ausschließlichen Erbin ein. Meine Ehefrau ist aber nur Vorerbin. Die Nacherbfolge tritt beim Tod des überlebenden Ehegatten ein.
– Alternative: wenn die Wiederverehelichung schärfstmöglich sanktioniert werden soll:
Wenn meine Ehefrau aber eine neue Ehe eingeht, tritt die Nacherbfolge abweichend davon bereits mit dem Zeitpunkt der Wiederverehelichung ein.
2. Der Vorerbe ist von den Beschränkungen und Verpflichtungen der §§ 2113 ff. BGB befreit, soweit dies gesetzlich zulässig ist.
– Alternative: falls bei Wiederverehelichung der überlebende Ehegatte Vorerbe bleiben soll, aber die Position der Kinder dennoch gestärkt werden soll:

Für den Fall, dass meine Ehefrau eine weitere Ehe eingehen sollte, entfällt ab Wiederverehelichung die Befreiung von den Beschränkungen der §§ 2113 ff. BGB.

3. Nacherben bei Eintritt der Nacherbfolge werden meine Kinder Fritz Müller und Martin Müller je zu ½. Wenn Fritz Müller und/oder Martin Müller nach meinem Tod, aber vor Eintritt der Nacherbfolge versterben, treten dessen Erben an seiner Stelle. Die Nacherbenanwartschaft von Fritz Müller und Martin Müller ist also jeweils vererblich; sie ist auch veräußerlich.

– Alternative: Wenn der Erblasser selbst die Ersatzperson festlegen will:

Wenn Fritz Müller oder Martin Müller oder beide nach meinem Tod, aber noch vor Eintritt des Nacherbfalls vorversterben sollten, treten an die Stelle eines vorverstorbenen Nacherben, wenn dieser Abkömmlinge hinterlässt, dessen Abkömmlinge zu unter sich gleichen Teilen nach Stämmen entsprechend den Regeln der gesetzlichen Erbfolge; sonst tritt an die Stelle von Fritz Müller mein Sohn Martin Müller bzw. dessen Abkömmlinge zu unter sich gleichen Teilen nach Stämmen entsprechend den Regeln der gesetzlichen Erbfolge und anstelle von Martin Müller mein Sohn Fritz Müller bzw. dessen Abkömmlinge zu unter sich gleichen Teilen nach Stämmen. Die Vererbung der Nacherbenanwartschaft wird ebenso ausgeschlossen wie deren Veräußerung.

4. Nach Eintritt des Nacherbfalls treffe ich noch folgende Auseinandersetzungsregel unter den Nacherben: Wenn zum Zeitpunkt des Eintritts des Nacherbfalls sich im Nachlass noch das Anwesen Auf der Heide 25 in Ingolstadt befindet, steht dieses alleine meinem Sohn Fritz Müller zu, ersatzweise dessen Abkömmlingen zu unter sich gleichen Teilen nach Stämmen entsprechend den Regeln der gesetzlichen Erbfolge; Martin Müller erhält dafür aus dem sonstigen Nachlass entsprechend mehr bzw., wenn der sonstige Nachlass für den Ausgleich nicht ausreicht, hat Fritz Müller bzw. haben dessen Abkömmlinge aus ihrem sonstigen Vermögen Martin Müller entsprechenden Ausgleich zu bezahlen.

5. Sollte meine Ehefrau Marianne Müller bereits vor mir verstorben sein, gleichzeitig mit mir oder aufgrund derselben Gefahr versterben, werden die von mir benannten Nacherben (also primär Fritz Müller und Martin Müller je zu ½) Ersatzerben.

6. Wenn zunächst meine Ehefrau Vorerbin wird, erhalten meine Kinder Fritz Müller und Martin Müller dennoch vorab vermächtnisweise bereits folgende Vermögensgegenstände:

a) Den Sparbrief Nr. 442350 bei der Sparkasse erhält Fritz Müller bzw. erhalten, wenn Fritz Müller vorverstorben sein sollte, dessen Abkömmlinge zu unter sich gleichen Teilen nach Stämmen entsprechend den Regeln der gesetzlichen Erbfolge. Der entsprechende Sparbrief ist dem Vermächtnisnehmer innerhalb von 2 Monaten nach meinem Tod zu übertragen; sollte die Übertragung Kosten auslösen, trägt diese der Vorerbe.

b) Meine Armbanduhr Rolex Daytona erhält mein Sohn Martin Müller. Sie ist ihm innerhalb von 3 Monaten nach meinem Tod zu übereignen.

7. Weiter gilt noch Folgendes:

Im Wege des Vorausvermächtnisses erhält meine Ehefrau meine Eigentumswohnung in München, Maximilianstr. 17, frei von Belastungen in Abt. II und III des Grundbuchs. Diese Wohnung steht meiner Ehefrau völlig frei zu. Sie unterliegt nicht den Bestimmungen der Nacherbfolge. D.h., meine Ehefrau kann selbst bestimmen, ob sie diese Wohnung und an wenn sie diese z.B. verschenken will oder wem sie diese vererben will.

• **Variante:** *Die Kinder werden, auch wenn der Erblasser vor dem Ehegatten verstirbt, Erben, der überlebende Ehegatte erhält nur eine Versorgung.*

§ 2
Letztwillige Verfügungen

1. Bei meinem Tod setze ich meine Kinder Fritz Müller zu $^2/_5$ und Martin Müller zu $^3/_5$ zu meinen Erben ein. Sollte einer der bedachten Erben unter Hinterlassung von Abkömmlingen vorverstorben sein, treten dessen Abkömmlinge zu unter sich gleichen Teilen nach Stämmen entsprechend den Regeln der gesetzlichen Erbfolge an dessen Stelle. Sonst tritt an die Stelle von Fritz Müller Martin Müller und treten anstelle von Martin Müller Fritz Müller.

2. Zur Auseinandersetzung unter den Miterben treffe ich folgende Teilungsanordnung:

Meinem Sohn Martin Müller steht (in Anrechnung auf seinen Anspruch auf das restliche Vermögen) meine Beteiligung an der G & D GmbH mit dem Sitz in München (Amtsgericht München, HR B 125.137) alleine zu; sie ist in diesem zu seiner alleiniger Berechtigung zu übertragen.

3. Darüber hinaus werden meine Erben noch durch folgendes Vorausvermächtnis beschwert: meinem Sohn Fritz Müller steht, ohne dass dies aber auf seine Berechtigung am sonstigen Nachlass angerechnet wird, vorab meine Armbanduhr Rolex Daytona alleine zu, die innerhalb von 3 Monaten nach meinem Tod zu übereignen ist. Sollten hierfür Kosten anfallen, trägt sie der Nachlass.

4. Sollte bei meinem Tod meine Ehefrau Marianne Müller noch leben, werden meine Erben durch folgende Vermächtnisse zu ihren Gunsten beschwert. Dies gilt aber nicht, wenn meine Ehefrau gleichzeitig mit mir oder aufgrund derselben Gefahr verstirbt.

a) An meiner Eigentumswohnung in Ingolstadt/Oberhaunstadt, Müllerbadsiedlung Nr. 5 ($^{75}/_{1000}$-Miteigentumsanteil an dem Grundstück 1114 der Gemarkung Oberhaunstadt, verbunden mit dem Sondereigentum an der Wohnung Nr. 12 gemäß Aufteilungsplan nebst dem dazu gehörenden Kellerraum, eingetragen im Grundbuch des Amtsgerichts Ingolstadt von Oberhaunstadt, Blatt 1529) und dem dazu gehörenden Tiefgaragenstellplatz ($^{5}/_{1000}$ am selben Grundstück, verbunden mit dem Sondereigentum an dem Tiefgaragenstellplatz Nr. 25, eingetragen im Grundbuch von Oberhaunstadt, Blatt 1560) steht meiner Ehefrau auf deren Lebensdauer, längstens aber bis zu einer eventuellen Wiederverehelichung der Nießbrauch zu. Für den Nießbrauch gelten die gesetzlichen Bestimmungen mit folgender Änderung: der Nießbraucher trägt während der Dauer des Nießbrauchs sämtliche auf der Sache ruhenden öffentlich-rechtlichen Lasten einschließlich der außerordentlichen, die als auf den Stammwert der Sache angelegt anzusehen sind und trägt die Kosten der Instandsetzung und Instandhaltung der nießbrauchsbelasteten Sache auch insoweit, als sie die gewöhnliche Unterhaltung der Sache übersteigen.

Der Nießbrauch ist auf Kosten der Erben im Grundbuch an 1. Rangstelle in Abt. II und III dinglich zu sichern.

b) Darüber hinaus wird mein Sohn Martin Müller, zugunsten meiner Ehefrau noch mit folgendem Beteiligungsnießbrauch beschwert: An meiner Beteiligung an der G & D GmbH, die Martin Müller im Wege der Erbauseinandersetzung alleine zusteht, steht meiner Ehefrau auf deren Lebensdauer, längstens aber bis zu einer eventuellen Wiederverehelichung ein Quotennießbrauch zu; auf Grund dessen steht ihr ein Drittel der während der Nießbrauchsdauer mit der Beteiligung in Zusammenhang stehenden Erträge zu. Die Beteiligungsverwaltung steht alleine meinem Sohn Martin Müller zu. Soweit der Nießbraucher kraft Gesetzes berechtigt ist, Gesellschafterrechte wahrzunehmen, wird ihm die Auflage erteilt, sich der eigenen Wahrnehmung solcher Rechte zu enthalten und Martin Müller die Vollmacht zu erteilen, die Beteiligung auch insoweit zu verwalten. Martin Müller hat die Beteiligung aber auch unter Berücksichtigung der Nießbrauchsberechtigten zu verwalten.

c) Darüber hinaus steht meiner Ehefrau an dem derzeit von uns bewohnten Anwesen Auf der Heide 25 in Ingolstadt ein Wohnungsrecht wie folgt zu: Die Wohnungsberechtigte ist zur alleinigen und ausschließlichen Nutzung der abgeschlossenen Wohnung im 1. OG berechtigt. Sie ist zur Mitnutzung der Gemeinschaftsanlagen und der Gemeinschaftseinrichtungen, insbesondere von Keller und Garten befugt. Sie ist zur alleinigen Nutzung der östlich gelegenen Garage befugt. Die Kosten der Ver- und Entsorgung trägt der Wohnungsberechtigte wie folgt: Soweit sich die Verursachung solcher Kosten durch Messeinrichtungen ohne weiteres zuordnen lässt, trägt er die durch ihn verursachten Kosten, z.B. die Kosten für Strom, Wasser und Licht, die jeweils durch gesonderte Zähler erfasst werden. Von den sonstigen Kosten, z.B. Heizkosten und Müllabfuhrkosten trägt er die Hälfte der Kosten für das gesamte Anwesen. Der Grundstückseigentümer hat das Objekt auf eigene Kosten in einem bewohnbaren und benutzbaren Zustand zu erhalten.

Das Wohnungsrecht steht meiner Ehefrau unabhängig von einer eventuellen Wiederverehelichung auf ihre Lebensdauer zu. Die Ausübung des Wohnungsrechts kann Dritten nicht überlassen werden. Das Wohnungsrecht ist nach meinem Tod im Grundbuch an 1. Rangstelle dinglich auf Kosten der Erben abzusichern.

d) Meine Erben haben weiter meiner Ehefrau, bis diese eine eigene Altersrente bezieht, noch folgende Leibrente zu gewähren: meiner Ehefrau steht bis zu diesem Zeitpunkt ab meinem Tod ein Betrag in einer Höhe von € 800,– monatlich zu. Dieser Betrag dient dem Lebensunterhalt meiner Ehefrau; er ist deshalb wie folgt wertgesichert: verändert sich der vom Statistischen Bundesamt in Wiesbaden amtlich festgestellte Verbraucherpreisindex ab heute bis zum Zeitpunkt meines Todes, so verändert sich der erstmals nach meinem Tod an meine Ehefrau zu zahlende Betrag im entsprechenden Verhältnis.

Nach ersten Zahlungsverpflichtungen wird die Klausel jeweils erneut mit folgender Maßgabe angeglichen: Veränderungen des Verbraucherpreisindexes führen nur zu einer Anpassung der Leibrente, wenn die Veränderung die Schwelle von mindestens 5% gegenüber der letzten Anpassung überschreitet.

Über diese Anpassung an den Lebenshaltungskostenindex hinaus erfolgt keine Anpassung an eventuell geänderte wirtschaftliche Verhältnisse, sei es beim Begünstigten, sei es beim Belasteten. § 323 ZPO (nach seinem materiellen Gehalt) wird ausdrücklich ausgeschlossen.

e) Darüber hinaus ist meiner Ehefrau vermächtnisweise der gesamte Hausrat und das gesamte Inventar einschließlich Mobiliar des zuletzt von uns gemeinsam bewohnten Hauses oder der zuletzt von uns gemeinsam bewohnten Wohnung, soweit es mir gehört, alleine zu übereignen. Die Kosten der Übereignung trägt der Vermächtnisnehmer.

f) Darüber hinaus steht meiner Ehefrau mein Depot Nr. … bei der Dresdner Bank AG Ingolstadt mit allen dort verwahrten Wertpapieren zu und ist dieser innerhalb von 3 Monaten nach meinem Tod auf ihre Kosten zu übertragen.

g) Weiter kann meine Ehefrau, wenn zum Zeitpunkt meines Todes die Ehe mindestens 25 Jahre gedauert hat, innerhalb von 6 Monaten nach meinem Tod von meinen Erben verlangen, dass ihr die in Abschnitt 4a) oben aufgeführte Immobilie frei von Belastungen in Abt. II und III des Grundbuchs übereignet wird. In diesem Fall entfällt dann ab Übereignung der Nießbrauch.

5. Sollte zum Zeitpunkt meines Todes meine Mutter, Helene Müller, geb. Maurer, noch leben, steht dieser folgende dauernde Last zu:

Sie erhält ab dem auf meinen Tod folgenden Monatsersten bis zu ihrem Tod monatlich einen Betrag in einer Höhe von € 400,–, der monatlich im Voraus bis zum 3. Werktag eines Kalendermonats zur Zahlung fällig ist. Der Betrag wird nicht wertgesichert. Verändern sich aber bis zu meinem Tod und auch danach meine wirtschaftlichen Verhältnisse bzw. die der Erben oder die meiner Mutter nachhaltig, kann unter entsprechender Anwendung der Grundsätze des § 323 ZPO der Begünstigte oder der Belastete der dauernden Last eine Anpassung des Betrags an die geänderten wirtschaftlichen Verhältnisse verlangen.

6. a) Sollte eine Person, die in dieser Urkunde als Erbe, Vermächtnisnehmer oder Begünstigter einer Auflage begünstigt wird, mit ihrem Ehegatten im Güterstand der Gütergemeinschaft leben, erhält sie die entsprechenden Zuwendungen nach dieser Urkunde zum Vorbehaltsgut.

b) Sämtliche der o.a. Bestimmungen gelten unbeschadet des gegenwärtigen und künftigen Vorhandenseins pflichtteilsberechtigter Personen.

Ingolstadt, den 16. 5. 2004

Unterschrift Frank Müller

4. Rechtswahlmuster

Der Ehemann ist ausschl. italienischer Staatsangehöriger. Die Ehefrau ist deutsche Staatsangehörige. Die Ehegatten hatten bei Eheschließung am 20. 6. 1994 beide ihren gewöhnlichen Aufenthalt in Deutschland. Für sie gilt deshalb nach Art. 15 Abs. 1, 14 Abs. 1 Nr. 2 EGBGB deutsches Güterrecht.

Der Ehemann besitzt in Deutschland und in Italien sowohl Grundbesitz als auch sonstiges Vermögen.

Der Ehemann wählt für sein in Deutschland belegenes unbewegliches Vermögen deutsches Recht. Soweit eine Rechtswahl für sein weiteres Vermögen nach dem Recht des Heimatstaats möglich ist, wählt er auch für sein gesamtes sonstiges Vermögen deutsches Recht.

5. Schiedsgerichtsanordnung in letztwilligen Verfügungen

Über Streitigkeiten, die die Wirksamkeit und Auslegung meines Testaments/unseres Erbvertrags oder die Regelung, Abwicklung und Auseinandersetzung meines/unseres Nachlasses betreffen, entscheidet unter Ausschluss des Rechtswegs zu den staatlichen Gerichten ein Schiedsgericht.

Das Schiedsgericht entscheidet insbesondere über Streitigkeiten, die zwischen den Erben untereinander oder zwischen Erben und Vermächtnisnehmern oder zwischen Erben bzw. Vermächtnisnehmern mit dem Testamentsvollstrecker entstehen, einschließlich Maßnahmen des einstweiligen Rechtsschutzes. Das Schiedsgericht entscheidet verbindlich über den Eintritt einer angeordneten Bedingung und über die Bewertung des Nachlasses und seiner Bestandteile. Das Schiedsgericht kann anch seinem pflichtgemäßen Ermessen auch die Auseinandersetzung durchführen. Es ist an die gesetzlichen Teilungsregeln nicht gebunden.

* **Alternative 1:**
  Es entscheidet ein Schiedsgericht nach dem Statut des Schlichtungs- und Schiedsgerichtshofs der deutschen Notare – SGH – wobei das Schiedsgericht aus einem einzigen Schiedsrichter besteht. Die Schlichtungs- und Schiedsordnung ist in der Urkunde des Notars Dr. Hans Wolfsteiner in München vom 19. 1. 2000, URNr. 82/2000 enthalten (bei notariellem Testament/Erbvertrag: auf diese wird verwiesen. Eine beglaubigte Abschrift der Urkunde liegt heute vor; der Inhalt ist bekannt. Auf Beiheftung oder Verlesung wird verzichtet.).

* **Alternative 2:**
  Es entscheidet ein Schiedsgericht, das nach den Bestimmungen der §§ 1025 ff. ZPO konstituiert wird und entscheidet.

* **Ergänzung des Musters beim Erbvertrag:**
  Das Schiesgericht entscheidet auch über die Wirksamkeit bzw. das Fortgelten des Erbvertrags.

B. Erläuterungen

1. Muster: Gemeinschaftliches Testament von Ehegatten mit Vermögen, das sie gemeinschaftlich erwirtschaftet haben

Grundfall: *Aus der Ehe sind mehrere gemeinsame Abkömmlinge hervorgegangen. Keiner der Ehegatten hat einseitige Abkömmlinge. Spezialprobleme: Pflichtteilsstrafklausel. Wiederverehelichung des überlebenden Ehegatten. Behindertes Kind.*

§ 1
Eingang

Gemeinschaftliches Testament

Wir, Hans Koch, geboren am 6. 7. 1949, und Elfriede Koch, geborene Möller, geboren am 2. 9. 1952, haben am 10. 8. 1973 die Ehe vor dem Standesbeamten in München geschlossen. Für den Ehemann ist es die 2. Ehe, für die Ehefrau die 1. Ehe. Aus unserer Ehe sind zwei gemeinsame Kinder hervorgegangen, Jakob Koch, geboren am 1. 2. 1975, und Florentine Koch, geboren am 16. 3. 1988. Wir haben keine Kinder adoptiert. Keiner von uns hat einseitige Kinder.

Wir sind an der gemeinschaftlichen Verfügung über unseren Nachlass nicht gehindert: der Erbvertrag, den der Ehemann mit seiner ersten, von ihm geschiedenen, Ehefrau am 6. 5. 1970 geschlossen hatte, ist in Folge der Scheidung hinfällig. Die Ehefrau hat mit anderen Personen bisher keine Erbverträge geschlossen. Keiner von uns hat bisher ein einseitiges Testament errichtet.

Vorsorglich widerrufen wir alle zeitlich vorangegangenen letztwilligen Verfügungen, die einer von uns oder die wir gemeinsam errichtet haben, so dass für den Fall unseres Todes nur das Folgende gilt:

Erläuterungen zu § 1:

1. Gemeinsame letztwillige Verfügung: gemeinschaftliches Testament und Erbvertrag
2. Form des gemeinschaftlichen Testaments
3. Hindernisse
4. Darlegung der persönlichen und Vermögensverhältnisse
5. Gliederung

1. Gemeinsame letztwillige Verfügung
durch gemeinschaftliches Testament und Erbvertrag

a) Vorbemerkung. Eine gemeinsame letztwillige Verfügung kann von Ehegatten entweder als gemeinschaftliches Testament nach den §§ 2265 ff. BGB oder als Erbvertrag nach §§ 2274 ff. BGB errichtet werden. Das gemeinschaftliche Testament von Ehegatten enthält i.d.R. zumindest teilweise[1] wechselbezügliche Verfügungen (§ 2270 Abs. 1 BGB). Der Erbvertrag enthält mindestens eine vertragsmäßige Verfügung (§ 2278 Abs. 1 BGB). Wechselbezügliche Verfügungen von gemeinschaftlichen Testamenten und vertragsmäßige Verfügungen können durch den Erblasser anders als ein einseitiges Testament[2] nicht ohne weiteres einseitig widerrufen werden.

Sowohl beim gemeinschaftlichen Testament als auch beim Erbvertrag können wechselbezüglich bzw. in vertragsmäßiger Form nur Erbeinsetzungen, Vermächtnisse oder Auflagen getroffen werden (§§ 2270 Abs. 3, 2278 Abs. 2 BGB).

b) Unterschiedliche Bindungswirkung. Der entscheidende Unterschied[3] zwischen Erbvertrag und gemeinschaftlichem Testament besteht bei der Bindungswirkung von wechselbezüglichen Verfügungen von gemeinschaftlichen Testamenten und vertragsmäßige Verfügungen von Erbverträgen:

aa) Gemeinschaftliches Testament. Will sich ein Ehegatte beim gemeinschaftlichen Testament von einer wechselbezüglichen Verfügung lösen, kann er dies **zu Lebzeiten des anderen Ehegatten** dadurch, dass er die wechselbezügliche Verfügung in notariell beurkundeter Form widerruft und den Widerruf dem anderen Vertragsteil gegenüber erklärt (§§ 2271 Abs. 1 S. 1 i.V.m. 2296 Abs. 2 BGB). Der Widerruf muss dem anderen Ehegatten in (Urschrift oder) Ausfertigung zugehen; der Zugang einer beglaubigten oder einfachen Abschrift genügt nicht.[4] **Beim Tod des anderen Ehegatten** kann sich beim gemeinschaftlichen Testament der Überlebende von der wechselbezüglichen Verfügung auch dadurch lösen, dass er das ihm Zugewendete (in der Regel die Erbschaft) ausschlägt (§ 2271 Abs. 2 S. 1 BGB). Ohne Ausschlagung des Zugewendeten ist der überlebende Ehegatte auch beim gemeinschaftlichen Testament **nach dem Tod des Erstversterbenden** nicht in der Lage, sich von einer wechselbezüglichen Verfügung zu lösen.[5]

bb) Erbvertrag. Bei vertragsmäßigen Verfügungen des Erbvertrags scheidet dagegen grds. eine einseitige Lösung **zu Lebzeiten des anderen Vertragspartners** aus (§ 2289 Abs. 1 S. 2 BGB). Ebenso ist **beim Tod der anderen Vertragspartei** die Lösung von der eigenen erbvertraglichen Bestimmung durch Ausschlagung der Zuwendung

nicht möglich (§ 2298 Abs. 2 S. 3 BGB). Abweichungen bestehen
nur bei vorbehaltenem Rücktritt (§§ 2293, 2298 Abs. 2 S. 3 BGB),
wobei der Rücktritt ebenfalls in notariell beurkundeter Form gegenüber dem Vertragspartner abgegeben werden muss. **Nach dem
Tod des Partners** kann ein Ehegatte grds. eigene vertragsmäßige
Verfügungen nicht mehr ändern (§ 2289 Abs. 1 S. 2 BGB).[6]

   c) **Unterschiedliche Errichtungsform.** Weitere Unterschiede bestehen bei der vorgeschriebenen Form für die wirksame Errichtung der
gemeinschaftlichen letztwilligen Verfügung. Beim **Erbvertrag** ist die
notarielle Beurkundung bei gleichzeitiger Anwesenheit beider Teile
vorgeschrieben (§ 2276 Abs. 1 BGB). Ein **gemeinschaftliches Testament** kann dagegen sowohl in notariell beurkundeter Form errichtet
werden als auch eigenhändig (§ 2267 in Verbindung mit § 2247
BGB).

   d) **Unterschiedliche Verwahrung.** Wenn ein **gemeinschaftliches
Testament** von einem Notar beurkundet wird, muss es der Notar
zur besonderen amtlichen Verwahrung des Amtsgerichts, Nachlassgericht, abliefern (§ 34 Abs. 1 S. 4 Beurkundungsgesetz). Beim **Erbvertrag** kann die besondere amtliche Verwahrung ausgeschlossen
werden (§ 34 Abs. 2 Beurkundungsgesetz).

   e) **Entscheidung.** Bei der Entscheidung, ob ein gemeinschaftliches
Testament oder ein Erbvertrag errichtet wird, sollte die unterschiedliche Bindungswirkung den Ausschlag geben.[7] Dabei ist vor
allem zu berücksichtigen, dass sich beim gemeinschaftlichen Testament der überlebende Ehegatte von seinen eigenen wechselbezüglichen Verfügungen dadurch lösen kann, dass er die Erbschaft nach
dem Erstversterbenden ausschlägt (§ 2271 Abs. 2 S. 1 BGB), während dies beim Erbvertrag[8] ausgeschlossen ist. Die Gefahr, dass ein
Ehegatte die Erbschaft ausschlägt, um sich von eigenen wechselbezüglichen Verfügungen eines gemeinschaftlichen Testaments zu lösen, besteht insbesondere dann, wenn der Wert des Vermögens beider Ehegatten erheblich differiert. Wenn es dem Ehegatten, der
erheblich weniger vermögend ist, darauf ankommt, dass die Verfügungen des anderen Ehegatten auch nach seinem Tod Bestand haben, ist ein Erbvertrag angezeigt.

2. Form des gemeinschaftlichen Testaments

Das gemeinschaftliche Testament, das nur von Ehegatten (und von
Partnern einer Lebenspartnerschaft, nicht von Verlobten!) errichtet
werden kann (§ 2265 BGB), kann entweder zur Niederschrift eines
Notars errichtet werden (§ 2231 Nr. 1 BGB) oder eigenhändig
(§§ 2231 Nr. 2, 2247, 2267 BGB).

a) **Eigenhändig** kann ein gemeinschaftliches Testament nicht errichtet werden, wenn auch nur einer der Ehegatten minderjährig ist[9] oder nicht in der Lage ist, den Text des gesamten Testaments zu lesen (§ 2247 Abs. 4 BGB) oder wenn ein Ehegatte nicht in der Lage ist, das Testament eigenhändig zu schreiben oder wenigstens zu unterschreiben (§§ 2247, 2267 BGB).

Wenn ein gemeinschaftliches eigenhändiges Testament errichtet wird, ist der **Text von einem der Ehegatten** in vollem Umfang **mit eigener Hand** (d.h. nicht mit Schreibmaschine und nicht von fremdgeführter Hand) **zu schreiben und zu unterschreiben.** Der andere Ehegatte muss das Testament eigenhändig **mit unterschreiben** (§§ 2247 Abs. 1, 2267 S. 1 BGB).[10] Wenn einer der Ehegatten nicht mehr fähig ist, selbst zu schreiben, aber noch in der Lage ist, selbst zu unterschreiben, ist es möglich, dass der andere – schreibfähige – Ehegatte den Text eigenhändig schreibt und unterschreibt, solange der nicht Schriftfähige seine Unterschrift leistet. **Ein Verstoß gegen eines der vorstehenden Erfordernisses führt zur Unwirksamkeit des gemeinschaftlichen eigenhändigen Testaments.**

Beide Ehegatten sollen angeben, wann und wo sie ihre Unterschrift geleistet haben (§§ 2247 Abs. 2, 2267 S. 2 BGB). Wenn **Ort und Datum** nicht angegeben sind, wird das gemeinschaftliche Testament nicht unwirksam. Trotzdem kann Streit über die Wirksamkeit entstehen, wenn weitere Testamente vorhanden sind, insbesondere, wenn weitere gemeinschaftliche Testamente vorhanden sind, da zeitlich nachfolgende Testamente vorangehende Testamente aufheben, die im Widerspruch dazu stehen (§ 2258 Abs. 1 BGB).

b) **Bei notariell beurkundeten Testamenten** hat der Notar die Bestimmungen des Beurkundungsgesetzes einzuhalten (wobei bei letztwilligen Verfügungen Besonderheiten nach §§ 27 ff. BeurkG bestehen). Auch ein Erblasser, der minderjährig ist oder den Text des Testaments nicht lesen oder nicht eigenhändig unterschreiben kann, kann zur Niederschrift eines Notars ein gemeinschaftliches Testament errichten.

Im Übrigen wird bezüglich der Frage, ob das gemeinschaftliche Testament eigenhändig errichtet werden soll oder zur notariellen Niederschrift, verwiesen auf Abschn. 3 der Einleitung, S. 6 f.

3. Hindernisse

a) **Hindernisse für Ausländer.** Wegen Hindernissen für Ehegatten, die nicht deutsche Staatsangehörige sind, siehe Erl. zum Rechtswahlmuster, S. 164 ff.

b) Hindernisse auf Grund bindender vorangegangener Verfügungen. Ein Ehegatte kann eine letztwillige Verfügung nicht wirksam errichten, wenn er bereits bindend über seinen Nachlass verfügt hat.

Solche Bindungen bestehen, wenn und soweit der Ehegatte in einem **zeitlich vorangegangenen Erbvertrag mit anderen Personen** eine noch wirksame (bei geschiedenen Ehegatten s. dd) vertragsmäßige letztwillige Verfügung oder in einem **zeitlich vorangegangenen gemeinschaftlichen Testament** mit einem früheren Ehegatten eine noch wirksame (bei geschiedenen Ehegatten s. dd) wechselbezügliche Verfügung getroffen hat (§ 2271 Abs. 2 S. 1 BGB).[11]

aa) Grds. Folge: Unwirksamkeit. Wenn die früher getroffene wechselbezügliche oder vertragsmäßige Verfügung im Widerspruch zu der Verfügung steht, die der Erblasser nun treffen will, ist die neue Verfügung unwirksam (§ 2289 Abs. 1 S. 2 BGB).[12]

bb) Ausnahme: Eine Ausnahme davon, dass neue Verfügungen nicht wirksam getroffen werden können, besteht nur, wenn der Erblasser wirksam von dem Erbvertrag oder dem gemeinschaftlichen Testament zurückgetreten ist (bzw. es widerrufen hat) oder ihm die Abänderung zugestanden wurde.

Ein **Rücktrittsrecht** des Ehegatten, der neu verfügen will, bestand bei vorangegangenen **gemeinschaftlichen Testamenten** nur zu Lebzeiten seines ersten Ehepartners oder bei dessen Tod, wenn er die Erbschaft ausgeschlagen hat.

Beim **Erbvertrag** würde ein wirksamer Rücktritt voraussetzen, dass der Rücktritt im Erbvertrag vorbehalten wurde. Darüberhinaus scheidet bei den i. d. Praxis meistens geschlossenen zweiseitigen Erbverträgen (§ 2298 BGB) der Rücktritt nach dem Tod des ersten Ehepartners und Verstreichen der Erbschaftsausschlagungsfrist ebenfalls aus (§ 2298 Abs. 2, S. 2, 3 BGB).[13]

Scheidet ein Widerruf bzw. Rücktritt von der vorangegangenen gemeinschaftlichen Verfügung aus, kann der Überlebende, der neu verfügen will, dies nur, wenn er zur **Änderung** seiner bindend gewordenen Verfügung berechtigt ist. Die Abänderung der zeitlich vorangehend getroffenen letztwilligen Verfügungen nach dem Tod des anderen Teils muss dabei ausdrücklich in dem gemeinschaftlichen Testament oder in dem Erbvertrag gestattet sein.[14]

cc) Prüfung erforderlich bei verwitweten Ehegatten. Anlass zur Prüfung, ob Erbverträge oder gemeinschaftliche Testamente existieren, die einer erneuten letztwilligen Verfügung entgegenstehen, besteht immer bei Ehegatten, die schon einmal verheiratet waren, deren vorangehende Ehegatten aber verstorben sind.[15] Wenn einer der Ehegatten schon mit vorverstorbenen Ehegatten einen Erbvertrag oder ein gemeinschaftliches Testament errichtet hat, sollte bei der Prüfung, ob eine neue Verfügung überhaupt möglich ist, unbedingt ein Notar oder Rechtsanwalt zugezogen werden, dem die vorangegangene letztwillige Verfügung vorzulegen ist und der die Nachlassakte des vorverstorbenen Ehegatten auf vorangegangene gemeinschaftliche Testamente oder Erbverträge durchsehen sollte.

dd) Bei geschiedenen Ehegatten. Bei Ehegatten, deren zeitlich vorangegangene Ehe geschieden wurde und die mit ihrem geschiedenen Ehegatten eine letztwillige Verfügung errichtet hatten, ist dieses Problem dadurch entschärft, dass nach §§ 2268 Abs. 2, 2077, 2279 Abs. 2 BGB das vorangegangene gemeinschaftliche Testament bzw. der vorangegangene Erbvertrag in der Regel unwirksam sein wird.

4. Darlegung der persönlichen und Vermögensverhältnisse

Die Darlegung der persönlichen und Vermögensverhältnisse ist gesetzlich nicht vorgeschrieben.

a) Persönliche Verhältnisse. Die Darlegung der persönlichen Verhältnisse kann aus folgenden Gründen sinnvoll sein:[16]
– Die Ehegatten verschaffen sich bei der Abfassung der Erklärung Klarheit über eventuelle Problemfälle (z.B. einseitige Abkömmlinge oder vorangegangene letztwillige Verfügungen eines Ehegatten).
– Bei der Übergehung von namentlich aufgeführten Pflichtteilsberechtigten wird die Anfechtung nach § 2079 BGB ausgeschlossen.

b) Vermögensverhältnisse. Die Darlegung der Vermögensverhältnisse ist nur in Ausnahmefällen sinnvoll, z.B.
– bei notariell beurkundeten Verfügungen, wenn die Angabe ausschließlich zum Zweck der Wertermittlung erfolgt,
– im Übrigen wenn spezielle Verfügungen getroffen werden, die nur einen einzigen Vermögensbestandteil betreffen, wenn z.B. einer der Ehegatten an einer Gesellschaft beteiligt ist (siehe dazu 2. Musterkomplex).

Sonst leisten Angaben zu den Vermögensverhältnissen nur Anfechtungen nach § 2078 BGB Vorschub, wenn sich der Vermögensbestand oder -wert zwischen der letztwilligen Verfügung und dem Tod verändert.[17]

5. Gliederung[18]

Wenn Ehegatten im wesentlichen gemeinschaftlich erwirtschaftetes Vermögen besitzen, unterscheiden sie bei der Gestaltung ihrer letztwilligen Verfügung in der Regel nicht danach, ob die Verfügung durch den Ehemann oder durch die Ehefrau getroffen wird. Maßgeblich ist vielmehr, was beim ersten Todesfall gelten soll, was beim zweiten Todesfall gelten soll und was für den Fall gelten soll, dass die Ehegatten gleichzeitig versterben. Die Gliederung im 1. Musterkomplex folgt deshalb diesem Schema.

Wenn dagegen Vermögensbestandteile bestehen, die nur von einem Ehegatten erwirtschaftet wurden, differieren die Verfügungen zwischen Ehemann und Ehefrau häufig und ist die gliederungsmäßige Trennung der Verfügungen von Ehemann und Ehefrau angezeigt, wie in dem 2. Musterkomplex vorgesehen.

§ 2 Verfügungen für den ersten Todesfall

> *1. Interessenlage: Ausschließlich Sicherung des überlebenden Ehegatten*

- **Grundmuster**

Beim ersten Todesfall setzen wir uns gegenseitig zu unseren alleinigen und ausschließlichen Erben ein.

Wenn die Ehefrau die Überlebende ist, wird sie durch Vermächtnisse oder Auflagen nicht beschwert.

Wenn der Ehemann der Überlebende ist, wird er durch Folgendes Vermächtnis beschwert: Er hat den Schmuck der Ehefrau, insbesondere die Perlenkette und das Weißgoldarmband, der Tochter Florentine zu übereignen. Das Vermächtnis ist mit dem Tod der Ehefrau zu erfüllen. Ein Ersatzvermächtnisnehmer für den Fall, dass Florentine vorverstorben ist, wird nicht benannt.

- **Ergänzung** *(gesteigerter Schutz des überlebenden Ehegatten vor Pflichtteilsansprüchen):*

Wenn ein Kind von uns oder dessen Abkömmling beim ersten Todesfall den Pflichtteil geltend macht, das andere nicht, gilt ergänzend:

In diesem Fall steht den pflichtteilsberechtigten Abkömmlingen, die den Pflichtteilsanspruch nicht geltend gemacht haben, jeweils ein Geldvermächtnis zu, das beim Tod des überlebenden Ehegatten fällig wird. Der Berechnung des Geldvermächtnisses ist der Wert des gesetzlichen Erbteils zu Grunde zulegen, der dem Abkömmling, der den Pflichtteilsanspruch nicht geltend gemacht hat, zugestanden hätte. Diesem Ausgangsbetrag sind für den Zeitraum zwischen dem ersten und dem zweiten Todesfall Zinsen in Höhe von 2% über dem jeweiligen Basiszinssatz hinzuzurechnen.

Wenn ein Abkömmling den Pflichtteil geltend gemacht hat, ist der überlebende Ehegatte darüber hinaus, selbst wenn ihm sonst nach § 7 des Testaments die Abänderung der Bestimmungen für den 2. Todesfall nicht gestattet ist, berechtigt, den Abkömmling, der den

Pflichtteil gefordert hat und dessen Abkömmlinge von der Schlusserbfolge auszuschließen.

---

*2. Interessenlage: Schutz der Kinder vor Vermögensverschleu-
derungen – speziell bei Wiederverehelichung des Überlebenden – dadurch, dass bestimmte Vermögensgegenstände auf die
Kinder übergehen*

Beim ersten bei uns eintretenden Todesfall setzen wir uns gegenseitig zu unseren alleinigen und ausschließlichen Erben ein.

Der Überlebende wird aber durch Folgendes Vermächtnis bzw.
Verschaffungsvermächtnis beschwert: wir sind Miteigentümer je zur
Hälfte des Anwesens Lenbachstraße 3 in Schrobenhausen. Der
Überlebende hat dieses Anwesen, und zwar sowohl den vom Erst-
versterbenden ererbten als auch den ihm schon vor dem Erbfall ge-
hörenden Hälfte-Miteigentumsanteil an unsere gemeinschaftlichen
Kinder zu gleichen Teilen oder nach seiner Wahl an eines davon zu
übereignen.

Die Übereignungspflicht wird mit dem Tod des Überlebenden
fällig oder, wenn dieser vorher wieder heiratet, mit dessen Wiederverehelichung. Trotz Wiederverehelichung verbleibt es bei der Fälligkeit des Vermächtnisses beim Todesfall, wenn der Überlebende
mit dem neuen Ehegatten Gütertrennung vereinbart oder durch einen Ehevertrag den Zugewinnausgleich auch im Todesfall ausschließt und der neue Ehegatte auf seinen Pflichtteil am Nachlass
des überlebenden Ehegatten wirksam und auf Dauer verzichtet.

Zur Sicherung der Übereignungsverpflichtung ist zugunsten der
Kinder (als Begünstigte zu gleichen Teilen) eine Auflassungsvormerkung auf Kosten des Erben in das Grundbuch einzutragen. Die Kosten der Vermächtniserfüllung trägt der Erbe.

Bis zur Fälligkeit des Vermächtnisses trägt der Erbe die Zins- und
Tilgungsleistungen für das Darlehen bei der Bayer. Hypo- und Vereinsbank AG Nr. ..., das der eingetragenen Grundschuld für dieses
Kreditinstitut in einer Höhe von € 110.000,– zu Grunde liegt, alleine. Der Erbe hat die Zins- und Tilgungsleistungen entsprechend
dem bisherigen Zins- und Tilgungsplan weiter zu tragen. Der Erbe
ist zu einer Neuvalutierung der Grundschuld und zur Bestellung von
weiteren Grundpfandrechten für neuaufgenommene Darlehen nur
dann berechtigt, wenn die Neuvalutierung der Grundschuld bzw.
die Grundschuldneubestellung der Sicherung von Verbindlichkeiten
dient, die zur Werterhaltung oder Wertverbesserung des Anwesens
Lenbachstraße 3 in Schrobenhausen erforderlich sind. In diesem
Fall haben die Vermächtnisnehmer mit ihrer Auflassungsvormerkung im Rang hinter die neuen Grundschulden zurückzutreten.

Nach der Fälligkeit des Vermächtnisses ist das derzeit bestehende Darlehen und sind nach den Bestimmungen oben zulässigerweise neu aufgenommene Darlehen, soweit sie bis zur Fälligkeit des Vermächtnisses nicht von dem Erben getilgt wurden, von den Vermächtnisnehmern zu tilgen und zu verzinsen. Darüber hinaus gehende Aufwendungs- und Verwendungsersatzansprüche stehen dem Erben nicht zu.

> *3. Interessenlage: Schutz der Kinder vor Vermögensverschleuderungen bei Wiederverehelichung des Überlebenden durch Sicherungsmaßnahmen, die sich auf den gesamten Nachlass beziehen.*

- **Alternative 1:**
  Beim ersten Todesfall setzen wir uns gegenseitig zu alleinigen und ausschließlichen Erben ein.
  Der überlebende Ehegatte ist nur Vorerbe. Er ist, solange er nicht wieder heiratet oder Vater/Mutter eines einseitigen Kindes (d. h. nicht gemeinschaftlichen Kindes) wird, von den Beschränkungen und Verpflichtungen der §§ 2113 ff. BGB befreit, soweit dies gesetzlich zulässig ist. Ab Wiederverehelichung oder Geburt eines nicht gemeinschaftlichen Kindes ist der überlebende Ehegatte von den Beschränkungen und Verpflichtungen der §§ 2113 ff. BGB nicht mehr befreit.
  Nacherben sind die gemeinschaftlichen Abkömmlinge von uns, die kraft Gesetzes Erben des Letztversterbenden von uns würden, wenn der Letztversterbende von uns unverheiratet und nur unter Hinterlassung gemeinschaftlicher Abkömmlinge sterben würde.

- **Alternative 2:**
  Beim ersten Todesfall setzen wir uns gegenseitig zu alleinigen und ausschließlichen Erben ein.
  Der überlebende Ehegatte ist aber nur Vorerbe. Er ist grds. von den Beschränkungen und Verpflichtungen der §§ 2113 ff. BGB befreit, soweit dies gesetzlich zulässig ist. Die Befreiung von §§ 2113, 2114 BGB bezieht sich aber nicht auf das Anwesen Lenbachstraße 3 in Schrobenhausen, soweit es zum Nachlass gehört.
  Nacherben sind die gemeinschaftlichen Abkömmlinge von uns, die kraft Gesetzes Erben des Letztversterbenden von uns würden, wenn der Letztversterbende von uns unverheiratet und nur unter Hinterlassung gemeinschaftlicher Abkömmlinge sterben würde.
  Die Nacherbfolge tritt ein beim Tod des Vorerben oder bei einer Wiederverehelichung des Vorerben oder wenn der Überlebende Vater/Mutter eines nicht gemeinschaftlichen Kindes wird.
  Beim Eintritt der Nacherbfolge hat der Vorerbe bzw. dessen Rechtsnachfolger dem Nacherben die Erbschaft herauszugeben.

Tritt die Nacherbfolge ein, weil der Vorerbe wieder heiratet oder Vater/Mutter eines nicht gemeinschaftlichen Kindes wird, werden die Nacherben mit folgendem Vermächtnis beschwert:

Wenn das Anwesen Lenbachstraße 3 in Schrobenhausen zum Nachlass gehört, haben sie dem überlebenden Ehegatten auf dessen Lebensdauer ein Wohnungsrecht an der im ersten Obergeschoss des Anwesens gelegenen, abgeschlossenen Wohnung einzuräumen und das Recht zur Mitbenutzung von Gemeinschaftseinrichtungen des Anwesens zu gewähren, insbesondere das Recht zur Mitbenutzung von Keller, Speicher, Hofraum und Garten.

Die Kosten der Instandhaltung und Instandsetzung der dem Wohnungs- und Mitbenutzungsrecht unterliegenden Anlagen und Einrichtungen trägt der Grundstückseigentümer.

Die Kosten für eventuell in der Wohnung anfallende Schönheitsreparaturen trägt der Begünstigte des Wohnungsrechts.

Die Kosten für die Ver- und Entsorgung, insbesondere die Kosten für Heizung, Strom, Wasser, Licht, Müllabfuhr und Kaminkehrer trägt der Begünstigte des Wohnungsrechts wie folgt: soweit diese Kosten durch Messeinrichtungen eindeutig dem Verursacher zugerechnet werden können, trägt der Begünstigte des Wohnungsrechts die durch ihn verursachten Kosten, sonst die Hälfte der für das gesamte Anwesen Lenbachstraße 3 in Schrobenhausen anfallenden Kosten.

Die Ausübung des Wohnungsrechts kann an dritte Personen nicht überlassen werden. Das Wohnungsrecht ist im Grundbuch dinglich auf Kosten des Begünstigten des Wohnungsrechts einzutragen.

Erläuterungen zu § 2:

1. Interessenlage: ausschließliche Sicherung des überlebenden Ehegatten
   a) Vorbemerkung
   b) Instrumentarium
   c) Gestaltung
   d) Maßnahmen gegen die Geltendmachung von Pflichtteilsansprüchen
   e) vorgestellte Formulare
   f) Ergänzung durch lebzeitige Maßnahmen

2. Sicherung des Vermögensübergangs auf Abkömmlinge
   a) Problemaufriss
   b) Sicherungsmaßnahmen, die sich auf einzelne Vermögensgegenstände beziehen
   c) Sicherungsmaßnahmen, die den Gesamtnachlass betreffen

3. Behindertes Kind, das Sozialhilfe empfängt

1. Interessenlage: Ausschließlich Sicherung des überlebenden Ehegatten

a) Vorbemerkung. Ehegatten, die Vermögen gemeinschaftlich erwirtschaftet haben, wollen in der Regel, dass beim Tod eines Ehegatten das gesamte gemeinschaftlich erwirtschaftete Vermögen dem überlebenden Ehegatten allein oder jedenfalls zum überwiegenden Teil gehört.[19] Das Vermögen des Erstversterbenden soll im Wesentlichen auf den überlebenden Ehegatten alleine übergehen. Gemeinsame Abkömmlinge sollen bei einer solchen Interessenlage demgegenüber beim ersten Todesfall nichts oder nur einzelne, relativ geringwertige Vermögensbestandteile erhalten. Ergänzende Überlegungen sind aber wegen der Erbschaftsteuer veranlasst, wenn erhebliches Vermögen vorhanden ist. Um den Erbschaftsteuerfreibetrag der Kinder beim ersten Todesfall nicht zu verschenken und den Anfall des selben Vermögens nicht zweimal der Erbschaftsteuer zu unterwerfen, können höhere Vermächtnisse zu Gunsten der Kinder sinnvoll sein oder alternativ die Erbeinsetzung der Kinder und die Zuwendung solcher Vermächtnisse an den Ehegatten, die dieser zur Sicherung seines Unterhalts benötigt.[20]

b) **Instrumentarium.** Das deutsche Erbrecht kennt zwei Möglichkeiten, wie Vermögen beim Tod zugewendet werden kann, durch Erbeinsetzung und durch Vermächtnis.

Die **Erbeinsetzung** bewirkt den automatischen Übergang des gesamten Vermögens des Versterbenden auf den Erben (Universalsukzession). Alleine auf Grund der Erbschaft geht das Eigentum an allen Gegenständen, die dem Erblasser gehörten und die Inhaberschaften an allen Forderungen, die dem Erblasser zustanden, auf den Erben über. Neben dem Anfall der Erbschaft sind weitere Vollzugsakte nicht erforderlich. Neben positiven Vermögenswerten gehen auch die Schulden des Erblassers o.w. auf den Erben über.[21]

Durch ein **Vermächtnis** wendet der Erblasser dagegen nur einzelne Gegenstände seines Vermögens dem Bedachten zu. Anders als eine Erbschaft geht ein Vermächtnis nicht ohne weiteres, das heißt ohne zusätzliche Vollzugsakte mit dem Tod auf den Erben über. Vielmehr erwirbt der Vermächtnisnehmer das Recht, vom Erben (dem mit dem Gesamtvermögen auch der vermachte Gegenstand/das vermachte Recht zugefallen ist) die Übereignung bzw. Übertragung zu verlangen (§§ 2147, 2174 BGB). Schulden gehen auf den Vermächtnisnehmer nicht automatisch über. Ggf. ist der Vermächtnisnehmer dem Erben gegenüber aber zur Schuldübernahme verpflichtet.

c) **Gestaltung.** Allgemein gilt folgende Empfehlung: Derjenige, der das wesentliche Vermögen erhält, soll zur Vermeidung zusätzlicher Übertragungsakte Erbe werden. Wenn erhebliche Schulden vorhanden sind, soll derjenige, den die Schuldenlast treffen soll, Erbe werden, damit keine Schuldübernahmegenehmigungen Dritter erforderlich werden.

Im Regelfall beim Ehegattentestament gilt: Wenn das Vermögen des Erstversterbenden im wesentlichen auf den überlebenden Ehegatten übergehen soll, ist die Einsetzung des überlebenden Ehegatten zum **alleinigen Erben** empfehlenswert. **Einzelne Vermögensgegenstände,** die nicht dem überlebenden Ehegatten verbleiben sollen, sind den Bedachten, insbesondere **den Kindern, vermächtnisweise** zuzuwenden. Bei der Anordnung von Vermächtnissen sind die Folgen zu bedenken, wenn der Vermächtnisnehmer vor dem Erbfall verstirbt. Das Gesetz geht in diesem Fall davon aus, dass das Vermächtnis unwirksam wird (§ 2160 BGB). Dies würde bedeuten, dass der Erbe den Gegenstand des Vermächtnisses behalten kann. Wenn der Erblasser diese Folge nicht wünscht, muss er einen **Ersatzvermächtnisnehmer** bestimmen. Bei erheblichem Nachlassvermögen mindern Vermächtnisse an die Kinder[22] unter Ausnutzung der Erbschaftsteuerfreibeträge die Erbschaftsteuer.[23] Regelungsbedürftig bei Vermächtnissen ist auch, wann sie zu erbringen sind – der **Fälligkeitszeitpunkt.** Fehlt eine Regelung, wird es bei einem mit dem Tod anfallenden Vermächtnis grundsätzlich mit dem Tod des Erblassers fällig (Ausnahme s. bei § 2181 BGB).

d) **Maßnahmen gegen die Geltendmachung von Pflichtteilsansprüchen.**

aa) Pflichtteilsanspruch der Abkömmlinge. Obwohl sich die Ehegatten unproblematisch beim ersten Todesfall zu Alleinerben einsetzen können, steht den Kinder (wenn diese vorverstorben sind, den Enkelkindern) ein Anspruch auf den Pflichtteil zu, und zwar auch dann, wenn die Kinder bzw. deren Kinder beim zweiten Todesfall als Erben eingesetzt sind. Ein Pflichtteilsanspruch ist nur dann ausgeschlossen, wenn das Kind oder Enkelkind auf den Pflichtteil verzichtet hat (siehe dazu unten und Erl. zu § 3, 3.c), S.86). Wegen der Höhe des Pflichtteils und Gestaltungsmaßnahmen, diesen gering zu halten, wird verwiesen auf Abschnitt 4. der Einleitung. Nur in seltenen Ausnahmefällen kann der Pflichtteil entzogen werden (s. dazu bei S.87).

bb) Probleme durch den Pflichtteil. Die Geltendmachung des Pflichtteils führt zu folgenden Problemen: Wenn mehrere Abkömmlinge pflichtteilsberechtigt sind, der Pflichtteil aber nur von einzelnen Abkömmlingen geltend gemacht wird, ist die **Gleichstellung aller Abkömmlinge gefährdet.** Der Pflichtteil **vereitelt** darüber hinaus die **Intention der Ehegatten,** das gesamte Vermögen dem Überlebenden zuzuwenden und diesen allenfalls mit einzelnen Vermächtnissen zu beschweren.

cc) Schutz vor Pflichtteilsansprüchen. Gegen die negativen Auswirkungen der Geltendmachung des Pflichtteils können sich Ehegatten **in der Regel nicht** durch eine **Pflichtteilsentziehung** schützen, da diese nur in Ausnahmefällen zulässig ist (siehe dazu Erl. zu § 3, 3.c), S.87).

Kautelartechnisch bestehen aber verschiedene Möglichkeiten, um die Geltendmachung des Pflichtteils zu „vergällen" oder die negativen Auswirkungen teilweise auszugleichen.

(1) Wenn es nur darum geht, **die anderen Pflichtteilsberechtigten,** die den Pflichtteil nicht geltend gemacht haben, **gleichzustellen,** ist diesen ein **Vermächtnis** auszusetzen, das den Vorteil desjenigen, der den Pflichtteil beansprucht, wieder ausgleicht. Obwohl das Vermächtnis bereits für den ersten Todesfall ausgesetzt werden sollte (Begründung s. unten bei (2)), muss es nicht sofort fällig gestellt werden, sondern es kann auch erst mit dem Tod des überlebenden Ehegatten fällig gestellt werden.[24] Wenn es sofort fällig sein soll, ist es **in Höhe des Pflichtteilsanspruchs** auszusetzen. Wenn es bis zum zweiten Todesfall gestundet wird, um die Liquidität des überlebenden Ehegatten nicht zu beschränken, sollten zu dem Betrag des Pflichtteils **Zinsen zugerechnet** werden, um den Zinsverlust auszugleichen, der sich für die anderen Abkömmlinge dadurch ergibt, dass sie zugewartet haben.

(2) Wenn darüber hinaus die Geltendmachung des Pflichtteils **sanktioniert** werden soll, kann der Abkömmling, der den Pflichtteil geltend gemacht hatte, und können seine Abkömmlinge **vom Erbrecht beim zweiten Todesfall ausgeschlossen** werden. Dennoch stehen ihm dann beim zweiten Todesfall wiederum **Pflichtteilsansprüche** zu. Die Höhe des Pflichtteils beim zweiten Todesfall hängt vom Wert des Nachlasses des überlebenden Ehegatten ab.

Wenn der Pflichtteil beim zweiten Todesfall möglichst gering gehalten werden soll, kann der Nachlasswert, damit auch der Pflichtteil, wie folgt verringert werden: **den anderen Abkömmlingen,** als demjenigen, der den Pflichtteil geltend machte, werden **Vermächtnisse ausgesetzt,** die schon durch den ersten Todesfall ausgelöst werden, aber erst beim zweiten Todesfall fällig werden oder anfallen.[25] Dadurch werden dem überlebenden Ehegatten Verbindlichkeiten auferlegt. Diese belasten wirtschaftlich den Überlebenden nicht, da sie zu seinen Lebzeiten nicht fällig werden. Sie mindern aber den Wert des Nachlasses beim zweiten Todesfall. Damit wird auch die Höhe des Pflichtteils desjenigen gemindert, der schon beim ersten Todesfall den Pflichtteil verlangt hat. Berechnungsbeispiel: A mit einem Nachlassvermögen von € 400.000,– hat dies seiner Ehefrau B unter Übergehung seiner Kinder S und T vererbt. B hat kein eigens Vermögen. S macht den Pflichtteil geltend; Höhe: € 50.000,–, da S kraft Gesetzes zu 1/4 erben würde und als Pflichtteil einen Wert in Höhe der Hälfte des gesetzlichen Erbteils verlangen kann. Wenn T ein Vermächtnis in derselben Höhe ausgesetzt wird, das erst beim Tod von B fällig wird, berechnet sich beim Tod von B (bei sonst unveränderten wirtschaftlichen Verhältnissen) der Pflichtteil von S wie folgt: € 350.000,– (€ 50.000,– flossen schon an S) minus € 50.000,– (Vermächtnis für T) = € 300.000,–. Wenn T Alleinerbe von B wird, steht S als Pflichtteil 1/4 von diesen € 300.000,– zu, also € 75.000,–. Wäre das Vermächtnis für T nicht ausgesetzt worden, wäre Basis für die Pflichtteilsberechnung ein Betrag von € 350.000,–; der Pflichtteil von $1/4$ wäre dann € 87.500,–.

In welcher Höhe das Vermächtnis bzw. die Vermächtnisse ausgesetzt werden, obliegt dem freien Belieben der Ehegatten. **Je höher das Vermächtnis** ausgesetzt wird, **desto niedriger ist der Pflichtteil** desjenigen beim zweiten Todesfall, der bereits beim ersten Todesfall den Pflichtteil geltend gemacht hat.[26]

e) Vorgestellte Formulare. Das **Grundmuster** beschränkt sich auf die gegenseitige Alleinerbeinsetzung der Ehegatten und die Anordnung eines Vermächtnisses zugunsten der Tochter, wenn die Ehefrau zuerst verstirbt. Durch den Verzicht auf die Benennung eines Ersatzvermächtnisnehmers wird klargestellt, dass das Vermächtnis entfällt, wenn die Tochter vorverstorben ist.[27] Die enterbten Kinder haben Pflichtteilsansprüche. Die Tochter kann dabei wählen, ob sie das Vermächtnis ausschlägt und den ungeschmälerten Pflichtteil verlangt oder ob sie das Vermächtnis beansprucht und sich ihr Pflichtteil um den Vermächtniswert mindert.[28]

Die **Ergänzung** sanktioniert die Geltendmachung des Pflichtteils, indem Vermächtnisse in Höhe des gesetzlichen Erbteils zuzüglich Zinsen für den Zeitraum zwischen dem ersten und dem zweiten Todesfall ausgesetzt werden. Die **Enterbung** des Abkömmlings, der beim ersten Todesfall den Pflichtteil geltend gemacht hat, für den zweiten Todesfall wird **nicht automatisch angeordnet.** Statt dessen wird dem überlebenden Ehegatten das **Recht eingeräumt,** diese Maßnahme durch eine Änderung der Schlusserbfolge selbst anzuordnen, selbst wenn der überlebende Ehegatte nach dem Tod des Erstversterbenden zur Änderung der Bestimmungen für den zweiten Todesfall sonst nicht berechtigt wäre.[29] Die bloße Befugnis für den überlebenden Ehegatten, die entsprechenden Abkömmlinge zu enterben, hat gegenüber der automatischen Enterbung zwei Vorteile:

(1) Sie ermöglicht ein flexibles Reagieren, das die Motive der Geltendmachung des Pflichtteils berücksichtigen kann.

(2) Auf diese Weise behält ein notarielles gemeinschaftliches Testament oder ein notarieller Erbvertrag die Fähigkeit, zusammen mit der Eröffnungsniederschrift öffentlicher Erbnachweis zu sein.[30]

f) Ergänzung durch lebzeitige Maßnahmen. Durch vielfältige lebzeitige Maßnahmen lässt sich der Pflichtteilsanspruch von Abkömmlingen (beim ersten oder auch beim zweiten Todesfall) ausschalten oder reduzieren. Dazu gehören:

aa) Pflichtteilsverzicht. Der Pflichtteilsverzicht, der der notariellen Beurkundung bedarf, kann sich auf den ersten bei den Eltern eintretenden Todesfall beschränken oder auch für den zweiten Todesfall erklärt werden. Seine Wirkung kann auf die Abkömmlinge des Verzichtenden erstreckt werden, d.h. beim Verzicht von Kindern auch auf die Enkelkinder. Er kann mit anderen Verträgen verbunden werden, z.B. als „Gegenleistung" für eine Überlassung abgegeben werden. Im Übrigen wird verwiesen auf § 3, 3.c), S.86).

bb) Anrechnung von lebzeitigen Zuwendungen auf den Pflichtteil. Siehe dazu Erläuterung bei § 3, 3. c), S.86f.).

cc) Wechsel des Güterstands bei den Eltern. In der Regel ist bei Vorhandensein von zwei oder mehr Kindern eines Erblassers der gesetzliche Güterstand der Güterstand, der für die Berechnung des Pflichtteils am günstigsten ist. Deshalb kann ein Wechsel vom Güterstand der Gütergemeinschaft oder vom Güterstand der Gütertrennung zum gesetzlichen Güterstand sinnvoll sein.[31] Der Güterstandswechsel bedarf der notariellen Beurkundung. Der (zur Beurkundung keine zusätzlichen Kosten verursachende) notarielle Rat ist hier wegen weiterer mit den Güterstandswechsel verbundenen Folgen (insbesondere Scheidungsfolgen) unbedingt einzuholen.

dd) Ersetzung der letztwilligen Zuwendung durch lebzeitige Zuwendung. Zu überlegen ist auch, ob dem zu begünstigenden Ehegatten nicht schon zu Lebzeiten Vermögenswerte zugewendet werden sollen. Zwar unterliegen solche Zuwendungen unter Ehegatten der Pflichtteilsergänzung nach § 2325 Abs. 3, 2. Halbsatz BGB und zwar grundsätzlich unabhängig davon, wie lange sie zurückliegen. Bei voraussichtlichen Wertsteigerungen können sich aber Vorteile ergeben (siehe dazu § 2325 Abs. 2 Satz 2 BGB), ebenso bei vereinbarten Gegenleistungen.[32]

2. Sicherung des Vermögensübergangs auf Abkömmlinge

a) Problemaufriss. Ehegatten, die sich beim ersten Todesfall gegenseitig zu Alleinerben einsetzen, setzen ihre gemeinschaftlichen Abkömmlinge i.d.R. beim zweiten Todesfall zu Schlusserben des Überlebenden ein. Wenn die Ehegatten dadurch erreichen wollen, dass das Vermögen möglichst ungeschmälert auf die gemeinschaftlichen Abkömmlinge übergeht, wird ihre Absicht durch folgende Umstände gefährdet:

(1) Selbst wenn die Schlusserbeneinsetzung der Abkömmlinge bindend ist, **kann der Überlebende** zu seinen Lebzeiten **grundsätzlich frei über den Nachlass verfügen.** Nur unentgeltliche Verfügungen über Nachlassgegenstände darf der Überlebende nicht vornehmen,[33] wenn er an der Verfügung kein lebzeitiges Eigeninteresse hat.[34] Der Überlebende ist **insbesondere** zur **Veräußerung von Nachlassgegenständen** befugt und zum Verbrauch des zugewende-

ten Vermögens **für eigene Zwecke.** Durch Verfügungen des Überlebenden könnten bestimmte Gegenstände der Schlusserbfolge entzogen werden, selbst wenn sie nach den Vorstellungen der Beteiligten auf die Kinder übergehen sollen. Durch solche Verfügungen kann darüber hinaus der Wert des Vermögens gemindert werden, das beim zweiten Todesfall auf die Kinder übergeht.

(2) **Wenn der überlebende Ehegatte nochmals heiratet,** kann der Wert des Vermögens, der beim zweiten Todesfall den gemeinschaftlichen Abkömmlingen zur Verfügung steht, weiter gemindert werden, wenn der neue Ehegatte den nochmals Heiratenden überlebt: selbst wenn der neue Ehegatte auf Grund einer bindend gewordenen Schlusserbeneinsetzung nicht Erbe werden kann, steht dem neuen Ehegatten der **Pflichtteil** zu und ggf. der Anspruch auf **Zugewinnausgleich** nach den §§ 1371 ff. BGB. Auch **Kinder, die aus einer neu eingegangenen Ehe** hervorgehen, sind **pflichtteilsberechtigt.**[35] Diese Rechte beziehen sich grundsätzlich auch auf Vermögen, das der überlebende Ehegatte vom Erstversterbenden geerbt hat.

Wenn Ehegatten daran interessiert sind, dass bestimmte Vermögensgegenstände beim Tod des Überlebenden auf die gemeinschaftlichen Abkömmlinge übergehen oder noch weitergehend wollen, dass der Nachlass möglicht ungemindert auf die gemeinschaftlichen Abkömmlinge übergeht, reicht die gegenseitige alleinige Erbeinsetzung und Schlusserbeneinsetzung nicht aus. Sie verhindert speziell nicht, dass eventuelle neue Ehegatten und eventuelle weitere Abkömmlinge des Überlebenden Rechte an Nachlassbestandteilen haben, die vom Erstversterbenden herrühren. Ergänzende Sicherungsmaßnahmen sind zu ergreifen, die sich entweder auf einzelne Vermögensgegenstände beschränken können (nachf. b), S. 68 ff.) oder den Gesamtnachlass umfassen können (nachf. c), S. 72 ff.).

b) **Sicherungsmaßnahmen, die sich auf einzelne Vermögensgegenstände beziehen.**

aa) Vermächtnis von Vermögen des Erstversterbenden. Die Sicherung des Übergangs von einzelnen Vermögensbestandteilen beim 2. Todesfall kann durch ein Vermächtnis zugunsten der Abkömmlinge erfolgen.[36] Unproblematisch ist dies, wenn Vermögen vermacht wird, das dem Erstversterbenden gehört.

bb) Sonderfall: Vermächtnis bzgl. Vermögen des Überlebenden. Schwieriger ist die Anordnung eines Vermächtnisses, wenn der Vermächtnisgegenstand nicht dem Erstversterbenden gehört, sondern dem Überlebenden. Gegenstand eines Vermächtnisses können grundsätzlich nur Gegenstände sein, die zum Nachlass gehören. Nur wenn der Wille des Erblassers ausdrücklich dahingeht, dass der Erbe dem Vermächtnisnehmer nachlassfremde Gegenstände zuwendet, ist es als sogenanntes Verschaffungsvermächtnis wirksam

(§§ 2169, 2170 BGB). Deshalb empfiehlt es sich, die Anordnung des Vermächtnisses eines nachlassfremden Gegenstands **ausdrücklich als Verschaffungsvermächtnis zu bezeichnen.**[37]

cc) Fälligkeit des Vermächtnisses. Regelungsbedürftig ist die Fälligkeit des Vermächtnisses. Der Überlebende soll nicht sofort beim 1. Todesfall beschwert werden. Deshalb muss die Fälligkeit[38] des Vermächtnisses auf einen späteren Zeitpunkt verschoben werden. Wenn es Ehegatten ausschließlich darum geht, den Vermögensübergang auf die Kinder sicherzustellen, und nicht darum, zusätzlich die Tatsache einer späteren Wiederverehelichung oder der Geburt weiterer Abkömmlinge zu sanktionieren, ist es ausreichend, das Vermächtnis **beim zweiten Todesfall** fällig zu stellen.[39] Wenn die o. a. Sanktionen zusätzlich vorgenommen werden sollen, kann die Fälligkeit auf den Zeitpunkt einer **Wiederverehelichung** oder den Zeitpunkt der Geburt eines **nicht gemeinschaftlichen Kindes** vorverlegt werden.

dd) Auflassungsvormerkung. Wenn sich das Vermächtnis auf Grundbesitz bezieht, können die Vermächtnisnehmer schon ab dem ersten Todesfall im Grundbuch durch eine sogenannte Auflassungsvormerkung gesichert werden, auch wenn das Vermächtnis erst später anfällt oder fällig wird, da bereits mit dem Tod eine sog. Anwartschaft auf den Grundbesitz besteht.[40] Durch die Vormerkung kann sowohl der Anspruch auf Übereignung von Grundbesitz gesichert werden als auch der Anspruch auf Einräumung von Rechten an Grundbesitz (z.B. Nießbrauch, Wohnrecht, Grundschuld). Die **Vormerkung gewährt Schutz** gegen vertragswidrige Verfügungen des Erben und sichert die Vermächtnisnehmer auch für den Fall, dass Gläubiger des Erben Sicherungspfandrechte an dem Vermächtnisgegenstand eintragen wollen[41] oder dass der Erbe in Insolvenz fällt.[42] Bedeutsam ist, dass der Vermächtnisnehmer **nur dann** gegenüber dem Erben die Eintragung einer Auflassungsvormerkung beanspruchen kann, **wenn der Erblasser den Anspruch auf die Verwaltung nicht zugewandt hat.**[43] Darauf ist unbedingt zu achten.

ee) Belasteter Vermächtnisgegenstand. Wenn Grundbesitz im Wege des Vermächtnisses zugewendet wird, muss besonders geregelt werden, wer eventuelle Verbindlichkeiten, mit denen der Grundbesitz belastet ist, verzinst und tilgt, der Erbe oder der Vermächtnisnehmer.[44]

ff) Flexibilität des überlebenden Ehegatten. Es ist speziell bei minderjährigen Kindern darauf zu achten, dass der überlebende Ehegatte trotz Sicherung des Gegenstands für „die Kinder" bei mehreren Kindern nicht in seiner Wahlmöglichkeit beschränkt wird, welches Kind den Gegenstand bei seinem Tod erhalten soll. Diese Flexibilität ist bei einem Vermächtnis zugunsten der Kinder bezüglich einzelner Vermögensgegenstände rechtlich unproblematisch: § 2151 BGB ermöglicht beim Vermächtnis ein Bestimmungsrecht des beschwerten Erben.

gg) Konkretes Muster. Dem hier vorgestellten Muster liegt ein in der Praxis häufiger Problemfall zugrunde: Das Grundstück, dessen Übergang auf die gemeinschaftlichen Abkömmlinge sichergestellt werden soll, gehört nicht einem Ehegatten allein, sondern beiden Ehegatten je zur Hälfte.

(1) Die Verpflichtung zur Übereignung des Grundbesitzes bezieht sich also teilweise auf Vermögen, das sich im Nachlass des Erstversterbenden befindet. Insoweit liegt ein klassisches Vermächtnis vor. Teilweise ist Vermögen zu übereignen, das sich im Eigentum des Überlebenden befindet. Insoweit liegt ein Verschaffungsvermächtnis vor, das als solches zu bezeichnen ist, um die Vermutung des § 2169 Abs. 1 BGB zu entkräften.

(2) Der Fälligkeitszeitpunkt ist hier so gewählt, dass die Wiederverehelichung grundsätzlich die Fälligkeit auslöst. Die Klausel hat also sanktionierende Funktion gegenüber einer Wiederverehelichung. Die Sanktion kann durch den überlebenden Ehegatten vermieden werden, wenn er mit seinem neuen Ehepartner die Gütertrennung vereinbart oder den Verzicht auf den Zugewinnausgleich auch beim Todesfall und dieser auf seinen Pflichtteil verzichtet. Der Verzicht auf die Sanktion ist in diesem Fall angemessen, weil der neue Ehepartner dann keinerlei Ansprüche auf den Nachlass hat: Wegen der Gütertrennung oder des ehevertraglichen Verzichts hierauf scheidet ein Zugewinnausgleich nach § 1371 BGB aus. Wegen des Pflichtteilsverzichts stehen dem neuen Ehegatten keine Ansprüche auf Vermögen des Überlebenden zu.

(3) Besondere Bedeutung erlangt hier die Regelung von Verbindlichkeiten, die auf dem Anwesen lasten. Auch ohne das zusätzliche Problem, das sich daraus ergibt, dass das Vermächtnis nicht sofort mit dem Tod fällig wird, sondern erst später (siehe dazu unten) ist hier eine detaillierte Regelung schon aus dem Grund erforderlich, als das Gesetz abweichende Regeln für klassische[45] und Verschaffungsvermächtnisse[46] aufstellt.

(4) Auf Grund der Tatsache, dass das Vermächtnis nicht sofort mit dem Tod des Erstversterbenden fällig wird, sondern erst zu einem späteren Zeitpunkt ergeben sich weitere Probleme:
– Übernahme bestehender Verbindlichkeiten. Die Regelung, wer welche Verbindlichkeiten zu tragen hat, muss nicht nur auf den Verbindlichkeitenstand zum Todeszeitpunkt abgestellt werden, sondern auch berücksichtigen, dass Verbindlichkeiten zwischen dem Zeitpunkt des Todes und dem Zeitpunkt der Fälligkeit des Vermächtnisses getilgt und verzinst werden müssen.[47]

– Aufnahme neuer Verbindlichkeiten. Gegebenenfalls können zwischen dem Zeitpunkt des ersten Todesfalles und dem Zeitpunkt der Fälligkeit des Vermächtnisses auch neue Verbindlichkeiten aufgenommen werden.[48] Wenn dies der Fall ist, muss geregelt werden, wer und wie lange Tilgungs- und Zinsleistungen für neu aufgenommene Verbindlichkeiten übernimmt.[49]

– Verwendungen und Aufwendungen. Wenn zwischen dem ersten Todesfall und dem Zeitpunkt, zu dem das Vermächtnis fällig wird, eine größere Zeitspanne liegt, werden durch den Erben in der Regel Verwendungen für das Objekt vorgenommen bzw. Aufwendungen dafür getragen. Deren Vorteil genießt u. U. nicht der Erbe, sondern der Vermächtnisnehmer. Nach dem Gesetz könnte der Erbe, der ja von dem Vermächtnis weiß, Aufwendungsersatz nur beschränkt nach § 2185 BGB in Verbindung mit § 994 Abs. 2 BGB verlangen.

– Flexibilität des überlebenden Ehegatten bezüglich des Begünstigten des Vermächtnisses. Dem überlebenden Ehegatten wird hier ein Wahlrecht nach § 2151 BGB eingeräumt, welches der gemeinschaftlichen Kinder begünstigt werden soll.

Im hier vorgestellten Muster werden die angesprochenen Problempunkte wie folgt bewältigt:

1. Zum Todeszeitpunkt bereits bestehende Schulden muss der Erbe im bisherigen Umfang tilgen und verzinsen, bis das Vermächtnis fällig wird, anschließend der Vermächtnisnehmer.

2. Neue Verbindlichkeiten auf das Anwesen, die auch durch Hypotheken und Grundschulden gesichert werden können, können durch den Erben aufgenommen werden, wenn sie der Unterhaltung oder Wertverbesserung des Anwesens dienen. Wenn er solche Verbindlichkeiten aufnimmt, hat er die Zins- und Tilgungsleistungen bis zum Zeitpunkt der Fälligkeit des Vermächtnisses zu tragen, anschließend der Vermächtnisnehmer.

3. Andere Ansprüche des Erben gegenüber dem Vermächtnisnehmer als die Übernahme von Verbindlichkeiten gemäß 1. und 2. im o. a. Umfang stehen dem Erben nicht zu, insbesondere keine darüber hinaus gehenden Verwendungs- bzw. Aufwendungsersatzansprüche.

hh) Risiko und Gestaltungsalternative. Wenn Verschaffungsvermächtnisse angeordnet werden, um den Übergang von bestimmten Vermögensgegenständen auf Abkömmlinge zu sichern, führt dies zu folgendem **Risiko:**[50] Der überlebende Ehegatte empfindet die bedingte Pflicht zur Übertragung von eigenem Vermögen häufig als besonders belastend. Er sucht deshalb nach Möglichkeiten, sich von dieser unangenehmen Folge lösen zu können. Dabei ist zu berücksichtigen, dass der Überlebende die **Erbschaft** nach dem Tod des

Erstversterbenden **ausschlagen** kann (§ 1942 Abs. 2 2. Halbs. und §§ 1943 ff. BGB). Durch die Ausschlagung der Erbschaft wird der Erbe **nicht mehr mit dem** belastenden **Vermächtnis beschwert.** Der ausschlagende Erbe kann den **Pflichtteil** verlangen; wenn die Ehegatten im gesetzlichen Güterstand der Zugewinngemeinschaft lebten, zusätzlich **Zugewinnausgleich** nach §§ 1373 ff. BGB. Bei Ehegatten, die im gesetzlichen Güterstand lebten, besteht der Anspruch auf den sogenannten „kleinen Pflichtteil", der errechnet wird, ohne dass die Erbteilserhöhung nach § 1371 Abs. 1 BGB berücksichtigt wird. Der „kleine Pflichtteil" beträgt $1/8$, wenn neben dem Ehegatten noch Abkömmlinge vorhanden sind. Die Ausschlagung der Erbschaft ermöglicht es dem Überlebenden trotz des gemeinschaftlichen Testaments, eine neue **Verfügung von Todes wegen** zu errichten, selbst wenn in dem ursprünglichen gemeinschaftlichen Testament eine wechselbezügliche Verfügung von ihm für den zweiten Todesfall enthalten war (§ 2271 Abs. 2 BGB). Die **Gefahr,** dass der Ehegatte auf diese Art und Weise vorgeht, ist **besonders groß, wenn der Nachlass, der dem Erben zur freien Verfügung zustünde,** im Verhältnis zu dem Nachlass, bezüglich dessen Vermächtnisse angeordnet sind, zuzüglich dem Wert des Verschaffungsvermächtnisses **nicht bedeutsam ist.**

Abhilfe gegen dieses Risiko kann eingeschränkt dadurch geschaffen werden, dass zu Lebzeiten der Ehegatten gegenseitig Pflichtteilsverzichte erklärt werden.[51] Vollständig gesichert werden kann der Vermögensübergang auf die Abkömmlinge nur, wenn die Ehegatten sich gegenseitig durch einen lebzeitigen Vertrag zur Übergabe des Vermögensbestandteils verpflichten.[52] Dieser Vertrag bedarf, wenn Grundbesitz übertragen werden soll, der notariellen Beurkundung nach § 311 b BGB.[53]

c) **Sicherungsmaßnahmen, die den gesamten Nachlass betreffen.**

aa) Vorbemerkung. Das Interesse der Ehegatten kann dahingehen, dass nach Möglichkeit der gesamte Nachlass des Erstversterbenden, der dem Überlebenden anfällt, beim zweiten Todesfall auf die Abkömmlinge übergeht. Schon oben wurde ausgeführt, dass die Einsetzung von Abkömmlingen zu Schlusserben hierfür nicht ausreicht: Die bindende Schlusserbeneinsetzung verhindert lebzeitige Verfügungen des überlebenden Ehegatten nicht, wenn diese nicht unentgeltlich vorgenommen werden. Bei einer eventuellen Wiederverehelichung beziehen sich Pflichtteils- und Zugewinnausgleichsansprüche des neuen Ehegatten auch auf die Vermögensbestandteile, die der überlebende Ehegatte vom Erstversterbenden erwarb.

bb) Gestaltungsmittel: Vor- und Nacherbschaft.[54] Das Gesetz kennt das Rechtsinstitut der Vor- und Nacherbschaft, das zu einer sukzessiven Erbfolge führt. Zunächst wird der Vorerbe Erbe des

Verstorbenen, anschließend der Nacherbe. Anders als bei der Anordnung der Schlusserbfolge (dort wird der „Erstbegünstigte" Erbe des Erstversterbenden und anschließend der „Zweitbegünstigte" Erbe des Ehegatten, der als 2. verstirbt) erwirbt der Nacherbe als Erbe des Erstversterbenden.[55]

(1) **Eintrittszeitpunkt.** Der Nacherbfall kann zu einem beliebigen Zeitpunkt angeordnet werden. Deshalb sollte der **Zeitpunkt, zu dem der Nacherbfall eintritt,** aufgeführt werden. Sonst gilt nach § 2106 BGB, dass der Nacherbfall mit dem Tod des Vorerben eintritt.

Besonderer Regelung bedürfen bei Anordnung der Vor- und der Nacherbschaft weiter folgende Punkte:

(2) **Person des Nacherben, Ersatznacherbe.** Der Erbe muss **selbst den Nacherben bestimmen;** er kann die Bestimmung insbesondere nicht dem Vorerben überlassen.[56] Dabei muss er den Nacherben nicht namentlich benennen – es genügt, dass er die Kriterien, insbesondere die verwandtschaftlichen Beziehungen, aus denen sich die Person des Nacherben ergibt, präzise angibt.[57] Dabei ist zu berücksichtigen, dass sich diese verwandtschaftlichen Beziehungen auf den Zeitraum des Vorerbfalls beziehen können (z.B. Abkömmlinge des Erblassers beim Vorerbfall) oder auf den Zeitpunkt des Nacherbfalls (z.B. Abkömmlinge des Erblassers beim Nacherbfall). Um schwierige Auslegungsprobleme zu vermeiden,[58] muss hier präzisest formuliert werden. Wenn der Nacherbe namentlich benannt ist oder nach Kriterien ermittelt wird, die beim Vorerbfall gelten (z.B. „Nacherben sind die bei meinem Tod vorhandenen gemeinsamen Kinder mit meiner Ehefrau zu gleichen Teilen"), sollte ein **Ersatznacherbe** bestimmt werden, der an die Stelle des primär berufenen Nacherben tritt, wenn dieser vor Eintritt des Nacherbfalls wegfällt (z.B. wegen Todes oder Erbausschlagung). Sonst (wenn kein Ersatznacherbe bestimmt wird) wird der Erbe des ursprünglich vorgesehenen Nacherben zum Nacherben des Erblassers.

(3) **Veräußerlichkeit und Vererblichkeit der Nacherbenanwartschaft.** Der Nacherbe erlangt bereits mit dem Tod des Erblassers, durch den der Nachlass auf den Vorerben übergeht, ein Anwartschaftsrecht auf die spätere Nacherbschaft, also eine Position, die ihm grundsätzlich nicht mehr ohne sein Zutun entzogen werden kann.[59] Diese Anwartschaft kann nach § 2108 Abs. 2 Satz 1 BGB vererbt werden. Das heißt, wenn der Nacherbe nach dem Tod des Erstversterbenden verstirbt,[60] aber noch bevor der Vorerbfall eingetreten ist, treten an die Stelle des berufenen Nacherben dessen gesetzliche oder testamentarische Erben. Obwohl das Gesetz hierzu keine Ausführungen enthält, ist anerkannt, dass die Nacherbenanwartschaft auch bereits vor Eintritt des Nacherbfalls von dem Nacherben veräußert werden kann.[61] Wenn der Erblasser nicht will,

dass der Nacherbe durch Veräußerungsmaßnahmen oder durch eigene letztwillige Verfügungen darüber bestimmt, wer ggf. an seine Stelle als Nacherbe rückt, kann er die **Veräußerlichkeit und die Vererbbarkeit der Nacherbenanwartschaft ausschließen.**[62] Dadurch ist gesichert, dass der vom Erblasser vorgesehene Ersatznacherbe an die Stelle eines vorverstorbenen Nacherben tritt.

(4) Verfügungsrecht des Vorerben. Der Gesetzgeber schützt den Nacherben durch die Surrogationsbestimmung des § 2111 BGB, durch die Verfügungsbeschränkungen der §§ 2113 bis 2115 BGB und durch die Anordnung von Verwaltungspflichten nach §§ 2116 ff. BGB davor, dass der Vorerbe Verfügungen über den Nachlass vornimmt, die sich zu Lasten des Nacherben auswirken.[63] Mit dieser starken Sicherung des Nacherben geht natürlich eine ebenso starke Beschränkung bzw. Beschwerung des Vorerben einher. Der **Erblasser kann** nach § 2136 BGB **den Vorerben von diesen Beschränkungen und Verpflichtungen weitgehend befreien.**[64] Auch wenn der Vorerbe von den Beschränkungen und Verpflichtungen der §§ 2113 ff. BGB befreit wird, kann er **dennoch nicht unentgeltlich über Nachlassgegenstände verfügen** (§ 2113 Abs. 2 BGB), muss dem Nacherben auf Verlangen ein Verzeichnis der zum Nachlass gehörenden Gegenstände mitteilen und hat zu dulden, dass der Zustand des Nachlasses durch Sachverständige festgestellt wird (§§ 2121 und 2122 BGB). Wenn der Erblasser in bezug auf einzelne Vermögensgegenstände den Vorerben noch freier stellen wird und ihm insbesondere die entsprechenden Vermögensgegenstände **zur völlig freien Verfügung** zuwenden will (so dass der Vorerbe u. a. unentgeltliche Verfügungen vornehmen kann) kann er dem Vorerben diesen Gegenstand **als sogenanntes Vorausvermächtnis** zuwenden.[65] Darauf erstreckt sich bereits nach der gesetzlichen Vermutung des § 2110 Abs. 2 BGB das Recht des Nacherben nicht.

cc) Flexibilitätsnachteil der Vor- und Nacherbschaft; begrenzte Abhilfemöglichkeit. Die Anordnung der Nacherbfolge hat den Nachteil, dass dem überlebenden Ehegatten nicht die Möglichkeit gegeben werden kann, den Nacherben aus einem Kreis von Personen auszuwählen.[66] Hier unterscheidet sich die Erbfolge von dem dargestellten Vermächtnis. Der Überlebende kann auch keine Änderungen der Nacherbfolge vornehmen. Wenn minderjährige Abkömmlinge Nacherben werden, ist diese **Unflexibilität** problematisch, weil die Entwicklung der Nacherben noch nicht abgeschlossen ist.

Abhilfe kann begrenzt dadurch geschaffen werden, dass die Stellung des Vorerben zugleich als auflösend bedingte Vorerbenstellung und als aufschiebend bedingte Vollerbenstellung konstruiert wird. Die auflösende Bedingung bezüglich der Anordnung der Nacherbfolge tritt dann ein, wenn der überlebende Ehegatte nicht wieder geheiratet hat, auch keine nicht gemeinschaftlichen Kinder hat, über den Nachlass des Erstversterbenden ausdrücklich wirksam testiert und dieses wirksame Testament auch bis zu seinem Tod aufrecht erhält.[67] Bezüglich der Personen, die in einem solchen Folgetestament bedacht werden können, sind Einschränkungen möglich (z. B. Verfügungen nur zu Gunsten gemeinschaftlicher Abkömmlinge).[68] Eine solche Klausel führt aber, **solange der überlebende Ehegatte lebt,** zu einer **Ungewissheit bezüglich seiner rechtlichen Stellung:** ob er Vorerbe oder Vollerbe ist, entscheidet sich erst bei seinem Tod. Erst dann kann festgestellt werden, ob eine von ihm errichtete letztwillige Verfügung in bezug auf das Nachlassvermögen des Erstversterbenden wirksam war und aufrechterhalten wurde.[69] Deshalb wird darauf verzichtet, eine solche Klausel in die Muster aufzunehmen.[70]

dd) Konkrete Regelung. Die Alternative 1 dieses Musters beschränkt sich darauf, zugunsten der Abkömmlinge den **Nachlass** insbesondere für den Fall der Wiederverehelichung des überlebenden Ehegatten zu **sichern.** Sie **sanktioniert** die erneute **Eheschließung nicht** dadurch, dass der Nacherbfall bereits mit der Wiederverehelichung des überlebenden Ehegatten eintritt, sondern der Nacherbfall tritt trotz Wiederverehelichung erst mit dem Tod des Vorerben ein. Diese Regelung ermöglicht es dem überlebenden Ehegatten, auch nach Eheschließung noch den Nachlass und seine Gegenstände zu nutzen. Dies führt dazu, dass der **Vorerbe** umgekehrt auch **unverändert die gewöhnlichen Erhaltungskosten nach § 2124 BGB zu tragen** hat. Diese Regelung kann für die Nacherben sinnvoll sein, die sonst bereits ab der Wiederverehelichung für den Grundbesitz, der dann ihnen gehört, die Erhaltungskosten tragen müssen.

Solange der Ehegatte nicht wieder heiratet oder Vater/Mutter eines nichtgemeinschaftlichen Kindes wird, wird er **von den Beschränkungen und Verpflichtungen der §§ 2113 ff. BGB weitestmöglich befreit.** Dies ermöglicht es ihm insbesondere, Grundbesitz, der sich im Nachlassvermögen befindet, zu verkaufen; wobei der Verkaufserlös dann allerdings wiederum zum Nachlassvermögen gehört (§ 2111 BGB). Diese relative freie Stellung soll der Vorerbe aber **nur solange** haben, **bis er wieder heiratet oder Vater/Mutter eines nichtgemeinschaftlichen Kindes wird.** Ab dann ist die Gefahr für den Nacherben größer, dass der Vorerbe gemeinsam mit seinem neuen Ehegatten oder eventuellen Abkömmlingen das Nachlassvermögen „verfrühstückt".

Eine Anwartschaft des Nacherben entsteht hier nicht, da die Person des Nacherben erst auf Grund der Umstände festgestellt wird (Verwandtschaftsverhältnis zum ursprünglichen Erblasser), die beim Nacherbfall vorliegen.[71]

Die Alternative 2 dieses Musters hat nicht nur nachlasssichernden Charakter, sondern auch eine **sanktionierende Funktion:** Sanktio-

niert wird die Wiederverehelichung oder die Geburt eines einseitigen Kindes dadurch, dass der Nacherbfall bereits bei Wiederverehelichung oder der Geburt eines einseitigen Kindes eintritt. Zu diesem
Zeitpunk hat der überlebende Ehegatte dem Nacherben den Nachlass nach § 2130 BGB herauszugeben.

Die **negative Folge** für den Vorerben, dass dieser den Nachlass
nicht mehr nutzen kann, wird dadurch **gemindert,** dass die Nacherben mit einem Vermächtnis zugunsten des überlebenden Ehegatten
beschwert werden. Sie haben diesem ein Wohnungsrecht in dem
Anwesen einzuräumen.

Bei der **vermächtnisweisen Zuwendung von Wohnungsrechten** ist
die genaue Bezeichnung der Wohnräume erforderlich. Empfehlenswert ist eine **Regelung,** wer folgende **Kosten** trägt: Instandhaltungs-
und Instandsetzungskosten, Kosten für Schönheitsreparaturen in
der Wohnung, Ver- und Entsorgungskosten. Regelungsbedürftig ist
auch, ob das **Wohnungsrecht** an dritte Personen **zur Ausübung
überlassen** werden kann, das heißt, ob der Berechtigte die Wohnung
vermieten darf oder nicht. Selbst wenn ihm dies nicht erlaubt ist,
wie hier, ist er berechtigt, Familienangehörige, Hausangestellte oder
Personen, die ihn pflegen (§ 1093 Abs. 2 BGB), sowie den Partner
der nichtehelichen Lebensgemeinschaft,[72] in die Wohnung aufzunehmen. Zu berücksichtigen ist, dass diesen Personen kein eigenes
Nutzungsrecht zusteht, insbesondere kein Nutzungsrecht das über
den Tod desjenigen hinausgeht, dem das Wohnungsrecht eingeräumt wurde. Vielmehr erlischt das Recht, wenn der Wohnungsberechtigte verstirbt.

Bis zur Wiederverehelichung oder der Geburt eines einseitigen
Kindes wird dem Vorerben die Stellung eines weitgehend befreiten
Vorerben eingeräumt: nur zur Verfügung über das Anwesen Lenbachstraße 3 in Schrobenhausen soll der Vorerbe nicht berechtigt
sein, wenn er das Anwesen erbt.

3. Behindertes Kind, das Sozialhilfe empfängt

Siehe dazu Anm. 4 zu § 3 des Musters.

§ 3
Verfügungen für den zweiten Todesfall

> *Interessenlage 1: Alle Kinder sollen bedacht werden, und zwar
> ohne gegenständliche Zuordnung des Nachlasses*

Erben des Letztversterbenden von uns werden unsere gemeinschaftlichen Abkömmlinge zu unter sich gleichen Teilen nach Stämmen entsprechend den Regeln über die gesetzliche Erbfolge.

- **Alternative 1:**
  Erben des Letztversterbenden von uns werden unsere Kinder Jakob und Florentine je zur Hälfte. Ausdrücklich klargestellt wird aber, dass eine Ausgleichungspflicht nach den §§ 2050 ff. BGB nicht besteht.
  Sollte eines unserer Kinder unter Hinterlassung von Abkömmlingen vorverstorben sein, treten dessen Abkömmlinge zu unter sich gleichen Teilen nach Stämmen entsprechend den Regeln über die gesetzliche Erbfolge an dessen Stelle. Sonst tritt Anwachsung an das verbleibende Kind ein.

- **Alternative 2:**
  Erbe des Letztversterbenden von uns wird unser Sohn Jakob zu $^2/_3$ und unsere Tochter Florentine zu $^1/_3$.
  Ersatzerbeinsetzung (siehe oben bei Alternative 1)

> *Interessenlage 2: Alle Kinder sollen bedacht werden, und zwar durch gegenständliche Zuordnung des Nachlasses*

Erben des Letztversterbenden von uns werden unsere Kinder Jakob und Florentine. Diese erben in dem Verhältnis der Vermögenswerte, die ihnen bei der nachfolgenden Teilungsanordnung zukommen.
Im Wege der Teilungsanordnung wird bestimmt:
Jakob steht der Geschäftsanteil an der Koch GmbH mit dem Sitz in Neufahrn zu, der derzeit dem Ehemann gehört. Wenn weitere Anteile an dieser Gesellschaft durch einen von uns erworben werden, stehen ihm auch diese zu.
Florentine steht das Eigentum an dem Anwesen Lenbachstr. 3 in Schrobenhausen zu, das derzeit im Alleineigentum der Ehefrau steht. Florentine hat unter vollständiger Entlastung des weiteren Miterben Verbindlichkeiten, die etwa zum Zeitpunkt des Todes des Letztversterbenden von uns noch vorhanden sind und die zum Erwerb, zur Werterhaltung und zur Wertverbesserung dieses Anwesens aufgenommen wurden, zur künftigen alleinigen Tilgung und Verzinsung zu übernehmen. Für den Fall, dass die Gläubiger die Schuldentlassung des weiteren Miterben nicht genehmigen, ist eine schuldrechtliche Freistellungsverpflichtung ausreichend. Florentine stehen umgekehrt sämtliche entstandenen und noch entstehenden Eigentümerrechte und Rückgewährsansprüche in Ansehung von Grundpfandrechten, die an dem Anwesen Lenbachstr. 3 in Schrobenhausen lasten, alleine zu.
Sonst beim Tod des Letztversterbenden von uns vorhandenes Vermögen steht den Kindern jeweils zur Hälfte zu. Diese tragen an-

dere als die vorbezeichneten, beim Tod des Letztversterbenden von uns etwa vorhandenen Verbindlichkeiten jeweils zur Hälfte.

Ersatzerbeinsetzung (s. oben bei Alternative 1 zur Interessenlage 1)

- **Alternative**

Zum Erben des Letztversterbenden von uns wird unsere Tochter Florentine bestimmt und mit folgenden Vermächtnissen beschwert: Sie hat den derzeit im Eigentum des Ehemanns stehenden Geschäftsanteil an der Firma Koch GmbH mit dem Sitz in Neufahrn an unseren Sohn Jakob alleine zu übertragen. Wenn weitere Anteile an dieser Gesellschaft durch einen von uns erworben werden, stehen ihm auch diese zu.

Florentine hat mit Ausnahme des Anwesens Lenbachstr. 3 in Schrobenhausen das weitere beim Tod des Letztversterbenden von uns vorhandene Vermögen zur Hälfte an unseren Sohn Jakob zu übertragen, soweit es nicht zur Tilgung von anderen als solchen Verbindlichkeiten dient, die zum Erwerb, zur Werterhaltung oder zur Wertverbesserung des Hauses Lenbachstr. 3 in Schrobenhausen aufgenommen wurden.

Ersatzerbe bzw. Ersatzvermächtnisnehmer (s. oben bei Alternative 1 zur Interessenlage 1)

Interessenlage 3: nur eines der Kinder soll bedacht werden

Alleinige Erbin beim Tod des Letztversterbenden von uns wird unsere Tochter Florentine. Sollte diese vorverstorben sein, treten deren Abkömmlinge zu unter sich gleichen Teilen nach Stämmen an deren Stelle.

- **Ergänzung:**

Unser Sohn Jakob und dessen Abkömmlinge haben keinen Anspruch mehr auf den Nachlass des Letztversterbenden. Jakob hat nämlich bereits das uns jeweils zur Hälfte gehörende Baugrundstück (Fl. Nr. 781/25 der Gemarkung Giesing) im Jahr 1997 erhalten. In Abschnitt VII. des notariellen Kaufvertrags vom ... des Notars ... wurde angeordnet, dass sich Jakob den Wert der Zuwendung auf die Erb- und Pflichtteilsansprüche (oder: nur Pflichtteilsansprüche) anrechnen zu lassen hat. Wir haben Jakob darüber hinaus jeweils zur Hälfte als Ausstattung einen Betrag in einer Höhe von € 120.000,– zugewendet, als dieser ein Elektrohandelsgeschäft gegründet hat.

- **Alternative 1 zur Ergänzung:**

Unser Sohn Jakob hat uns gegenüber am ... vor dem Notar ... in ... (URNr. ...) einen Pflichtteilsverzicht erklärt.

- **Alternative 2 zur Ergänzung:**
Ausdrücklich von der Erbfolge ausgeschlossen wird unser Sohn Jakob und werden dessen Abkömmlinge. Wir entziehen unserem Sohn Jakob darüber hinaus den Pflichtteil aus folgendem Grund: Jakob hat am 17. August 2002, am 12. November 2002 und am 1. Dezember 2003 unter missbräuchlicher Verwendung einer ihm erteilten Vollmacht unberechtigt von dem auf unseren gemeinschaftlichen Namen lautenden Konto Beträge in einer Höhe von insgesamt € 110.000,– abgehoben und für sich verbraucht. Der Vorfall wird derzeit bei der Staatsanwaltschaft Pfaffenhofen a. d. Ilm unter dem Aktenzeichen JS 1163/92 strafrechtlich untersucht.

> *Interessenlage 4: Eines der Kinder ist behindert und bezieht Sozialhilfe*

Zu Erben des Letztversterbenden setzen wir unsere gemeinschaftlichen Abkömmlinge zu unter sich gleichen Teilen nach Stämmen ein.

Unsere Tochter Florentine, die behindert ist und derzeit in dem Heim des Vereins „Lebensfreude e. V." in Ingolstadt untergebracht ist, ist aber nur Vorerbin.

Der Nacherbfall tritt beim Tod des Vorerben ein. Nacherben von Florentine sind unsere weiteren Abkömmlinge zu unter sich gleichen Teilen nach Stämmen entsprechend den Regeln über die gesetzliche Erbfolge, die maßgeblich wären, wenn der Letzte von uns zum Zeitpunkt des Todes von Florentine gleichzeitig mit dieser versterben würde.

Solange Florentine lebt, wird in Bezug auf ihren Erbteil und auf dasjenige, was sie bei der Erbauseinandersetzung erhält, die Testamentsvollstreckung angeordnet. Der Testamentsvollstrecker hat Florentine bei der Erbauseinandersetzung zu vertreten und dasjenige Vermögen, das Florentine bei der Erbauseinandersetzung erhält, während der Dauer der Testamentsvollstreckung zu verwalten. Er hat alle Rechte eines Verwaltungsvollstreckers. Der Testamentsvollstrecker ist in der Eingehung von Verbindlichkeiten für den Nachlass nicht beschränkt und von § 181 BGB befreit.

Zum Testamentsvollstrecker wird unser Sohn Jakob ernannt. Für den Fall, dass Jakob das Amt nicht annehmen kann oder annehmen will oder nach Annahme des Amts wegfällt, wird ersatzweise Rechtsanwalt Dr. Hans Lachner in München zum Testamentsvollstrecker ernannt. Für den Fall, dass dieser das Amt nicht annehmen kann oder will oder nach Annahme des Amts wegfällt, hat das Nachlassgericht einen geeigneten Testamentsvollstrecker zu bestellen.

Dem Testamentsvollstrecker steht als Vergütung für seine Tätigkeit 5% des jährlichen Ertrags des Nachlasses zu. Er ist berechtigt, die Vergütung am Ende eines Kalenderjahres aus dem Nachlass zu entnehmen. Soweit die Leistung des Testamentsvollstreckers der Umsatzsteuer unterliegt, ist er zusätzlich berechtigt, die dafür angefallene Umsatzsteuer zu entnehmen.

Der Testamentsvollstrecker hat den Ertrag der Nachlassverwaltung insoweit der Vorerbin zur Verfügung zu stellen als

– Florentine Geldbeträge in Höhe des jeweiligen Rahmens zur Verfügung zu stellen sind, der ihr nach dem Bundessozialhilfegesetz zur Verfügung gestellt werden kann, ohne dass deren Ansprüche auf Sozialhilfe geschmälert werden;

– er für Florentine Mittel zur Verfügung zu stellen hat, die zur Anschaffung von Gegenständen dienen, die zur Befriedigung geistiger, insbesondere wissenschaftlicher oder künstlerischer Bedürfnisse dienen und deren Besitz nicht Luxus ist;

– er jährlich Florentine die Teilnahme an Reisen zu ermöglichen hat, die speziell für Behinderte veranstaltet werden. Florentine ist auch während der Dauer der Reise ein angemessenes Taschengeld zur Verfügung zu stellen.

Sollte Florentine jemals in der Lage sein, allein oder mit Angehörigen oder mit Pflegepersonen eine eigene Wohnung zu bewohnen, hat der Testamentsvollstrecker aus den Mitteln des Nachlasses eine solche Wohnung für Florentine zu kaufen.

• **Variante**

Verweisung des behinderten Kinds auf den Pflichtteil.

Zur Formulierung siehe bei Interessenlage 3 mit der Maßgabe, dass hier der Sohn Jakob als Alleinerbe einzusetzen ist.

Erläuterungen zu § 3:

1. Vorbemerkung: Notwendig- keit der Regelung
2. Regelungsziel: Alle Kinder sollen bedacht werden
3. Regelungsziel: Eines der Kinder soll von der Erbfolge ausgeschlossen werden
4. Problemfall: Behindertes Kind, das Sozialhilfe empfängt

1. Vorbemerkung: Notwendigkeit der Regelung

Regelungen für den zweiten Todesfall sind in gemeinschaftlichen Testamenten notwendig, wenn beim 2. Todesfall von der gesetzlichen Erbfolge abgewichen werden soll. **Die Regelung der Schlusserbfolge im gemeinschaftlichen Testament (und auch nicht beim Erbvertrag, wenn Verfügungen für beide Todesfälle getroffen werden sollen) erübrigt sich nicht durch die Anordnung einer Vor- und Nacherbfolge beim ersten Todesfall.** Diese ergreift nämlich nur den

Nachlass des Erstversterbenden. Sie erfasst das weitere Vermögen des überlebenden Ehegatten nicht, z. B. nicht Vermögen, das dieser bereits vor dem 1. Todesfall besaß oder das er nach dem zweiten Todesfall auf andere Weise als durch Einsatz des Nachlasses des Erstversterbenden erworben hat (sonst Surrogation). Welche Verfügungen veranlasst sind, hängt vor allem davon ab, ob alle Kinder bedacht werden sollen oder ob zumindest eines der Kinder nicht bedacht werden soll.

2. Regelungsziel: Alle Kinder sollen bedacht werden

Die Gestaltung hängt davon ab, ob die Ehegatten den beim 2. Todesfall vorhandenen Nachlass nur „quotenmäßig" verteilen wollen, ohne eine gegenständliche Zuordnung vorzunehmen, oder ob zumindest einzelne Nachlassgegenstände bestimmten Abkömmlingen zugewendet werden sollen.

2.1. Ohne gegenständliche Zuordnung des Nachlasses
a) Instrumentarium. Wenn der Erblasser den Nachlass beim 2. Todesfall nicht gegenständlich zuordnen will, ist die Erbeinsetzung das richtige Gestaltungsmittel.

aa) Erbeinsetzung entsprechend dem gesetzlichen Erbrecht. Der Erblasser kann sich darauf beschränken, die Erbeinsetzung entsprechend den Regeln über die gesetzliche Erbfolge vorzunehmen. Dies erfolgt dadurch, indem er entweder auf die **gesetzliche Erbfolge verweist** (§ 2066 Abs. 1 BGB) oder indem er diejenigen Abkömmlinge ausdrücklich bedenkt, die gesetzlich erben würden und ihre Quote entsprechend der gesetzlichen Erbquote festlegt. Bei **jüngeren Ehegatten** ist es empfehlenswert, dass sie die Verfügung in der ersten Weise vornehmen, da sonst Probleme entstehen, wenn weitere Kinder geboren werden, die in der ursprünglichen Verfügung nicht bedacht sind,[73] wenn nicht sofort ein Nachtrag zu der gemeinschaftlichen letztwilligen Verfügung errichtet wird.

Bei einer Erbeinsetzung entsprechend dem gesetzlichen Erbrecht müssen sich die Erblasser Gedanken über die **Ausgleichungspflicht verschiedener lebzeitiger Zuwendungen** machen. Nach dem Gesetz sind nämlich bestimmte lebzeitige Zuwendungen zur Ausgleichung zu bringen. Die Ausgleichungspflicht besteht nicht nur, wenn die gesetzliche Erbfolge eintritt, sondern auch wenn die testamentarische Erbfolge der gesetzlichen Erbfolge entspricht (§ 2052 BGB).

Auszugleichen sind nach dem Gesetz:
– **Ausstattungen,** das heißt Zuwendungen der Eltern mit Rücksicht auf die Verheiratung[74] des Kinds oder zur Erlangung einer selbst-

ständigen Lebensstellung des Kinds oder zur Begründung oder Erhaltung der Wirtschaft (§ 1624 Abs. 1 BGB),

- **Zuschüsse,** die hingegeben worden sind, um als Einkünfte verwendet zu werden, und **Aufwendungen für die Fortbildung** zu einem Beruf,[75] wenn sie das den Vermögensverhältnissen der Eltern entsprechende Maß übersteigen, und
- sonstige **Zuwendungen, wenn** bei der Zuwendung **die Ausgleichung angeordnet wurde** (siehe dazu § 2050 BGB).

Wenn die **Ausgleichung** erfolgt, wird sie in drei Schritten **durchgeführt:**

(1) Zunächst wird der Wert der Zuwendungen, die zur Ausgleichung zu bringen sind, dem Nachlass hinzugerechnet (§ 2055 Abs. 1 S. 2 BGB).

(2) Anschließend wird unter Berücksichtigung der Erbquoten ermittelt, welcher Anteil jedem Abkömmling von dieser Masse zusteht.

(3) Abschließend wird auf diesen Teil dasjenige angerechnet, was der einzelne Abkömmling bereits durch die ausgleichspflichtige Zuwendung erhalten hat.[76]

Die Ausgleichung unter den Erben kommt im vorgestellten Grundmuster zur Anwendung. **Der Erblasser kann abweichend davon bestimmen, dass die Ausgleichung nicht erfolgen soll.**[77] Eine entsprechende Verfügung wird in dem alternativen Muster vorgenommen.

bb) Erbeinsetzung abweichend vom gesetzlichen Erbrecht. Der Erblasser kann die Quoten abweichend von der gesetzlichen Erbfolge festsetzen und damit ein Kind stärker bedenken als das Andere. In diesem Fall ist eine Regelung veranlasst, die die Rechtsfolgen bestimmt, wenn das bedachte Kind vor dem Erblasser verstirbt. Diese Regelung wird als sogenannte **Ersatzerbeinsetzung** (§ 2096 BGB) bezeichnet. Die Ersatzerbeinsetzung von Abkömmlingen von Kindern vermeidet die Verweisung auf die gesetzliche Auslegungsregelung des § 2069 BGB.

Wenn **Abkömmlinge zu einem geringeren Teil als ihrem gesetzlichen Erbrecht** bedacht werden, muss berücksichtigt werden, dass dies ohne weitere Folgen möglich ist bis zur Hälfte des gesetzlichen Erbteils. Beträgt die Quote **weniger als die Hälfte** des gesetzlichen Erbteils, kann der betroffene Erbe nach **§ 2305 BGB den sogenannten Zusatzpflichtteil** verlangen, das heißt also eine Ergänzung in Höhe des Differenzbetrags zwischen Pflichtteil und dem zugewendeten Erbteil. Etwas anderes gilt nur, wenn der entsprechende Abkömmling auf den Pflichtteil verzichtet hat (siehe dazu unten 3.c), S.86).

b) Auswirkungen der quotalen Erbeinsetzung. Wenn mehrere Personen Erben werden, bilden sie untereinander eine Erbengemeinschaft nach §§ 2032ff. BGB. Diese Erbengemeinschaft ist Rechtsträger der einzelnen Nachlassgegenstände. Die Nachlassgegenstände gehören den Miterben nicht unmittelbar anteilsmäßig. Deshalb **können Miterben** auch **nicht über ihren Anteil an einzelnen Nachlassgegenständen verfügen;** insbesondere können sie diesen Anteil nicht verkaufen (§ 2033 Abs. 2 BGB). Wenn ein Miterbe über seinen **Anteil an dem gesamten Nachlass verfügen will, ist dies grundsätzlich möglich,** löst aber ein Vorkaufsrecht der weiteren Miterben nach § 2034 BGB aus. Der Nachlass wird von sämtlichen Erben gemeinschaftlich verwaltet (§ 2038 BGB). Jeder Erbe kann grundsätzlich zu jeder Zeit die Auseinandersetzung einer Erbengemeinschaft verlangen. Dies erfolgt, indem zunächst die Nachlassverbindlichkeiten getilgt werden (§ 2046 BGB). Das Restvermögen wird nach §§ 750 ff. BGB auseinandergesetzt (siehe dazu § 2042 BGB). Der Erblasser kann insofern Einfluss auf die Auseinandersetzung nehmen, als er die Auseinandersetzung innerhalb bestimmter zeitlicher Fristen (siehe dazu § 2044 Abs. 2 BGB) ausschließen kann.[78] Trotz einer solchen Anordnung kann die Auseinandersetzung verlangt werden, wenn ein wichtiger Grund vorliegt (§ 2044 Abs. 1 S. 2 BGB in Verbindung mit § 749 Abs. 2 BGB).

2.2. Gegenständliche Zuordnung des Nachlasses

a) Instrumentarium: Teilungsanordnung und Vermächtnis. Der Nachlass kann gegenständlich durch Teilungsanordnungen und durch Vermächtnisse zugeordnet werden.

aa) Unterschied. Teilungsanordnung und Vermächtnis unterscheiden sich grundsätzlich wie folgt:[79] Die Teilungsanordnung stellt eine Zuordnung an einen Erben dar; sie ist im Rahmen der Auseinandersetzung des Nachlasses zu berücksichtigen (§ 2048 BGB). Durch ein Vermächtnis wird einem Bedachten, der in der Regel nicht Erbe ist, dagegen der Anspruch gegen die Erben eingeräumt, die Leistung des vermachten Gegenstands zu fordern (§ 2174 BGB). Wenn ein Erbe ein Vermächtnis erhält, wird dies als Vorausvermächtnis (§ 2150 BGB) bezeichnet. Das Vorausvermächtnis begünstigt den Erben über seine Erbquote hinaus.[80] Das Vermächtnis und Vorausvermächtnis sind als Nachlassverbindlichkeit nach § 2046 BGB vor der Erbauseinandersetzung und damit vor Durchführung der Teilungsanordnungen zu bewirken. Anders als auf den Erben gehen auf den Vermächtnisnehmer Nachlassverbindlichkeiten nicht kraft Gesetzes über.

bb) Richtiges Gestaltungsmittel. Bei der Abwägung, ob eine gegenständliche Zuordnung von Nachlassgegenständen im Wege des Vermächtnisses oder der Teilungsanordnung erfolgt, sollte berücksichtigt werden:

Das **Vermächtnis** ist die geeignete Gestaltungsform, **wenn der Gegenstand ohne jegliche Ausgleichszahlung** bei dem Begünstigten verbleiben soll. Bei Teilungsanordnungen ergibt sich nämlich das

Problem, dass ein Erbe, dem mit der Teilungsanordnung ein höherer Wert zugewendet wird, als seiner Erbquote entspricht, zu einer Ausgleichszahlung an den oder die weiteren Erben verpflichtet ist.[81]

Das Vermächtnis ist auch besonders geeignet, **wenn der Begünstigte für Nachlassverbindlichkeiten nicht haften soll** oder er nur einzelne Nachlassverbindlichkeiten übernehmen soll. Der Miterbe haftet nämlich auch bei Teilungsanordnungen grundsätzlich als Gesamtschuldner für Nachlassverbindlichkeiten (§ 2058 BGB).

cc) Regelungsbedürftig: Verbindlichkeiten. Sowohl bei der Teilungsanordnung als auch beim Vermächtnis sollten Regelungen getroffen werden, wenn der Gegenstand mit Verbindlichkeiten belastet ist, der als Vermächtnis oder im Wege der Teilungsanordnung zugewendet wird.

Beim Vermächtnis ist zu bestimmen, ob der Vermächtnisnehmer die Belastung zu übernehmen hat oder ob ihm der Gegenstand des Vermächtnisses frei von Belastungen zu übertragen ist (siehe dazu oben). Soweit der Vermächtnisnehmer die Belastung zu übernehmen hat,[82] ist Folgendes zu berücksichtigen: kraft Gesetzes geht auf den Vermächtnisnehmer die Verbindlichkeit nicht über. Wenn die Verpflichtung zur Schuldübernahme auch dem Gläubiger gegenüber gelten soll, wodurch der mit dem Vermächtnis belastete Erbe von der Haftung freigestellt wird, bedarf die Schuldübernahme der Genehmigung durch den Gläubiger (§ 415 Abs. 1 BGB). Bis zur Genehmigung und für den Fall, dass diese verweigert werden sollte, ist der Vermächtnisnehmer dem Erben gegenüber zur Freistellung von der Schuld verpflichtet (§ 415 Abs. 3 BGB).

Auch bei Zuwendung eines Nachlassgegenstands im Wege der **Teilungsordnung** ist eine Regelung bezüglich der Schuldenzuordnung erforderlich, wenn der Miterbe, dem der Gegenstand zugeordnet wird, die damit verbundenen Schulden zu übernehmen hat. Nur eine solche Anordnung verhindert, dass die Verbindlichkeit vorab aus dem Nachlass zu berichtigen ist (§ 2046 BGB).[83] Nur durch eine Schuldentlassungserklärung analog § 415 BGB, können die Erben, denen der Gegenstand nicht zugewendet wird, von der gesamtschuldnerischen Miterbenhaftung freigestellt werden. Eine solche Schuldentlassung bedarf der Zustimmung des Gläubigers, wenn sie zum Entfall der Haftung der Miterben führen soll. Wenn die Genehmigung verweigert wird, ist eine schuldrechtliche Freistellungsverpflichtung gegenüber den Miterben erforderlich.

b) Konkrete Muster. In dem **Grundmuster** erfolgt die gegenständliche Zuordnung des Nachlasses durch eine Teilungsanordnung. Um das Problem zu vermeiden, dass Ausgleichszahlungen unter den Miterben erforderlich werden, wenn ein im Wege der Teilungsanordnung zugeordneter Wert die Erbquoten übersteigt, erfolgt die

Erbeinsetzung im Verhältnis der Vermögenswerte, die die Abkömmlinge bei der Teilungsanordnung erhalten. Dadurch wird dem Nachlassgericht das Problem aufgebürdet, die Erbquoten anhand des Verhältnisses der zugewiesenen Vermögenswerte zu ermitteln. Stattdessen kann der Erblasser die Quoten selbst anhand dieses von ihm geschätzten Verhältnisses festsetzen und zur Vermeidung von Ausgleichszahlungen dem Erben, der über seine Quote hinaus durch die Teilungsanordnung begünstigt wird, den überschießenden Teil im Wege des Vorausvermächtnisses zuweisen.[84]

Wenn das Anwesen Lenbachstraße 3 in Schrobenhausen mit Verbindlichkeiten belastet ist, bzw. beim Tod belastet sein kann, ist es erforderlich, zu regeln, wer diese Verbindlichkeiten übernimmt. Diese Pflicht wird hier Florentine auferlegt.

Im **Alternativformular** wird Florentine zur Alleinerbin eingesetzt. Folglich gehen die Verbindlichkeiten kraft Gesetzes auf sie allein über. Jakob wird im Wege des Vermächtnisses der Geschäftsanteil zugewendet und das sonst beim Tod des Letztversterbenden vorhandene Vermögen zur Hälfte.

Das Alternativmuster ist vorzusehen, wenn auf dem Anwesen Lenbachstraße 3 in Schrobenhausen Verbindlichkeiten lasten, da durch diese Gestaltung Jakob als Vermächtnisnehmer nicht für Nachlassverbindlichkeiten haftet.

3. Regelungsziel: Eines der Kinder soll von der Erbfolge ausgeschlossen werden

a) **Vorbemerkung.** Das Gesetz lässt ausdrücklich die Enterbung von Verwandten und Ehegatten zu (§ 1938 BGB). Das Interesse von enterbten Abkömmlingen wird alleine durch Pflichtteilsansprüche gewahrt, die unter c) noch dargestellt werden.

b) **Instrumentarium.** Die Enterbung kann **durch** eine sogenannte „negative letztwillige Verfügung" erfolgen, das heißt, durch eine Anordnung, die sich darauf beschränkt, einen Verwandten von der gesetzlichen Erbfolge auszuschließen (§ 1938 BGB). Sie kann aber auch in einer **positiven letztwilligen Verfügung** dadurch erfolgen, dass der Nachlass anderen Personen zugewiesen wird und der Abkömmling auf diese Art und Weise (inzident) übergangen wird.[85]

Die Enterbung durch die negative letztwillige Verfügung und die Enterbung durch positive Erbeinsetzung anderer Personen **unterscheiden** sich wie Folgt:

Die **Enterbung in negativer Form** kann weder vertragsmäßig bindend in einem Erbvertrag noch in einer wechselbezüglichen Verfügung eines gemeinschaftlichen Testaments angeordnet werden (§§ 2278 Abs. 2, 2270 Abs. 3 BGB). An die Stelle des enterbten gesetzlichen Erben tritt der nächstberufene gesetzliche Erbe. Wenn ein enterbtes Kind Abkömmlinge hinterlässt, treten damit grundsätzlich die Abkömmlinge des enterbten Kinds an seine Stelle (§ 1924 Abs. 3 BGB).[86] Etwas anderes gilt nur, wenn sich die Ausschließung auch auf die Abkömmlinge, das heißt den ganzen Stamm erstreckt.[87] Der anstelle des enterbten Abkömmlings tretende nachfolgende gesetzliche Erbe hat nur die Stellung eines gesetzlichen Erben. Der Überlebende kann ihn enterben, da er nicht auf Grund einer wechselbezüglichen oder erbvertragsmäßig getroffenen Verfügung berufen ist.

Bei der Enterbung durch ein positiv verfügendes Testament werden auch die Abkömmlinge des Enterbten enterbt und kann der an die Stelle des Enterbten berufene Erbe die Stellung eines besonders geschützten Erben erlangen, der in einer wechselbezüglichen oder vertragsmäßig bindenden Verfügung bestimmt wurde.

In der Regel ist deshalb die **Enterbung durch positive Begünstigung** desjenigen, der an die Stelle des Enterbten tritt, vorzuziehen. Allenfalls zur Klarstellung kann die (negative) Enterbung des übergangenen Abkömmlings zusätzlich aufgeführt werden.[88]

c) **Wirkung.** Wenn der Enterbte ein Abkömmling ist, der sonst kraft Gesetzes erben würde, steht ihm der **Pflichtteil** nach § 2303 BGB in Höhe der Hälfte des gesetzlichen Erbteils zu.

Ein Pflichtteilsanspruch besteht nur dann nicht, wenn der Abkömmling (ggf. auch ein Elternteil von ihm mit Wirkung für ihn, siehe dazu § 2349 BGB) auf den Pflichtteil verzichtet hat oder wenn er bereits zu Lebzeiten ausreichend Zuwendungen erhalten hat, die er zur Ausgleichung bringen muss oder sich auf seinen Pflichtteil oder auf seinen Erb- und Pflichtteil anrechnen lassen muss oder wenn ein Grund zur Pflichtteilsentziehung besteht und dieser Pflichtteil auch ausdrücklich entzogen wird.

Ein **Pflichtteilsverzicht** kann zu Lebzeiten des Erblassers mit dem Abkömmling vereinbart werden (§ 2346 Abs. 2 BGB). Der bloße **Pflichtteilsverzichtsvertrag ist einem Erbverzichtsvertrag vorzuziehen,** da der Erbverzichtsvertrag nach § 2310 S. 2 BGB die Pflichtteilsansprüche der anderen Pflichtteilsberechtigten erhöht.[89] Der Pflichtteilsverzichtsvertrag muss **notariell beurkundet** werden (§ 2348 BGB). Der Erblasser kann sich beim Abschluss des Pflichtteilsverzichtsvertrags nicht vertreten lassen (§ 2347 Abs. 2 BGB). Wenn der Verzichtende unter elterlicher Sorge oder unter Vormundschaft steht, ist die Genehmigung des Vormundschaftsgerichts erforderlich (§ 2347 Abs. 1 BGB).[90]

Die Anordnung der **Ausgleichung** bzw. der **Anrechnung von lebzeitigen Zuwendungen** kann dazu führen, dass trotz grundsätzlicher Pflichtteilsberechtigung (bei hohen Zuwendungen) kein Pflichtteilsanspruch mehr besteht oder dieser zumindest gemindert wird.

Zu berücksichtigen ist, dass lebzeitige Zuwendungen beim Pflichtteil mindernd i.d.R. nur berücksichtigt werden, wenn dies schon zu Lebzeiten bei der Zuwendung **angeordnet** war.[91] Weiter ist zu differenzieren, ob der Erblasser angeordnet hat, dass die Zuwendung nur unter Anrechnung auf den Pflichtteil erfolgt oder ob er nur angeordnet hat, dass die Zuwendung zur Ausgleichung zu bringen ist oder ob er zugleich die Ausgleichung und die Anrechnung auf den Pflichtteil angeordnet hat.

Am günstigsten fährt der Erblasser, wenn er sich bei der lebzeitigen Zuwendung darauf beschränkt, die Anrechnung auf den Pflichtteil anzuordnen.[92]

Die **Entziehung des Pflichtteils** gegenüber Abkömmlingen setzt einen **Entziehungsgrund** nach § 2333 BGB voraus. Die Tatsache, dass ein Grund zur Entziehung besteht, reicht aber nicht aus. Der **Pflichtteil muss ausdrücklich in einer letztwilligen Verfügung entzogen** werden. Diese kann nur in einseitiger testamentarischer Form getroffen werden. Der **Grund der Entziehung muss** in der Verfügung **angegeben werden** (§ 2336 Abs. 2 BGB).[93]

d) Konkrete Muster. In dem **Grundmuster** erfolgt die Enterbung des Sohns Jakob und von dessen Abkömmlingen durch die positive Einsetzung der gemeinschaftlichen Tochter Florentine zur alleinigen Schlusserbin.

Die **Ergänzungen** stellen darauf ab, dass der enterbte Sohn Jakob zu Lebzeiten bereits umfangreiche Zuwendungen erhalten bzw. auf den Pflichtteil verzichtet hat (Ergänzungsmuster und 1. Alternativmuster). Diese Ergänzungen in der letztwilligen Verfügung sind **nicht rechtsbegründend.** Ausgleichungspflichten unter gesetzlichen Erben bestehen kraft Gesetzes oder kraft Anordnung bei der Zuwendung, ebenso die Anrechnung auf den Pflichtteil (§§ 2315 Abs. 1 BGB, 2050 BGB). Die Darstellung hat aber Indiz- und Hinweiswert: Durch die Darstellung des Sachverhalts in der letztwilligen Verfügung wird der berufene Erbe darauf aufmerksam gemacht. Wenn Streit darüber besteht, ob die Ausgleichung bzw. Anrechnung zu Lebzeiten angeordnet wurde, kann das Testament als Indiz herangezogen werden.

Rechtsbegründenden Charakter hat die Pflichtteilsentziehung in der **letzten** aufgeführten **Alternative.**

4. Problemfall: Behindertes Kind, das Sozialhilfe empfängt

a) Vorbemerkung. Die Gestaltung von letztwilligen Verfügungen ist besonders problematisch, wenn die Ehegatten ein behindertes Kind haben, das Leistungen nach dem Bundessozialhilfegesetz (BSHG) empfängt. Aufgrund des Nachrangs der Sozialhilfe (§ 9 SGB I, § 2 Abs. 1 BSHG) hat der Sozialhilfeempfänger vorrangig sein eigenes Vermögen einzusetzen. Soweit dem Sozialhilfeempfänger Ansprüche gegenüber Dritten zustehen, können diese auf den Sozialhilfeträger nach § 90 BSHG übergeleitet werden. Übergeleitet werden können sogar sonst nicht übertragbare, verpfändbare oder pfändbare Ansprüche (§ 90 Abs. 1 S. 4 BSHG). Dies führt dazu, dass sich auch Zuwendungen in letztwilligen Verfügungen nachteilig auf die Sozialhilfeberechtigung auswirken können, weil in einem solchen Fall das behinderte Kind letztlich keinen persönlichen wirtschaftlichen Vorteil erlangt, obwohl es durch die Verfügung bedacht wird. Wenn das behinderte Kind übergangen wird, steht ihm ein Pflichtteilsanspruch in Höhe der Hälfte seines gesetzlichen Erbteils zu (§ 2303 Abs. 1 BGB). Nach § 90 Abs. 1 S. 4 BSHG kann der Pflichtteilsanspruch uneingeschränkt auf den Sozialhilfeträger übergeleitet werden, obwohl er nach § 852 Abs. 1 ZPO nur eingeschränkt pfändbar wäre.

Ehegatten stehen deshalb vor der schwierigen Entscheidung, ob sie das behinderte Kind letztwillig bedenken wollen oder ob sie es zugunsten der anderen Kinder übergehen. Wenn das Kind bedacht wird, ist darauf zu achten, dass sich die Zuwendung nicht negativ auf Sozialhilfeansprüche auswirkt und dass ein beim Tod des behinderten Kinds vorhandener Restnachlass möglichst ungeschmälert auf die weiteren Kinder oder deren Abkömmlinge übergeht.

b) Erbeinsetzung des behinderten Kinds.

aa) Umfang der Zuwendung. Wenn ein Kind bedacht wird, muss es zu einem höheren Erbteil als zur Hälfte des gesetzlichen Erbteils eingesetzt werden. Sonst würde die Anordnung einer Testamentsvollstreckung ebenso unwirksam wie die Anordnung der Nacherbfolge (§ 2306 Abs. 1 S. 1 BGB). Beide sind aber unbedingt erforderliche Gestaltungsmittel (s. bb) u. cc)). Darüber hinaus könnte das behinderte Kind sonst den Zusatzpflichtteil nach § 2305 BGB verlangen. Dies ist nachteilig, weil der Anspruch auf den Zusatzpflichtteil nach § 90 Abs. 1 S. 4 BSHG auf den Sozialhilfeträger übergeleitet werden kann.[94]

bb) Art der Zuwendung. Um den Zugriff des Sozialhilfeträgers auf Vermögen, das der behinderte Erbe erbt, zu verhindern, muss vermieden werden, dass das Vermögen „verwertbares Vermögen" i.S. von § 88 Abs. 1 BSHG darstellt.[95] **Das Vermögen wird „nicht verwertbar", wenn die Testamentsvollstreckung** zu Lasten des behinderten Kinds **angeordnet wird** und sich die Testamentsvollstreckung **auf die gesamte Lebensdauer des behinderten Kinds erstreckt.**[96] Dies ist nach § 2210 S. 2 BGB zulässig. Wenn das Kind nur Miterbe wird, ist es ausreichend, wenn sich die Testamentsvollstreckung auf den entsprechenden Miterbenanteil erstreckt.

Die Verfügung darf sich aber nicht darauf beschränken, „verwertbares Vermögen" i.S. des BSHG zu verhindern. Wenn das Kind Erbe wird, soll es schließlich davon auch profitieren. Soweit es sich auf die Sozialhilfe nicht nachteilig auswirkt, müssen dem Kind Vermögensbestandteile zukommen. Dabei ist zu berücksichtigen: Der Sozialhilfeempfänger darf sog. **Schonvermögen** i.S. von § 88 Abs. 2 BSHG besitzen, ohne dass ihm dadurch Nachteile entstehen. Der Ertrag aus der Nachlassverwaltung und auch der „Stamm" des Nachlasses sind durch den Testamentsvollstrecker also dazu zu verwenden, dass dem Behinderten solches Schonvermögen zugewendet wird.[97]

In der Verfügung zu Gunsten des Behinderten muss deshalb genau geregelt werden, dass der Ertrag aus der Nachlassverwaltung insoweit unmittelbar von dem Erben beansprucht werden kann, als dies nach dem BSHG unschädlich ist. Insbesondere kann dem Behinderten das Recht darauf zugewiesen werden, bis sein Vermögen jeweils den nach § 88 Abs. 4 BSHG unschädlichen Stand aufweist. Im Übrigen ist anzuordnen, dass darüber hinaus gehende Ansprüche auf den Ertrag nicht bestehen, um die Überleitung zu verhindern. Der Testamentsvollstrecker muss dazu verpflichtet werden, den „Stamm" des Nachlassvermögens und den Ertrag der Nachlassverwaltung, soweit er nicht unmittelbar ausgekehrt werden kann, in Schonvermögen i.S. des § 88 Abs. 2 BSHG umzuschichten und es dann dem Behinderten zur freien Verfügung zu stellen (§ 2217 Abs. 1 BGB), soweit es dessen Situation verbessert.[98]

cc) Ausschluss der Haftung nach § 92 c BSHG. Zu bedenken ist bei der Gestaltung die Situation beim Tod des Behinderten. Die Erben des Behinderten sind nach § 92 c BSHG verpflichtet, den Nachlass des Behinderten zur Verfügung zu stellen, um Sozialhilfekosten, die innerhalb der letzten 10 Jahre vor dem Tod des Behinderten angefallen sind, zu ersetzen.[99]

Ansatzpunkt für die Testaments- und erbvertragliche Gestaltung ist, dass **nur der Erbe des Behinderten** mit dem von dem Behinderten herrührenden Nachlass haftet (§ 92 c Abs. 2 BSHG). Wenn der Behinderte nur als Vorerbe eingesetzt ist und andere Personen, insbesondere Geschwister des Behinderten oder deren Abkömmlinge, als Nacherben eingesetzt werden, tritt beim Tod des Vorerben eine Art „Nachlassspaltung" ein: Der von den Eltern stammende Nachlass, der im Wege der Vorerbschaft (zwischenzeitlich) auf den Behinderten übergegangen war, wird abgespalten von dem (i.d.R. nicht vorhandenen) Restnachlass des Behinderten. Soweit die Nacherben **den von den Eltern stammenden Restnachlass** erwerben, handelt es sich nicht um Nachlass, der von dem behinderten Vorerben stammt, sondern um Nachlass, der als von den Eltern erworben gilt (§ 2100 BGB, § 2130 Abs. 1 BGB). Deshalb haften die Nacherben nicht für **Kostenersatzansprüche.**[100]

dd) Kein Vermächtnis statt Erbeinsetzung. Nachlassspaltende Wirkung hat nur die Anordnung der Vor- und Nacherbfolge, nicht ein Vor- und Nachvermächtnis: der Nachvermächtnisnehmer erwirbt vom Vorvermächtnisnehmer (§ 2191 BGB). Deshalb ist der Behinderte als Vorerbe einzusetzen und die Nacherbfolge bei seinem Tod anzuordnen.

ee) Rechtliche Sicherheit der Gestaltung. Zwischenzeitlich ist durch die Rechtsprechung anerkannt, dass Gestaltungen entsprechend der hier vorgestellten generell nicht sittenwidrig im Sinn des § 138 BGB und damit auch nicht nichtig sind.[101] Ob diese Bewertung auch dann gilt, wenn aus dem voraussichtlichen Pflichtteil der gesamte künftige Unterhalt des Behinderten bestritten werden können, ist noch nicht entschieden.

Durch die höchstrichterliche Rechtsprechung noch nicht bestätigt ist, dass das Gestaltungsrecht des § 2306 Abs. 1 Satz 2 BGB (Ausschlagen der Vorerbschaft gegen Erhalt des Pflichtteils) nicht nach dem BSHG überleitbar ist und dass die Erträge der Testamentsvollstreckung, soweit sie nicht für den Behinderten persönlich verwendet werden, uneingeschränkt thesauriert werden können; die überwiegende Literaturmeinung geht von der Nichtüberleitbarkeit und der Zulässigkeit der Thesaurierung aus. Hier bestehen also noch Risiken, ob die Ansicht, die von der überwiegenden Meinung in der Literatur vertreten wird, später auch von der Rechtsprechung geteilt wird.

ff) Konkretes Muster. In dem vorgestellten Muster wird die behinderte Tochter entsprechend ihrem gesetzlichen Erbteil als Erbin eingesetzt.[102] Sie wird durch die Nacherbfolge beschwert. Der Nacherbfall tritt beim Tod des Vorerben ein. Zu Nacherben von Florentine werden die weiteren Abkömmlinge der Eltern eingesetzt. Um zu verhindern, dass die Erbschaft von Florentine „verwertbares Vermögen" im Sinne des Bundessozialhilfegesetzes wird, wird Testamentsvollstreckung bis zum Tod von Florentine angeordnet. Da sich diese Testamentsvollstreckung über einen sehr langen Zeitraum erstrecken kann, wurde ein **Ersatztestamentsvollstrecker** bestimmt.

Die Vergütung des Testamentsvollstreckers wurde ausdrücklich geregelt, um Streit darüber zu vermeiden, welche Vergütung „angemessen" (§ 2221 BGB) ist.[103] Der Testamentsvollstrecker wird beauftragt, der Erbin „Schonvermögen" im Sinne des Bundessozialhilfegesetzes zuzuwenden, indem der Erbin ein eingeschränktes

Recht auf die Erträge des Nachlasses eingeräumt wird und indem i. Ü. Erträge aus der Verwaltung umgeschichtet werden und der „Stamm des Nachlassvermögens" ggf. anschließend freigegeben werden wird.

gg) Ggf. schon ergänzende Regelung beim ersten Todesfall. Die Gestaltungsproblematik bei behinderten Kindern wurde hier beim zweiten Todesfall problematisiert. Sie stellt sich bei behinderten gemeinsamen Kindern von Ehegatten entsprechend schon beim ersten Todesfall. Wenn das Kind beim ersten Todesfall nicht auf den Pflichtteil verwiesen werden soll, kann die vorgestellte Regelung auch für den ersten Todesfall getroffen werden. Dann kann das behinderte Kind z. B. neben dem überlebenden Ehegatten zum Erben des erstversterbenden Ehegatten bestimmt werden, seine Geschwister zu Nacherben des behinderten Kinds und der überlebende Ehegatte zum Testamentsvollstrecker während der Dauer der ersten Vorerbschaft.

c) Verweisung auf den Pflichtteil.

aa) Wirkung. Die Eltern können sich darauf beschränken, das behinderte Kind zu enterben. Der dadurch entstehende Pflichtteilsanspruch wird auf den Sozialhilfeträger übergeleitet.

bb) Vor- und Nachteil. Die Enterbung führt dazu, dass dem behinderten Kind selbst kein „nicht verwertbares" oder „Schonvermögen" i. S. des BSHG zufällt. Der durch die Vererbung ausgelöste Pflichtteil ist endgültig verloren und kann nicht nach dem Tod des behinderten Kinds auf die weiteren Kinder des Erblassers übergeleitet werden. Diesen Nachteilen der Gestaltung steht der Vorteil gegenüber, dass die lange und komplizierte Verwaltung der oben vorgestellten Vor- und Nacherbschaft mit Testamentsvollstreckung vermieden wird.

cc) Muster. Das Muster für die Enterbung des behinderten Kinds ist in der Variante aufgenommen.

d) Lebzeitige Maßnahmen. Um den Pflichtteil des behinderten Kindes zu reduzieren, bieten sich folgende lebzeitige Maßnahmen zur Flankierung der letztwilligen Verfügung an:

- Wahl der richtigen Güterstands der Eltern (siehe dazu bei § 2, 1) f.).
- Lebzeitige Zuwendung an nichtbehinderte Kinder. Gegenleistungen können vom Zuwendungswert nach § 2325 Abs. 2 Satz 2 BGB ggf. abgezogen werden. Wenn der Schenker den wirtschaftlichen Genuss des Geschenks aufgibt und zwischen Zuwendung und Tod des Zuwendenden mindestens 10 Jahre vergangen sind, wird die Zuwendung bei der Pflichtteilsergänzung nicht mehr berücksichtigt (siehe § 2325 Abs. 3 BGB).

§ 4
Verfügungen für den Fall des gleichzeitigen Todes

Wenn die Kinder beim ersten Todesfall auf den Pflichtteil gesetzt werden und erst beim 2. Todesfall bedacht werden
Für den Fall, dass wir gleichzeitig oder auf Grund derselben Gefahr versterben sollten, gelten die Bestimmungen in § 3 entsprechend.

• **Alternative:** *Wenn den Kindern schon beim ersten Todesfall Vermächtnisse ausgesetzt werden und diese im Übrigen dann noch beim zweiten Todesfall bedacht werden*
Für den Fall, dass wir gleichzeitig oder auf Grund derselben Gefahr versterben sollten, gelten die Bestimmungen in § 3 des Testaments mit folgender Maßgabe entsprechend:
Der Schlusserbe wird durch diejenigen Vermächtnisse bzw. Vorausvermächtnisse beschwert, die nach § 2 des Testaments beim sukzessiven Ableben von uns schon beim ersten Todesfall zu erfüllen wären.

Erläuterungen zu § 4:

1. Notwendigkeit der Regelung   2. Konkrete Regelung

1. Notwendigkeit der Regelung

Anders als der Nacherbe gilt der Schlusserbe nicht auch als Ersatzerbe (§ 2102 Abs. 1 BGB). Deshalb ist eine Bestimmung zu treffen, was gelten soll, wenn die Ehegatten gleichzeitig[104] oder auf Grund derselben Gefahr (Beispiel: Kfz-Unfall, auf Grund dessen beide Ehegatten versterben, allerdings nicht in derselben Sekunde, sondern z. B. Ehemann am 2. 4. um 10.32 Uhr, die Ehefrau am 7. 4. um 16.44 Uhr) versterben. Zumindest ist dies dann erforderlich, wenn für den Fall des gleichzeitigen Todes die Abkömmlinge nicht im selben Verhältnis wie bei der gesetzlichen Erbfolge Erbe werden sollen. Die Einbeziehung des „Versterbens auf Grund derselben Gefahr" ist erforderlich, da erbschaftsteuerlich sonst 2 Erbschaftsteuerfälle vorliegen.

2. Konkrete Regelung

Wenn die Abkömmlinge beim ersten Todesfall nicht bedacht werden, auch nicht durch einzelne Vermächtnisse, reicht es aus, die Schlusserben auch als Ersatzerben für den Fall des gleichzeitigen Todes oder Todes auf Grund derselben Gefahr einzusetzen (siehe dazu Grundmuster).

Wenn einzelne Kinder dagegen für den Fall des sukzessiven Ablebens schon beim ersten Todesfall begünstigt würden, reicht die o.a. Bestimmung nicht aus, wenn diesem Kind die Zuwendung auch für den Fall des gleichzeitigen Todes oder Todes auf Grund derselben Gefahr erhalten werden soll. In diesem Fall sind die Ersatzerben mit dem selben Vermächtnis zu beschweren, das für den Fall des sukzessiven Ablebens der Ehegatten angeordnet wurde. Die entsprechende Formulierung findet sich im Alternativmuster.

§ 5
Verfügungen für alle Todesfälle

Bei allen bei uns eintretenden Todesfällen gilt: Der jeweilige Erbe wird mit der Auflage beschwert, dass der Versterbende in dem Familiengrab in Pfaffenhofen im Wege der Erdbestattung beizusetzen ist und dass auf die Lebensdauer des Erben dieser die Grabstätte zu erhalten und in einem würdigen Zustand zu pflegen hat und jeweils am Jahrestag des Verstorbenen eine Messe lesen lassen muss.

Wenn Personen als Erben, Vermächtnisnehmer oder Begünstigte von Auflagen von uns bedacht werden, die mit ihrem Ehegatten im Güterstand der Gütergemeinschaft leben, erhalten sie die jeweilige lebzeitige Zuwendung von uns zum Vorbehaltsgut.

Erläuterungen zu § 5:

1. Anlass
2. Gestaltungsmittel: Auflage
3. Problem und Alternativgestaltung
4. Gütergemeinschaftsklausel

1. Anlass

Verfügungen für alle Todesfälle sind nur selten veranlasst. Im Wesentlichen handelt es sich dabei um gleichlautende Wünsche der Ehegatten bezüglich der Bestattung, der Grabpflege und der Aufrechterhaltung des Andenkens nach ihrem Tod.

2. Gestaltungsmittel: Auflage

Rechtstechnisch ist die Auflage das richtige Gestaltungsmittel. Die Auflage beschwert den Erben oder einen Vermächtnisnehmer zu einer Leistung, ohne dass dadurch ein anderer ein subjektives Recht auf die Leistung erwirbt (§ 1940 BGB).

3. Problem und Alternativgestaltung

Bei Auflagen zur Regelung der Bestattungsmodalitäten besteht allerdings folgendes Problem: Der Beschwerte erfährt in der Regel von
dieser Auflage erst durch die Eröffnung des gemeinschaftlichen Testaments oder des Erbvertrags. Die Eröffnung erfolgt nach der Praxis
der Nachlassgerichte nicht vor dem Ablauf von 6 Wochen nach
dem Todesfall, das heißt also i.d.R. erst nach der Beisetzung des
Verstorbenen. Deshalb empfiehlt es sich, diese Modalitäten außerhalb des Testaments dadurch zu regeln, dass einer Person des Vertrauens der Auftrag gegeben wird, die Beisetzung im gewünschten
Sinn vorzunehmen, und ihr sämtliche dazu erforderlichen Voll-
machten eingeräumt werden.[105]

4. Gütergemeinschaftsklausel

In Gegenden oder bei Bevölkerungskreisen, bei denen die Vereinbarung der Gütergemeinschaft nicht unüblich ist, sollte die in Abs. 2
des Musters enthaltene „Gütergemeinschaftsklausel" verwendet
werden. Dadurch erhält ein verheirateter Begünstigter, der mit seinem Ehegatten in Gütergemeinschaft lebt, trotz dieser Gütergemeinschaft die Erbschaft bzw. das Vermächtnis alleine, ohne dass sein
Ehegatte mitbegünstigt wird. Sonst fiele die Erbschaft bzw. das
Vermächtnis in das Gesamtgut der Gütergemeinschaft.[106]

§ 6
Wechselbezüglichkeit

Alle vorstehenden Erbeinsetzungen, Vermächtnisse und Auflagen
sind wechselbezüglich.

Erläuterungen zu § 6:

1. Definition, Abgrenzung   2. Gestaltung

1. Definition, Abgrenzung

Gemeinschaftliche Testamente können sowohl wechselbezügliche
als auch einseitige testamentarische Verfügungen enthalten. Anders
als beim Erbvertrag ist nicht vorgeschrieben, dass mindestens eine
Verfügung wechselbezüglich ist. **Einseitige testamentarische Ver-**

fügungen in gemeinschaftlichen Testamenten können, ohne dass § 2271 BGB anwendbar wäre, **durch ein einseitiges Testament nach § 2254 BGB widerrufen** werden, ohne dass der andere Ehegatte davon etwas erfährt. Wenn eine Verfügung **wechselbezüglich** getroffen wird, wirkt sich dies auf die **Widerruflichkeit** und die **Folgen der Unwirksamkeit** einer Verfügung aus.

Zu Lebzeiten beider Ehegatten kann ein Ehegatte eine wechselbezügliche Verfügung nicht durch ein einseitiges Testament widerrufen. Er muss den **Widerruf** gegenüber dem anderen Ehegatten erklären, wobei die Erklärung notariell beurkundet werden muss und dem anderen Ehegatten in Ausfertigung (nicht nur in einfacher oder beglaubigter Abschrift) zugehen muss (§ 2271 Abs. 1 in Verbindung mit § 2296 Abs. 2 BGB).

Beim Tod des anderen Ehegatten kann sich ein Ehegatte, der selbst eine wechselbezügliche Verfügung getroffen hat, von dieser nur dadurch lösen, dass er **alle Zuwendungen ausschlägt**, die ihm vom erstversterbenden Ehegatten beim ersten Todesfall gemacht wurden (§ 2271 Abs. 2 BGB S. 2 Halbs.). Wenn das Zugewendete angenommen oder die Frist zur Ausschlagung verstrichen ist, besteht keine Widerrufsmöglichkeit mehr.

Wenn eine wechselbezügliche Verfügung widerrufen wird oder von vorneherein unwirksam ist, **wirkt** sich dies **auf die Verfügung des anderen Ehegatten,** die mit ihr **in einem Wechselbezug** steht, **aus:** auch diese wird unwirksam (§ 2270 Abs. 1 BGB). Beispiel: Setzen sich Ehegatten wechselbezüglich zu alleinigen Erben ein und widerruft ein Ehegatte zu Lebzeiten des anderen die Erbeinsetzung, so ist auch seine Berufung zum Erben unwirksam.

Nur Erbeinsetzungen, Vermächtnisse und Auflagen können wechselbezüglich getroffen werden (§ 2270 Abs. 3 BGB). Die Anordnung der Testamentsvollstreckung kann nicht in einer wechselbezüglichen Verfügung erfolgen, ebenso wenig Teilungsanordnungen und die Enterbung, wenn sie in der Form einer rein negativen Ausschließung einer Person vom Erbrecht angeordnet wird (siehe dazu Erl. 3.b) zu § 3, S. 85 f.). Auch die Pflichtteilsentziehung kann nicht wechselbezüglich verfügt werden.

Bei Erbeinsetzungen, Vermächtnissen und Auflagen hängt es vom Gestaltungswillen der Beteiligten ab, ob sie diese wechselbezüglich treffen wollen oder strikt einseitig.

2. Gestaltung

Bei **Ehegatten,** die **gemeinschaftlich erwirtschaftetes Vermögen** besitzen und sich beim ersten Todesfall gegenseitig zu Alleinerben einsetzen, sind **in der Regel alle Erbeinsetzungen, Vermächtnisse und**

Auflagen wechselbezüglich gewollt. Dies sollte ausdrücklich in dem gemeinschaftlichen Testament erwähnt werden; damit muss in Zweifelsfällen nicht auf die gesetzliche Vermutung des § 2270 Abs. 2 BGB abgestellt werden, um zu ermitteln, ob eine Verfügung wechselbezüglich ist oder nicht. Auch wenn Verfügungen nur einseitig getroffen werden, sollte dies zur Sicherstellung angegeben werden.

§ 7
Abänderungsrecht

• **Völlig freie Abänderbarkeit**

Nach dem ersten Todesfall ist der Überlebende berechtigt, sämtliche Bestimmungen für den zweiten Todesfall uneingeschränkt aufzuheben oder abzuändern. Er kann danach insbesondere einzelne oder alle Schlusserben enterben, die Quote unter den Schlussabkömmlingen beliebig verändern, Vermächtnisse aufheben oder die Erben mit weiteren Vermächtnissen beschweren, Auflagen aufheben oder den bzw. die Erben mit weiteren Auflagen beschweren und die Testamentsvollstreckung anordnen. Wenn der Überlebende von diesem Vorbehalt Gebrauch macht, bleiben die Verfügungen, die für den ersten Todesfall getroffen wurden, uneingeschränkt gültig.

• **Variante 1:** eingeschränkte Abänderungsmöglichkeit

Nach dem Tod des Erstversterbenden ist der Überlebende zu Änderungen und Ergänzungen bezüglich der Bestimmungen für den zweiten Todesfall wie folgt berechtigt: Er kann innerhalb des Kreises der gemeinschaftlichen Abkömmlinge die Erbfolge ändern und einzelne gemeinschaftliche Abkömmlinge von der Erbfolge zu Gunsten anderer gemeinschaftlicher Abkömmlinge ausschließen. Er kann weiter den bzw. die Schlusserben mit beliebigen Vermächtnissen oder Auflagen zu Gunsten gemeinschaftlicher Abkömmlinge beschweren.

Er ist aber nicht berechtigt, durch Erbeinsetzungen, Vermächtnisse oder Auflagen andere Personen als gemeinschaftliche Abkömmlinge zu begünstigen. Er darf insbesondere für den Fall einer Wiederverehelichung nicht Kinder aus einer folgenden Ehe oder einen neuen Ehegatten bedenken.

Er ist zu Lasten von gemeinschaftlichen Abkömmlingen berechtigt, die Testamentsvollstreckung anzuordnen. Soweit es sich dabei um eine Verwaltungsvollstreckung handelt, ist sie längstens bis zu dem Tag zulässig, zu dem der Abkömmling, bezüglich dessen Erbteil oder Vermächtnis Testamentsvollstreckung angeordnet wird, das 23. Lebensjahr vollendet hat.

Wenn der Überlebende von diesem Vorbehalt Gebrauch macht, bleiben die Verfügungen, die für den ersten Todesfall getroffen wurden, uneingeschränkt gültig.

• **Variante 2:** keinerlei Abänderungsbefugnis
Nach dem ersten Todesfall ist der Überlebende von uns zu Ergänzungen oder Änderungen der Bestimmungen für den zweiten Todesfall nicht berechtigt.

• **Ergänzung:** *Regelung der Bindung des überlebenden Ehegatten an Bestimmungen für den zweiten Todesfall, wenn er nur Vorerbe ist und bei Wiederverehelichung die Nacherbfolge eintritt.*
Wenn der Überlebende von uns wieder heiratet und deshalb der Nacherbfall eintritt, ist er an die Erbeinsetzungen für den zweiten Todesfall nicht mehr – Alternative: unverändert – gebunden.

Erläuterungen zu § 7:

1. Problemaufriss
2. Instrumentarium
3. Umfang der Abänderungsbefugnis
4. konkrete Muster

1. Problemaufriss

Wenn eine erbrechtliche Verfügung für den zweiten Todesfall in wechselbezüglicher Form getroffen wurde, kann der überlebende Ehegatte, wenn er nicht die Erbschaft beim ersten Todesfall ausschlägt, die Bestimmung für den zweiten Todesfall grds. weder aufheben noch abändern, wenn es sich um eine Erbeinsetzung, ein Vermächtnis oder eine Auflage handelt. Ehegatten empfinden es häufig als **belastend**, dass sie **eigene wechselbezügliche Verfügungen für den zweiten Todesfall nach dem Tod des Erstversterbenden nicht mehr ändern** können. Als besonders problematisch wird dies empfunden, **wenn ein Ehegatte jung verstirbt** und aus der Ehe gemeinschaftliche Abkömmlinge hervorgegangen sind, deren Entwicklung noch nicht abgeschlossen ist. Der Überlebende könnte die künftige Entwicklung der Kinder nicht mehr berücksichtigen,[107] ihr Verhalten ihm gegenüber, ihre Interessen und ihr Verhältnis zum Nachlass. Deshalb soll nach dem häufigen Wunsch der Beteiligten dem überlebenden Ehegatten häufig nach dem Tod eines Partners die Abänderung ermöglicht werden, uneingeschränkt oder nur innerhalb bestimmter Grenzen.

2. Instrumentarium

a) Nicht allein Einräumung eines postmortalen Widerrufsrechts. Durch die Rechtsprechung ist anerkannt, dass sich Ehegatten ein Widerrufsrecht, das über § 2271 Abs. 2 BGB hinausgeht, einräumen können.[108] Problematisch ist, dass die bloße Einräumung des Widerrufsrechts nach dem Tod grundsätzlich nichts daran ändert, dass die änderbare Verfügung des Ehegatten wechselbezüglich ist.[109] Wenn er seine wechselbezügliche Bestimmung für den zweiten Todesfall widerruft, riskierte er damit, wenn § 2270 Abs. 1 BGB anwendbar bleibt, dass seine Stellung als Erbe des Erstversterbenden gefährdet ist.

b) Nicht einseitige testamentarische Schlusserbeneinsetzung. Möglich wäre es, die Schlusserbeneinsetzung nur einseitig testamentarisch, das heißt also nicht wechselbezüglich zu verfügen.[110] Dann könnte sich jeder Ehegatte von der Schlusserbeneinsetzung aber schon zu Lebzeiten des anderen Ehegatten „hinter dem Rücken", d. h. ohne offengelegten Widerruf (§ 2271 Abs. 2, 2296 Abs. 2 BGB) lösen. Dies ist in der Regel nicht erwünscht.

c) Postmortale Widerruflichkeit ohne § 2270 BGB. Ehegatten können bestimmen, dass wechselbezügliche Verfügungen über den Tod hinaus widerrufen werden dürfen und die Folgen nach § 2270 Abs. 1 BGB nicht eintreten.[111] Nur diese Gestaltung ermöglicht das im Regelfall gewünschte Ergebnis (Abänderbarkeit ohne Offenlegung erst nach dem Tod, dann aber ohne Auswirkung auf die Verfügungen für den 1. Todesfall). Um die Gestaltung eindeutig von den o. a. Alternativen abzugrenzen, sollte klargestellt werden, dass das Recht zur Aufhebung oder Abänderung **erst nach dem ersten Todesfall** besteht und dass die Bestimmungen **des Erstversterbenden** durch eine solche Abänderung **unberührt** bleiben.[112]

3. Umfang der Abänderungsbefugnis

Die Abänderungsbefugnis kann in verschiedenem Umfang eingeräumt werden. Bei einer **uneingeschränkten Abänderungsbefugnis** ist der überlebende Ehegatte insbesondere bei einer Wiederverehelichung berechtigt, den neuen Ehegatten oder Abkömmlinge aus der neuen Ehe zu Lasten der gemeinschaftlichen Abkömmlinge als Erben einzusetzen. Gemeinschaftlichen Abkömmlingen verbleibt dann nur der Pflichtteil. Wenn Ehegatten dem Überlebenden eine so weite Änderungsbefugnis nicht einräumen wollen, können sie den **Abänderungsvorbehalt** auch **zugunsten der gemeinschaftlichen Abkömmlinge** einengen.

4. Konkrete Muster

● **Grundmuster**

   In dem Grundmuster wird dem überlebenden Ehegatten das Recht zur Änderung ohne Einschränkungen eingeräumt. Er ist auch berechtigt, gemeinschaftliche Abkömmlinge zu Lasten von dritten Personen zu enterben. Aus den o. a. Gründen wird klargestellt, dass dieses freie

Abänderungsrecht erst nach dem ersten Todesfall besteht (zu Lebzeiten beider Ehegatten bleibt es dabei, dass sich ein Ehegatte von der wechselbezüglichen Schlusserbeneinsetzung nur durch einen notariell beurkundeten Widerruf lösen könnte). Klargestellt ist auch, dass § 270 Abs. 1 BGB bei Ausübung des Abänderungsvorbehalts nicht zur Anwendung kommt. Der Überlebende bleibt Erbe, selbst wenn er die Schlusserbfolge ändert.

- **Variante 1:**
  Bei dem Muster in Variante 1. wird das Abänderungsrecht dahingehend beschränkt, dass durch Änderungen nur gemeinschaftliche Abkömmlinge begünstigt werden dürfen. Andere Personen dürfen durch ändernde Verfügungen nicht begünstigt werden. Zu berücksichtigen ist, dass die Anordnung der Testamentsvollstreckung eine Beschwerung eines Erben ist, die ausdrücklich zugelassen sein muss. Die Testamentsvollstreckung kann auf die Lebensdauer des Erben angeordnet werden (§ 2210 S. 2 BGB). Dies führte zur weitgehenden Entmündigung des Schlusserben. Deshalb ist hier die Einschränkung vorgesehen, wonach die Verwaltungsvollstreckung nur angeordnet werden kann, bis der entsprechende Erbe ein bestimmtes Alter erreicht hat. Die beschränkte Abänderungsbefugnis umfasst dabei den gesamten Nachlass des überlebenden Ehegatten; auch solches Vermögen, das erst nach dem Tod des Erstversterbenden erworben wird oder nach einer eventuellen Wiederverehelichung, kann grundsätzlich nicht anderen Personen zugewendet werden. Wenn (speziell junge) Ehegatten eine so starke Bindung nicht wünschen, sondern die freie Verfügbarkeit über Vermögen, das nach dem Tod oder der Wiederverehelichung hinzuerworben wird, kann die Abänderungsbefugnis z. B. mit folgender Formulierung erweitert werden:
  „Vermächtnisweise kann der Überlebende darüber hinaus zu Gunsten beliebiger Personen über Vermögen verfügen, das er nach dem Tod des Erstversterbenden (alternativ: nach einer eventuellen Wiederverehelichung) hinzuerwirbt, soweit es sich nicht um Surrogate (Ersatzgegenstände) von Vermögen handelt, das schon vorher vorhanden war."
  Wenn nur bestimmte Vermögensgegenstände zugunsten der Abkömmlinge gesichert werden sollen, kann diesbezüglich ein – nur zu Gunsten gemeinschaftlicher Abkömmlinge änderbares – Vorausvermächtnis angeordnet werden, im Übrigen die frei änderbare Schlusserbfolge.

- **Variante 2:**
  Das Muster in Variante 2. hat lediglich klarstellende Funktion. Ohne die Verfügung ergäbe sich aus § 2271 Abs. 2 BGB dieselbe Rechtsfolge.

- **Ergänzung bei Spezialproblem:**

Die vorgestellte Ergänzung ist nur in einem Sonderfall erforderlich: Wenn der Ehegatte nur Vorerbe ist und eine Wiederverehelichung die Nacherbfolge auslöst, verliert er zu seinen Lebzeiten die Rechtsstellung eines Vorerben, wenn die Nacherbfolge bereits mit dem Tatbestand der Wiederverehelichung eintritt. In diesem Fall wird es von der herrschenden Meinung als unzumutbar angesehen, wenn der Ehegatte, der seine Stellung als Erbe beim 1. Todesfall verliert, an seine wechselbezüglichen Verfügungen für den 2. Todesfall gebunden bleibt.[113] Von der überwiegenden Meinung und Rechtsprechung wird deshalb die Meinung vertreten, dass die Verfügung des Überlebenden bei Eintritt der Nacherbfolge die Wechselbezüglichkeit verliert.[114] Folge davon wäre, dass der Überlebende daran nicht mehr gebunden ist und er über seinen Nachlass frei testieren kann, z. B. zu Gunsten eines neuen Ehegatten oder der Kinder aus der neuen Ehe. Nach einer Mindermeinung[115] wird die Verfügung des Überlebenden mit Wiederverehelichung ohne weiteres gegenstandslos. Wenn er keine neue letztwillige Verfügung errichten würde, würde nach seinem Tod dann die gesetzliche Erbfolge eintreten.

Ehegatten, die eine „Wiederverehelichungsklausel" vereinbaren, sollten sich deshalb mit dem dargestellten Problem auseinandersetzen und eine eigene Regelung treffen, die Streit in diesem Punkt vermeidet.[116]

M. E. sollte dabei nicht in jedem Fall die Wechselbezüglichkeit der Bestimmungen des Überlebenden für den zweiten Todesfall entfallen: Wenn die Wiederverehelichung die Nacherbfolge auslöst, diese aber nicht schon mit der Wiederverehelichung eintritt, sondern erst beim Tod des Überlebenden, bleiben dem Überlebenden zu Lebzeiten die Nutzungen des Nachlasses und kann dieser ggf. sogar eingeschränkt über den Nachlass verfügen. In diesem Fall ist nicht ohne weiteres eine Änderungsmöglichkeit bezüglich der Schlusserbfolge angezeigt. Dasselbe gilt, wenn der Nacherbfall zwar mit Wiederverehelichung eintritt, der Nacherbe aber mit Vermächtnissen zugunsten des Vorerben beschwert wird.[117]

§ 8
Ausschluss der Anfechtung

Alle letztwilligen Verfügungen werden unabhängig davon getroffen, ob und welche Pflichtteilsberechtigten beim Ableben eines jeden von uns vorhanden sind. Eine Anfechtung nach § 2079 BGB scheidet deshalb aus.

• **Ergänzung:**
Wir verzichten auch auf ein eventuelles künftiges Anfechtungsrecht wegen Irrtums nach § 2078 BGB.

Erläuterungen zu § 8:

1. Anfechtbarkeit wegen Über- gehens von Pflichtteilsberech- tigten	2. Anfechtung wegen Irrtums oder Drohung

1. Anfechtbarkeit wegen Übergehens von Pflichtteilsberechtigten

a) Vorbemerkung. Das Gesetz ermöglicht die Anfechtung von Verfügungen in gemeinschaftlichen Testamenten, sogar von wechselbezüglichen Verfügungen in gemeinschaftlichen Testamenten. Besonders bedeutsam ist, dass eine letztwillige Verfügung angefochten
werden kann, wenn Pflichtteilsberechtigte übergangen werden, deren Vorhandensein dem Erblasser bei der Errichtung seines Testaments nicht bekannt war oder die erst nach Errichtung geboren
oder pflichtteilsberechtigt geworden sind. Beispiel: Eine Anfech-
tungslage besteht, wenn der Erblasser eines seiner Kinder übergangen hat, nach Errichtung der Verfügung Abkömmlinge dieses Kinds
geboren werden und das Kind vor dem Erblasser verstirbt. Das ursprünglich nicht pflichtteilsberechtigte Enkelkind wird nämlich beim
Tod seines Vaters, also nach Testamentserrichtung, erstmals pflichtteilsberechtigt (§ 2309 BGB). Die Anfechtung kann bei wechselbezüglichen Verfügungen in gemeinschaftlichen Testamenten nicht nur
dem Erblasser selbst zustehen, sondern auch dem Pflichtteilsberechtigten (§ 2080 Abs. 3 BGB). Das Anfechtungsrecht übergangener
Pflichtteilsberechtigter führt zu **erheblichen Bestandsrisiken.**
   b) Ausschluss der Anfechtbarkeit. Eine Verfügung kann, obwohl
ein Pflichtteilsberechtigter übergangen wurde, nicht angefochten
werden, wenn der Erblasser sie auch bei Kenntnis der Sachlage getroffen hätte (§ 2079 S. 2 BGB). Davon muss ausgegangen werden,
wenn der Erblasser **ausdrücklich unbeschadet des gegenwärtigen
oder künftigen Vorhandenseins** pflichtteilsberechtigter Personen testiert hat. Diese Klausel ist deshalb zur Sicherung des Bestands des
gemeinschaftlichen Testaments aufzunehmen.

2. Anfechtbarkeit wegen Irrtums oder Drohung

a) Vorbemerkung. § 2078 BGB ermöglicht die Anfechtung testamentarischer Verfügungen, wenn der Erblasser über den Inhalt der

Erklärung im Irrtum war, wenn er die Verfügung getroffen hat, weil er durch die irrige Annahme oder Erwartung der Eintritts oder Nichteintritts von Umständen dazu bestimmt wurde oder widerrechtlich durch Drohung.

b) Ausschluss der Anfechtbarkeit. Die Ehegatten können gemeinschaftlich errichteten Testamenten **erhöhte Bestandskraft** dadurch geben, dass sie auch **auf ihr Anfechtungsrecht nach § 2078 BGB verzichten.** Dieser Verzicht der verfügenden Ehegatten wirkt auch zu Lasten von anfechtungsberechtigten Dritten (§ 2285 BGB). Fraglich ist, ob dadurch auch die Anfechtung wegen unvorhergesehener Umstände ausgeschlossen wird.[118]

§ 9
Ertragswertklausel

Nur wenn sich im Nachlass ein land- oder forstwirtschaftliches Anwesen befindet:

Der Ehemann ist Eigentümer eines landwirtschaftlichen Anwesens. Bei der Berechnung von Pflichtteilsansprüchen ist beim Tod eines jeden von uns in Bezug auf dieses landwirtschaftliche Anwesen der Ertragswert zugrunde zu legen, soweit dies gesetzlich zulässig ist und soweit dieser niedriger ist als der Verkehrswert.

Erläuterungen zu § 9:

Wenn zumindest einer der Ehegatten Eigentümer eines Landguts im Sinn von § 2049 BGB ist, kann angeordnet werden, dass Pflichtteilsansprüche nach dem sog. Ertragswert errechnet werden. Voraussetzung dafür ist, dass ein land- oder forstwirtschaftliches Anwesen auf einen einzigen Rechtsnachfolger übergeht, das eine selbstständige Erwerbsquelle von einiger Bedeutung darstellt und nicht auf Dauer verpachtet ist.[119] Der Ertragswert wird nach dem maßgeblichen Landesrecht (Art. 137 EGBGB) durch eine Kapitalisierung des Reinertrags errechnet. In der Regel handelt es sich um den 18- bzw. 25-jährigen jährlichen Reinertrag. Dieser Wert ist i. d. R. erheblich niedriger als der Verkehrswert. Er **begünstigt den Erben, der das Anwesen weiterführt,** und benachteiligt die weiter pflichtteilsberechtigten Personen. Die **Anordnung** muss **in testamentarischer Form** erfolgen. Die Privilegierung kann sich ggf. nicht auf den ganzen Betrieb beziehen; z. B. werden Baugrundstücke oder Ausbeutungsgrundstücke mit dem Verkehrswert angesetzt.[120]

§ 10
Benennung eines Vormunds

Nur bei minderjährigen Kindern:
Unsere Tochter Florentine ist derzeit noch minderjährig. Sollte diese beim Tod des Zweitversterbenden von uns oder, falls wir gleichzeitig versterben sollten, zu diesem Zeitpunkt noch minderjährig sein, benennt jeder von uns zum Vormund für Florentine den Bruder des Ehemanns, Fritz Koch, geboren am 12. 9. 1939. Sollte dieser das Amt nicht annehmen können oder wollen oder nach der Übernahme des Amts wegfallen, so wird ersatzweise die Stiefschwester der Ehefrau, Heike Müller, geborene Meier, geboren am 27. 4. 1955, benannt.

Erläuterungen zu § 10:

Wenn Ehegatten minderjährige Kinder haben, ergibt sich Folgendes Problem: solange noch ein Ehegatte lebt, geht beim ersten Todesfall das Sorgerecht auf den Überlebenden alleine über (§ 1681 BGB). Wenn das Kind beim zweiten Todesfall immer noch minderjährig ist oder wenn es minderjährig ist und die Ehegatten gleichzeitig versterben, muss für das Kind ein Vormund nach § 1773 Abs. 1 BGB bestellt werden. Grundsätzlich wählt das Vormundschaftsgericht den Vormund nach § 1779 BGB aus. Die Eltern können statt dessen testamentarisch einen Vormund benennen (§ 1776 BGB), der durch das Vormundschaftsgericht grundsätzlich nicht übergangen werden darf (§ 1778 BGB).[121] Die Benennung ist nicht wechselbezüglich. Die nach dem Tod eines Ehegatten geänderte Benennung durch den überlebenden Ehegatten geht deshalb der gemeinsamen Benennung vor (§ 1776 Abs. 2 BGB).

• **Variante 1 zum 1. Muster:**
Neben gemeinschaftlichen Abkömmlingen existiert noch ein einseitiges Kind des Ehemanns aus seiner geschiedenen ersten Ehe. Dieses wächst bei den testierenden Ehegatten auf und wird wie ein gemeinschaftliches Kind behandelt und soll auch testamentarisch bedacht werden.

---

§ 1
Eingang

Wortlaut, siehe wie beim Grundfall mit folgender Ergänzung:
Aus der ersten, geschiedenen, Ehe des Ehemanns ist dessen Sohn Hans-Frieder Koch, geboren am 9. 8. 1971 hervorgegangen. Der Ehemann ist für Hans-Frieder Koch sorgeberechtigt. Das Kind Hans-Frieder Koch wuchs bei uns in der Familie auf und wird von uns wie ein gemeinschaftliches Kind behandelt.

§ 2
Verfügungen für den ersten Todesfall

Beim ersten bei uns eintretenden Todesfall setzen wir uns gegenseitig zu unseren alleinigen und ausschließlichen Erben ein.

Wenn der Ehemann der Überlebende ist, wird er durch Folgendes Vermächtnis beschwert: Er hat den Schmuck der Ehefrau, insbesondere die Perlenkette und das Weißgoldarmband der Tochter Florentine zu übereignen. Das Vermächtnis ist mit dem Tod der Ehefrau zu erfüllen.

Ergänzend gilt:

Sollte ein gemeinschaftliches Kind von uns oder dessen Abkömmlinge oder der Sohn Hans-Frieder Koch des Ehemanns oder dessen Abkömmlinge den Pflichtteil geltend machen, steht den Abkömmlingen, die den Pflichtteilsanspruch nicht geltend gemacht haben und Hans-Frieder Koch bzw. dessen Abkömmlingen, sofern sie den Pflichtteil nicht geltend gemacht haben, ein Geldvermächtnis zu, das beim Tod des überlebenden Ehegatten fällig wird. Bei der Berechnung des Geldvermächtnisses ist von dem Betrag des Pflichtteils auszugehen, der an den Abkömmling bzw. Hans Frieder Koch oder dessen Abkömmlinge ausbezahlt wurde, der den Pflichtteil geltend machte. Diesem Ausgangsbetrag sind für den Zeitraum zwischen dem ersten und dem zweiten Todesfall Zinsen in Höhe von 2% über dem jeweiligen Basiszinssatz hinzuzurechnen.

Wenn ein Vermächtnisnehmer vorverstorben ist, treten seine Abkömmlinge an seine Stelle.

In diesem Fall ist der Überlebende darüber hinaus, selbst wenn ihm sonst nach § 8 des Testaments die Abänderung der Bestimmungen für den zweiten Todesfall nicht gestattet ist, berechtigt, das Kind, das den Pflichtteil verlangt hat und dessen Abkömmlinge von der Erbfolge auszuschließen. Wenn der Sohn Hans-Frieder des Ehemanns oder dessen Abkömmlinge beim Tod des Ehemanns den Pflichtteil geltend gemacht haben, können auch Hans-Frieder und dessen Abkömmlinge von der Schlusserbfolge ausgeschlossen werden.

§ 3
Verfügungen für den zweiten Todesfall

Schlusserben des Letztversterbenden von uns werden unsere gemeinschaftlichen Kinder Jakob und Florentine und der Sohn Hans-Frieder des Ehemanns je zu ⅓.

Sollte einer der Schlusserben unter Hinterlassung von Abkömmlingen vorverstorben sein, treten dessen Abkömmlinge zu unter sich gleichen Teilen nach Stämmen entsprechend der gesetzlichen Erbfolge an dessen Stelle. Sonst tritt Anwachsung an die weiteren Schlusserben ein.

§§ 4–6

S. dazu §§ 4–6 des Grundfalls.

§ 7
Abänderungsvorbehalt

Völlig freie Abänderbarkeit: siehe dazu Grundfall § 7.

• **Variante 1:**
Abänderbarkeit, wenn nur gemeinschaftliche Abkömmlinge oder das ersteheliche Kind und dessen Abkömmlinge bedacht werden dürfen.

Nach dem ersten Todesfall ist der Überlebende von uns berechtigt, die Bestimmungen für den zweiten Todesfall wie folgt aufzuheben oder abzuändern: Als Erben, Vermächtnisnehmer und Berechtigte von Auflagen dürfen nur gemeinschaftliche Abkömmlinge von uns und/oder der ersteheliche Sohn des Ehemanns Hans-Frieder Koch und/oder Abkömmlinge von diesem begünstigt werden.

Innerhalb des Kreises der Personen, die somit durch Erbschaften, Vermächtnisse oder Auflagen begünstigt werden dürfen, ist der Überlebende völlig frei.

Er ist aber nicht berechtigt, andere Personen zu begünstigen.

Er ist berechtigt, die Testamentsvollstreckung anzuordnen. Bei Anordnung der Verwaltungsvollstreckung ist dies nur in Bezug auf Erben oder Vermächtnisnehmer zulässig, die noch nicht 23 Jahre alt sind, und nur solange, bis diese das 23. Lebensjahr vollendet haben.

- **Variante 2:**
Wenn die Ehefrau die Überlebende ist, darf sie das erstehliche Kind nicht zu Lasten der gemeinschaftlichen Kinder benachteiligen.

Wenn die Ehefrau die Überlebende ist, ist sie nach dem Tod des Ehemanns zur Änderung der Bestimmungen für den zweiten Todesfall wie folgt berechtigt:

Dem erstehlichen Sohn des Ehemanns Hans-Frieder Koch muss im Wege der Erbeinsetzung (auch mit Teilungsanordnung) oder durch Vermächtnisse mindestens $1/3$ des beim zweiten Todesfall vorhandenen Nachlasswerts zukommen. Statt Hans-Frieder Koch oder neben ihm dürfen wegen dieses Anteils nur dessen Abkömmlinge bedacht werden. Die Ehefrau ist, soweit sie Nachlasswerte Abkömmlingen von Hans-Frieder Koch zuwendet, berechtigt, die Testamentsvollstreckung zum Zweck der Verwaltung des Nachlasses anzuordnen; längstens jedoch für jeden bedachten Abkömmling von Hans-Frieder Koch, bis dieser das 23. Lebensjahr vollendet hat.

Im Übrigen ist der Überlebende in seiner Verfügung vollkommen frei. Nachlasswerte, die nicht Hans-Frieder Koch bzw. dessen Abkömmlinge vorbehalten sind, können beliebigen Personen im Wege des Erbes oder des Vermächtnisses zugewendet werden.

- **Variante 3:**
Keinerlei Abänderungsbefugnis: siehe dazu 1. Muster, Grundfall, Variante 2 zu § 7.

Erläuterungen zu der Variante zum 1. Muster

1. Spezialproblem: unterschiedliches gesetzliches Erb- und Pflichtteilsrecht
2. Spezialproblem: Schlusserbfolge
3. Spezialproblem: Abänderungsvorbehalt
4. Erbschaftsteuerrecht
5. Alternative: Adoption

1. Spezialproblem: unterschiedliches gesetzliches Erb- und Pflichtteilsrecht

a) Problemaufriss. Wenn neben gemeinschaftlichen Abkömmlingen einseitige Kinder eines Ehegatten vorhanden sind (die vom anderen

Ehegatten nicht adoptiert wurden und deshalb nicht den Status eines gemeinschaftlichen Kindes haben), die wie gemeinschaftliche Kinder behandelt und auch so testamentarisch bedacht werden sollen, ergibt sich das Problem, dass das **gesetzliche Erb- und Pflichtteilsrecht der gemeinschaftlichen und einseitigen Kinder differiert.** Zur Verdeutlichung: Im Beispielsfall haben die Ehegatten die gemeinschaftlichen Kinder Jakob und Florentine. Einseitiges Kind des Ehemanns ist Hans-Frieder. Je nach der Reihenfolge der Todesfälle ergäbe sich folgendes gesetzliches Erbrecht:

Wenn der Ehemann als erster verstirbt und die Ehegatten im gesetzlichen Güterstand lebten, wird er nach dem Gesetz durch seine Ehefrau zur Hälfte, durch die beiden zweitehelichen Kinder zu $1/6$ und durch das ersteheliche Kind zu $1/6$ beerbt. Beim anschließenden zweiten Todesfall würde die Ehefrau kraft Gesetzes nur durch die beiden gemeinschaftlichen Kinder Jakob und Florentine je zur Hälfte beerbt. Hans-Frieder Koch ist nicht Kind der Ehefrau und damit nicht deren gesetzlicher Erbe.

Wenn die Ehefrau zuerst verstirbt, würde sie durch den Ehemann zur Hälfte und die beiden gemeinschaftlichen Kinder je zu $1/4$ beerbt. Hans-Frieder würde nicht erben. Beim anschließenden zweiten Todesfall wurde der Ehemann jeweils zu $1/3$ durch die beiden gemeinschaftlichen Kinder und Hans-Frieder beerbt.

Wenn die Ehegatten gleichzeitig versterben, wird der Ehemann je zu $1/3$ von den gemeinschaftlichen Kindern und Hans-Frieder beerbt, die Ehefrau dagegen nur jeweils zur Hälfte durch die gemeinschaftlichen Kinder.

Wenn man unterstellt, dass die Ehegatten am Gesamtvermögen je zur Hälfte beteiligt waren und dass der überlebende Ehegatte den auf ihn übergegangenen Nachlass des Erstversterbenden nicht verbraucht, sondern ungeschmälert an seine gesetzlichen Erben vererbt, ergibt sich für Hans-Frieder eine unterschiedliche Beteiligung am Gesamtvermögen der Ehegatten, wenn man seinen Anteil bei beiden Todesfällen addiert:

Wenn der Ehemann zuerst verstirbt würde Hans Frieder $1/12$ erwerben, wenn die Ehefrau zuerst verstirbt $3/12$ und wenn die Ehegatten gleichzeitig versterben $2/12$. Diese Folgen widersprechen der Absicht der Ehegatten, die gemeinschaftlichen Kinder und Hans-Frieder gleich zu behandeln. Das gesetzliche Erbrecht widerspricht weiter der Absicht der Ehegatten, sich beim ersten Todesfall gegenseitig allein zu bedenken.

b) Gestaltung. Ausgangspunkt der Gestaltung ist, dass sich die Ehegatten beim 1. Todesfall gegenseitig zu Alleinerben einsetzen und zu Schlusserben beim letzten Todesfall die gemeinschaftlichen Kinder und Hans-Frieder zu gleichen Teilen bestimmen.

Diese Regelung reicht nicht aus. Trotz der gleichen testamentarischen Zuwendung ergeben sich **Gleichbehandlungsprobleme,** wenn beim ersten Todesfall der **Pflichtteil** geltend gemacht wird. Diese treten schärfer zutage, als wenn nur gemeinschaftliche Abkömmlinge vorhanden sind und einer den Pflichtteil beansprucht, weil in Folge des unterschiedlichen gesetzlichen Erbrechts (s. o.) auch der Pflichtteil differiert. Deshalb muss durch Vermächtnisse ein vermögensmäßiger Ausgleich geschaffen werden, der die unterschiedlichen Pflichtteilsansprüche berücksichtigt, wenn alle Kinder auch dann gleich behandelt werden sollen, wenn eines den Pflichtteil verlangt.

c) **Konkretes Muster.** § 2 enthält Vermächtnisse, die der Gleichstellung von Hans-Frieder und den gemeinschaftlichen Kindern dienen, wenn ein Pflichtteilsberechtigter den Pflichtteil verlangt. Ergänzend wird dem überlebenden Ehegatten gestattet, dass er das Kind, das den Pflichtteilsanspruch geltend gemacht hat, und dessen Abkömmlinge beim zweiten Todesfall von der Schlusserbfolge ausschließen kann.

2. Spezialproblem: Schlusserbfolge

Bei der Schlusserbeinsetzung darf wegen des unterschiedlichen gesetzlichen Erbrechts der Kinder nicht auf die gesetzliche Erbfolge verwiesen werden. Vielmehr müssen die gemeinschaftlichen Kinder und das einseitige Kind, hier der Sohn Hans-Frieder des Ehemanns jeweils zu gleichen Teilen eingesetzt werden.

Wenn ein bedachter Erbe oder Vermächtnisnehmer ohne Hinterlassung von Abkömmlingen vorverstirbt, bedarf die Benennung des Ersatzerben bzw. die Bestimmung des Ersatzvermächtnisnehmers der besonderen Präzision. Wenn ein einseitiger Abkömmling ohne Hinterlassung von Kindern vorverstirbt, sind die gemeinschaftlichen Abkömmlinge als Ersatzvermächtnisnehmer bzw. als Ersatzerben zu benennen. Wenn ein bedachtes gemeinschaftliches Kind vorverstirbt, ohne Abkömmlinge zu hinterlassen, sind die weiteren gemeinschaftlichen Kinder und das einseitige Kind, dabei jeweils zu gleichen Teilen, als Ersatzerben bzw. Ersatzvermächtnisnehmer zu benennen.

3. Spezialproblem: Abänderungsvorbehalt

Besonderheiten ergeben sich nicht, wenn die Abänderung überhaupt nicht ermöglicht wird oder wenn der Überlebende völlig frei in der Abänderung sein soll.

Probleme ergeben sich bei der eingeschränkten Abänderungsklausel. Wenn die Abänderung in dem Kreis (gemeinschaftliche Kinder + Hans-Frieder Koch und deren Abkömmlinge) zulässig sein soll

(s. Variante 1), muss folgende **Gefahr** berücksichtigt werden: die Ehefrau kann dann Hans-Frieder Koch **zu Lasten der gemeinschaftlichen Kinder enterben.** Da Hans-Frieder Koch kein Abkömmling von ihr ist, steht diesem auch kein Pflichtteilsanspruch zu.

Wenn dies ausgeschlossen sein soll, muss Hans-Frieder Koch bzw. dessen Abkömmlinge eine bestimmte **Erbquote** bzw. ein bestimmtes **Vermächtnis** zugewendet werden, **ohne dass sich der Abänderungsvorbehalt darauf erstreckt** (s. Variante 2). In Verbindung mit der Pflichtteilsstrafklausel in § 2 a. E. besteht dieser Schutz für Hans-Frieder Koch und seine Abkömmlinge aber dann nicht, wenn er beim ersten Todesfall den Pflichtteilsanspruch geltend gemacht hat.

4. Erbschaftsteuerrecht

Erbschaftsteuerlich sind sogenannte „Stiefkinder" und deren Abkömmlinge leiblichen Kindern und deren Abkömmlingen gleichgestellt (§ 15 Abs. 1 Steuerklasse I Nr. 2 oder Steuerklasse I Nr. 3 ErbStG), d. h. sie haben Freibeträge von € 205.000,– (Stiefkinder oder Stiefenkel, wenn das Stiefkind gestorben ist) oder € 51.200,– (Stiefenkel bei lebendem Stiefkind).

5. Alternative: Adoption

Da durch die Adoption das Stiefkind und dessen Abkömmlinge dem eigenen Kind weitestgehend gleichgestellt wird und sich damit das Problem des unterschiedlichen gesetzlichen Erb- und vor allem Pflichtteilsrecht ohne weiteres lösen würde, ist zu überlegen, ob nicht das Kind des einen Ehegatten durch seinen Partner adoptiert wird. Bei volljährigen einseitigen Kindern hätte die Adoption nämlich die Wirkung, dass die verwandtschaftlichen Beziehungen des Kindes zu seinen bisherigen leiblichen Verwandten bestehen bleiben und nur zu dem Adoptierenden zusätzlich begründet werden (anders die Minderjährigenadoption: Verwandtschaftsbeziehungen zu den bisherigen leiblichen Verwandten erlöschen). Wegen der zusätzlichen Wirkungen von Adoptionen (ggf. Änderung des Namens, Entstehen von Unterhaltsverpflichtungen) und den Voraussetzungen sollte, wenn dieser Schritt überlegt wird, nähere Auskunft beim Notar eingeholt werden, über den der Antrag gestellt werden müsste.

• **Variante 2 zum 1. Muster:**
*Das ersteheliche Kind Hans-Frieder Koch des Ehemanns, zu
dem keinerlei Kontakte bestehen, soll beim Tod der Ehegatten
nicht bedacht werden.*

---

§ 1
Eingang

Siehe Eingang des Grundfalls mit folgender Änderung:
Aus der ersten geschiedenen Ehe des Ehemanns ist dessen Sohn
Hans-Frieder Koch, geboren am 27. 8. 1964 hervorgegangen. Dieser
ist nach der Scheidung bei seiner Mutter aufgewachsen. Weder zu
ihm noch zu seinen Abkömmlingen bestehen irgendwelche Kontakte.

§ 2
Verfügungen für den ersten Todesfall

a) Wenn der Ehemann als erster von uns beiden verstirbt, setzt er
die Ehefrau zu seiner alleinigen und ausschließlichen Erbin ein.

b) Wenn die Ehefrau die Erstversterbende ist, setzt sie ihren Ehemann zum Erben ein. Der Ehemann ist aber nur Vorerbe. Er ist von
den Beschränkungen und Verpflichtungen der §§ 2113 ff. BGB befreit, soweit dies gesetzlich zulässig ist. Der Nacherbfall tritt beim
Tod des Vorerben ein. Beim Eintritt der Nacherbfolge hat der Vorerbe oder dessen Rechtsnachfolger dem Nacherben die Erbschaft
herauszugeben.

Nacherben beim Tod des Ehemanns werden unsere gemeinschaftlichen Abkömmlinge zu unter sich gleichen Teilen nach
Stämmen, und zwar diejenigen, die gesetzliche Erben des Ehemanns
würden, wenn der Ehemann bei seinem Tod unverheiratet und ohne
Hinterlassung von Hans-Frieder Koch und dessen Abkömmlingen
versterben würde.

Der Vorerbe wird durch Vermächtnisse nicht beschwert.

Wenn die Nacherbfolge eintritt, wird im Wege der Teilungsanordnung Folgendes bestimmt:

Befindet sich dann das Anwesen Lenbachstraße 3, das derzeit im
Eigentum der Ehefrau steht, noch im Nachlass, so ist dieses der gemeinschaftlichen Tochter Florentine alleine zu übereignen (zur weiteren Ausgestaltung der Teilungsanordnung siehe Grundfall § 3.2.2.
S. 83 ff.).

• **Ggf. Ergänzung:**
  Die Anordnung der Nacherbfolge ist wie folgt auflösend bedingt:
  Der Ehemann wird Vollerbe, wenn er bei seinem Tod eine wirksame letztwillige Verfügung hinterlässt, in der er ausdrücklich auch über das gesamte Vermögen verfügt, das Nachlassvermögen beim ersten Todesfall ist und dies im Wege der Erbeinsetzung (auch mit Teilungsanordnungen) oder durch Vermächtnis ausschließlich gemeinschaftlichen Abkömmlingen von uns zuwendet. Gleichgültig ist es dabei, welchem oder welchen gemeinschaftlichen Abkömmlingen er den Nachlass des Erstversterbenden zuwendet, wenn er nur über den gesamten Nachlass verfügt.

§ 3
Verfügungen für den zweiten Todesfall

Siehe dazu § 3 des Grundfalls.

• **Ergänzung:**
  Von der Erbfolge ausgeschlossen wird der ersteheliche Sohn Hans-Frieder Koch des Ehemanns und werden dessen Abkömmlinge.

§§ 4 ff.

Siehe dazu §§ 4 ff. des Grundfalls.

Erläuterungen zu der Variante 2 des 1. Musters:

1. Problemlage	3. Nachteil
2. Gestaltung: Vor- und Nacherbfolge	

1. Problemlage

Einseitige Kinder sind gesetzlich erbberechtigt beim Tod ihres Elternteils, nicht beim Tod von dessen Ehegatten, wenn sie von ihm nicht abstammen. Die mögliche Enterbung (§ 1938 BGB) hilft nur begrenzt, wenn dem Kind keine erbrechtlichen Ansprüche zustehen sollen, da auch dem einseitigen Kind der Pflichtteilsanspruch zusteht.
   Gegen den Pflichtteilsanspruch und seine Höhe können i. d. R. keinerlei testamentarische Maßnahmen (zu lebzeitigen Maßnahmen s. Einl. Abschn. 4 u. Anm. 1 f) zu § 2 des 1. (Grund-)Musters, S. 7 ff. u. 66 f.) ergriffen werden, wenn der Ehegatte, der Vater/Mutter des einseitigen Kindes ist, als erster verstirbt. Die Pflichtteilsquote und die Vermögensmasse, die der Pflichtteilsberechnung zu Grunde gelegt

werden, sind gesetzlich festgelegt. Pflichtteilsansprüche werden durch Ehegatten auch meist insoweit „akzeptiert", als sie sich auf das Vermögen des Ehepartners beschränken, der das einseitige Kind hat.

Nicht akzeptiert wird es, wenn sich der Pflichtteil auf Vermögensmassen erstreckt, die von dem Ehegatten herrühren, der mit dem Kind nicht verwandt ist. Ein Problem ergibt sich, wenn der Ehegatte ohne einseitiges Kind als erster verstirbt und seinen überlebenden Ehepartner bedenkt. Bei dessen Tod steht dann dem einseitigen Kind der Pflichtteil zu. Der Pflichtteilsberechnung wird ohne ergänzende Gestaltung nicht nur das ursprünglich von seinem Vater bzw. seiner Mutter herrührende Vermögen zugrundegelegt, sondern auch das Vermögen, das diese(r) von dem Ehegatten geerbt hat. Der Pflichtteilsanspruch geht in diesem Fall zu Lasten der gemeinschaftlichen Abkömmlinge.

2. Gestaltung: Vor- und Nacherbfolge

Wenn sich Ehegatten gegen dieses Risiko schützen wollen, empfiehlt es sich für den Fall, dass der Ehegatte ohne einseitiges Kind als erster verstirbt, die Vor- und Nacherbfolge anzuordnen und zu bestimmen, dass der Ehegatte mit dem einseitigen Kind nur Vorerbe wird. Die Nacherbfolge ist beim Tod des Vorerben anzuordnen. Als Nacherben sind die gemeinschaftlichen Abkömmlinge einzusetzen.[122] Die Anordnung der Nacherbfolge führt beim zweiten Todesfall zu einer Art „Nachlassspaltung": Das Vermögen, das von dem erstversterbenden Ehegatten herrührte, wird als dessen Nachlass behandelt, nicht als Nachlass des Zweitversterbenden. **Die Pflichtteilsansprüche des einseitigen Kinds des Zweitversterbenden erstrecken sich nicht auf den Nachlass des Erstversterbenden.**

3. Nachteil

Die Anordnung der Nacherbfolge bewirkt, dass der überlebende Ehegatte kein Bestimmungsrecht hat, wer Nacherbe sein soll (der Erblasser muss nämlich selbst bestimmen, wer Nacherbe sein soll und kann die Bestimmung nicht dem Vorerben überlassen) und ihm grundsätzlich keine Abänderungsbefugnis gegenüber den Nacherben eingeräumt werden kann. Bei minderjährigen Kindern als Nacherben kann deren Entwicklung bis zum zweiten Todesfall, deren Verhältnis zum Überlebenden und können deren persönlichen Interessen nicht mehr berücksichtigt werden. Zumindest nicht in Bezug auf das Vermögen, das von den Erstversterbenden herrührte.

Abhilfe kann dagegen kautelarjuristisch nur **begrenzt** geschaffen werden, indem die **Anordnung der Nacherbfolge auflösend** dadurch **bedingt** wird, dass der Vorerbe wirksam über alle Gegenstände verfügt, die sich im Nachlass des Erstversterbenden befunden haben.[123] Wenn er eine solche Verfügung getroffen hat, sie bis zum Tod aufrecht erhält und diese wirksam ist, steht bei seinem Tod fest, dass er in Wirklichkeit nicht Vorerbe, sondern Vollerbe wurde. Seine Änderungsverfügung ist damit nicht eine unstatthafte Änderung der Nacherbfolge, sondern eine zulässige Änderung der Schlusserbeinsetzung. Soll dem Überlebenden nicht die Verfügung über alle Gegenstände im Nachlass des Erstversterbenden gestattet werden, kann angeordnet werden, dass dem Überlebenden die entsprechend aufzuführenden Nachlassgegenstände (aufschiebend bedingt) im Wege des Vermächtnisses zustehen, wenn er darüber (ggf. in näher festzulegender Weise, z.B. zu Gunsten gemeinschaftlicher Abkömmlinge) wirksam letztwillig verfügt. Der dadurch erreichte **Flexibilitätsgewinn** führt aber, wenn der Ehegatte von dem eingeräumten Recht Gebrauch macht, dazu, dass sich die Pflichtteilsansprüche des einseitigen Abkömmlings wieder auf Vermögensbestandteile beziehen, die ursprünglich zum Nachlass des **Erstversterbenden** gehörten.

> • **Variante 3 zum 1. Muster:**
> *Aus der Ehe sind keine gemeinschaftlichen Abkömmlinge her-*
> *vorgegangen*
> *Spezialproblem: Versorgung von Haustieren.*

§ 1
Eingang

Siehe dazu Grundfall mit folgender Änderung:
  Aus unserer Ehe sind keine gemeinschaftlichen Abkömmlinge
hervorgegangen. Keiner von uns hat einseitige Abkömmlinge.

§ 3
Verfügungen für den zweiten Todesfall

> *Interessenlage 1: Die Verwandten des Ehemanns und der Ehe-*
> *frau sollen jeweils zur Hälfte bedacht werden, ohne dass die*
> *Begünstigten näher bezeichnet werden.*

Schlusserben des Letztversterbenden von uns werden die Verwandten des Ehemanns und die Verwandten der Ehefrau jeweils zur
Hälfte. Die Berechtigung innerhalb der jeweiligen Verwandtschaft
und die Quote unter den erbberechtigten Verwandten ergeben sich
dabei entsprechend den Regeln über die gesetzliche Erbfolge, die
eintreten würde, wenn wir zum Zeitpunkt des Letztversterbenden
von uns gleichzeitig versterben würden.

> *Interessenlage 2: Das Vermögen soll nur an die Verwandten des*
> *einen Ehegatten anfallen. Die Verwandten des anderen Ehegat-*
> *ten sollen von der Erbfolge ausgeschlossen werden.*

Schlusserben des Letztversterbenden von uns werden ausschließlich
die Verwandten des Ehemanns. Sollte der Ehemann der Letztversterbende sein, erben diese zu unter sich gleichen Teilen nach
Stämmen entsprechend den Regeln über die gesetzliche Erbfolge.
Sollte die Ehefrau die Letztversterbende sein, ergeben sich die Berechtigung unter den Verwandten des Ehemanns und die Quote entsprechend den Regeln über die gesetzliche Erbfolge, die eintreten
würde, wenn der Ehemann zum Zeitpunkt des Todes der Ehefrau
als Letzter von uns versterben würde.
  Diese werden durch Folgendes Vermächtnis bzw. Vorausvermächtnis beschwert:

Das Anwesen Lenbachstraße 3 in Schrobenhausen, das derzeit im Eigentum der Ehefrau steht, ist ausschließlich dem Vetter Klaus Koch des Ehemanns, geboren am 29. 11. 1945, zu übereignen. Sollte dieser vorverstorben sein, ist Ersatzvermächtnisnehmer dessen Sohn Hans-Peter Koch.
(Siehe im Übrigen zur Ausgestaltung des Vermächtnisses Grundfall § 3.1.2.1.).
Die Verwandten der Ehefrau werden von der Erbfolge ausdrücklich ausgeschlossen.

Spezialproblem: Verfügung „zugunsten von Haustieren" – „Zamperltestament".

Sollte der Überlebende ein Haustier hinterlassen, insbesondere den von uns derzeit gehaltenen Rauhhaardackel „Zamperl", steht dem Trägerverein des Ingolstädter Tierheims ein Vermächtnis in Höhe von €7.000,- zu. Der Vermächtnisnehmer wird mit der Auflage beschwert, das hinterlassene Haustier in dem Tierheim aufzunehmen und es solange zu unterhalten, bis das Tier verstirbt oder in gute Hände weggegeben wird. Ein nach Erfüllung der Auflage evtl. vorhandener Rest des Vermächtnisses steht dem Vermächtnisnehmer zur freien Verfügung zu.

§ 7
Abänderungsvorbehalt

- **Variante 1:**
  Völlig freie Abänderbarkeit: Siehe dazu 1. Muster, Grundfall, § 7.

- **Variante 2:**
  Schutz vor Abänderungen für die Verwandten des Erstversterbenden.
  Nach dem Tod des Erstversterbenden ist der Überlebende zu Änderungen bzw. Ergänzungen der Bestimmungen für den zweiten Todesfall wie folgt berechtigt:
  Er kann insoweit, als andere Personen als Verwandte des Erstversterbenden bedacht sind, Änderungen und Ergänzungen in beliebiger Weise vornehmen.
  Soweit Verwandte des Erstversterbenden durch Erbeinsetzungen und Vermächtnisse bedacht werden, ist er zu Änderungen nicht berechtigt.

- **Alternative:**

Wenn Verwandte des erstversterbenden Ehegatten durch Erbeinsetzungen und Vermächtnisse bedacht werden, ist er zu Änderungen bzw. Ergänzungen insoweit befugt, als durch diese Änderungen und Ergänzungen wiederum Verwandte des erstversterbenden Ehegatten begünstigt werden. Er kann Vermögen, das Verwandten des Erstversterbenden zugedacht ist, aber nicht anderen Personen zuwenden.

Erläuterungen zu der Variante 3 zum 1. Muster:

1. Vorbemerkung   3. Abänderungsbefugnis
2. Bestimmungen für den
   2. Todesfall

1. Vorbemerkung

Wenn aus der Ehe keine gemeinschaftlichen Abkömmlinge hervorgegangen sind, wird in der ganz überwiegenden Zahl der Fälle der überlebende Ehegatte zum alleinigen Erben des Erstversterbenden eingesetzt. Pflichtteilsberechtigt sind in diesem Fall nur die Eltern des Erstversterbenden, nicht dessen entferntere Verwandte, z.B. nicht Geschwister des Erstversterbenden. Wenn Eltern des Erstversterbenden wirtschaftliche Unterstützung benötigen, kann diese dem überlebenden Ehegatten als Erben vermächtnisweise auferlegt werden, z.B. durch Einräumung von Nießbrauchsrechten (S.130), Wohnungsrechten (S.76), Renten (S.127, 131ff.) oder dauernden Lasten (S.131). Gesteigerte Bedeutung kommt lediglich den Bestimmungen für den 2. Todesfall und der Abänderungsbefugnis zu.

2. Bestimmung für den 2. Todesfall

Eine Bestimmung für den 2. Todesfall sollte unbedingt getroffen werden, wenn es nicht dem Zufall der zeitlichen Reihenfolge der Todesfälle überlassen bleiben soll, wer Erbe des Letztversterbenden wird.[124] Kraft Gesetzes würden nämlich Schlusserben je nachdem, ob der Ehemann oder die Ehefrau überlebt, alleine die Verwandten des Überlebenden. Wenn die Ehegatten gleichzeitig versterben, würde das Vermögen des Ehemanns auf seine Verwandten, das Vermögen der Ehefrau auf deren Verwandten übergehen. Die beiden Muster zeigen Gestaltungsmöglichkeiten auf, wenn die jeweiligen Verwandten zur Hälfte bedacht werden sollen, ohne dass sie namentlich benannt werden, und wenn die Verwandten eines Ehegatten von der Erbfolge ausgeschlossen werden.

3. Abänderungsbefugnis

Geregelt werden muss, inwieweit eine Abänderungsbefugnis des überlebenden Ehegatten besteht. Dies ist insbesondere wichtig, wenn Verwandte des Erstversterbenden beim 2. Todesfall bedacht werden sollen. Wenn dem Überlebenden eine Abänderungsbefugnis eingeräumt wird, die die Verwandten des Erstversterbenden umfasst, steht deren Erbeinsetzung auf „tönernen Füßen". Vorsorge dagegen, dass der Überlebende die Erbeinsetzung der Verwandten seines Ehegatten ändert, kann getroffen werden, indem ihm bezüglich der Zuwendungen, die den Verwandten des Erstversterbenden gemacht wurden, eine Änderungsmöglichkeit überhaupt nicht eingeräumt wird, oder aber, wenn ihm die Änderung nur zu Gunsten von Verwandten des Erstversterbenden gestattet wird.

Ggf. sollte, speziell bei jüngeren Ehegatten, überlegt werden, ob dem Überlebenden nicht auch gestattet wird, über Vermögenszuerwerb nach dem Tod des Erstversterbenden vermächtnisweise abweichend zu verfügen.

2. Muster: Erbvertrag mit Pflichtteilsverzicht von Ehegatten mit bedeutenden Vermögensbestandteilen, die nicht gemeinsam erwirtschaftet wurden

Grundfall: *Ehegatten ohne gemeinsame Abkömmlinge. Spezialprobleme: Vererbung von Gesellschaftsbeteiligungen; Testamentsvollstreckung an Gesellschaftsbeteiligungen; geschiedener Ehegatte mit Sorgerecht für ersteheliches Kind; Pflichtteil des Ehegatten.*

Erbvertrag mit Pflichtteilsverzicht

(notarielle Eingangsformel)

§ 1
Vorbemerkungen

Wir, Walter Schütz und Evi Müller-Schütz, geborene Maier, vorverehl. Kuhn, haben am 27. 9. 1997 die Ehe geschlossen. Es ist für uns beide die zweite Ehe. Wir haben keine gemeinschaftlichen Abkömmlinge. Aus der vorangegangenen Ehe des Ehemanns, dessen erste Ehefrau 1994 verstorben ist, ging der Sohn Daniel Schütz, geboren am 1. 10. 1978 hervor. Aus der geschiedenen ersten Ehe der Ehefrau ging die Tochter Sibylle Kuhn geboren am 26. 3. 1985 hervor. Evi Müller-Schütz ist für Sibylle sorgeberechtigt. Weder der Ehemann noch die Ehefrau haben mit ihren früheren Ehegatten gemeinschaftliche Testamente oder Erbverträge errichtet.

Der Ehemann ist Gesellschafter der Werner und Walter Schütz OHG mit dem Sitz in Ingolstadt. Nach dem Gesellschaftsvertrag wird die Gesellschaft beim Tod eines Gesellschafters nicht aufgelöst, sondern mit dessen Erben fortgesetzt, wenn diese zum Kreis der Abkömmlinge des Gesellschafters gehören oder Mitgesellschafter sind. Der Gesellschaftsvertrag enthält keine Bestimmungen über die Zulässigkeit der Testamentsvollstreckung.

Im Übrigen ist der Ehemann noch Eigentümer des Anwesens Gerolfinger Straße 170 in Ingolstadt, das von beiden Ehegatten gemeinsam bewohnt wird. Beide Ehegatten sind jeweils zur Hälfte Miteigentümer einer Eigentumswohnung in der Jagdstraße 10, 80338 München. Im Übrigen besitzt jeder von uns derzeit Wertpapiere und Guthaben bei Kreditinstituten.

Erläuterungen zu § 1:

1. Vorbemerkung	3. Sonderproblem: Gesell-
2. Angabe der persönlichen und	schaftsbeteiligungen
der Vermögensverhältnisse	4. konkreter Fall

1. Vorbemerkung

a) Gestaltungslage. Wenn die Ehegatten bedeutsame Vermögensbestandteile besitzen, die nicht gemeinsam erwirtschaftet wurden, sind häufig für diese Werte andere letztwillige Verfügungen veranlasst als für Vermögen, das gemeinschaftlich erwirtschaftet wurde. Insbesondere gilt dies, wenn die Ehegatten keine gemeinsamen Abkömmlinge haben, sondern entweder überhaupt keine Kinder oder aber nur einseitige Kinder. Dann geht der Wille der Beteiligten zwar in der Regel dahin, sich gegenseitig beim ersten Todesfall die „Versorgung" zu sichern. Wesentliches Vermögen soll beim Tod aber nicht auf den Überlebenden übergehen, sondern auf die jeweiligen Verwandten, insbesondere die jeweiligen Kinder.[125]

b) Gestaltungsform. Diejenigen letztwilligen **Verfügungen, die für die getrennten Vermögensmassen** getroffen werden, sollen i. d. R. **einseitig,** und zwar ohne jeglichen Rücktritt abgeändert werden können, auch, wenn der andere Ehegatte noch lebt.

Soweit ein Ehegatte aber beim Tod eine „**Versorgung**" erhalten soll, besteht er in der Regel darauf, dass ihm diese **nicht einseitig entzogen** werden kann. Dies ist **besonders bedeutsam, wenn der zu versorgende Ehegatte** dem anderen gegenüber einen **Pflichtteilsverzicht** abgibt oder abgegeben hat, deshalb beim Tod keine Pflichtteilsansprüche hätte und auf die Versorgung angewiesen ist. In dieser Situation empfiehlt es sich, einen **Erbvertrag** abzuschließen.[126]

In dem Erbvertrag können **sowohl vertragsmäßige als auch einseitige Verfügungen** getroffen werden. Anders als beim gemeinschaftlichen Testament muss **mindestens eine Verfügung vertragsmäßig** getroffen sein, damit die Urkunde den Charakter eines Erbvertrags erlangt.[127] **Vertragsmäßig** können **Erbeinsetzungen, Vermächtnisse und Auflagen** getroffen werden (§ 2278 Abs. 2 BGB). **Andere Verfügungen** müssen **zwingend einseitig** getroffen werden. Auch Erbeinsetzungen, Vermächtnisse und Auflagen können einseitig getroffen werden, solange nur mindestens eine vertragsmäßige Verfügung in der Urkunde enthalten bleibt.

Vertragsmäßige Verfügungen des Erbvertrags können grundsätzlich nur **zu Lebzeiten beider Ehegatten durch eine gemeinschaftliche letztwillige Verfügung aufgehoben** werden, das heißt durch einen Erbvertrag oder durch ein gemeinschaftliches Testament (§ 2290

Abs. 1 S. 1, § 2292 BGB). Beim Tod eines Ehegatten kann der Überlebende **eigene vertragsmäßige Verfügungen für den 2. Todesfall** nicht dadurch aufheben, dass er das ihm erbvertraglich Zugewendete **ausschlägt**. Nach dem **Tod** eines Ehegatten ist die **Aufhebung** des Erbvertrags **nicht möglich** (§ 2290 Abs. 1 S. 2 BGB i. V. m. § 2298 Abs. 2 S. 2 u. 3 BGB). Abweichungen davon können sich nur ergeben, wenn sich ein Erblasser den Rücktritt vorbehalten hat oder ihm die Änderung gestattet wurde (s. dazu noch unten).

Die Bestimmungen der gemeinschaftlichen Verfügung, die getroffen werden, um den überlebenden Ehegatten „zu versorgen", sind im Interesse des zu versorgenden Ehegatten erbvertraglich zu vereinbaren.

Wer letztwillige Verfügungen in einem Erbvertrag trifft, muss unbeschränkt geschäftsfähig sein (§ 2275 Abs. 1 BGB). Der Erbvertrag muss durch einen Notar bei gleichzeitiger Anwesenheit der Beteiligten beurkundet werden (§ 2276 Abs. 1 S. 1 BGB).

c) Aufbau der letztwilligen Verfügung. Nachdem die Bestimmungen für den Fall des Todes im wesentlichen nicht von der zeitlichen Reihenfolge der Todesfälle abhängt, sondern davon, ob der Ehemann oder die Ehefrau verstirbt, empfiehlt es sich bei der Gliederung, die Verfügungen des Ehemanns und die Verfügungen der Ehefrau zu trennen. Innerhalb der jeweiligen Verfügung ist zu regeln, ob die Verfügung nur dann gelten soll, wenn der verfügende Ehegatte als erster oder als zweiter verstirbt.

2. Angabe der persönlichen und der Vermögensverhältnisse

Schon beim 1. Muster wurde ausgeführt, dass persönliche Angaben ebenso wenig wie Angaben zu den Vermögensverhältnissen vorgeschrieben sind.

Persönliche Angaben sind sinnvoll, damit sich die Vertragsparteien über Problemkonstellationen klar werden. Sie schließen darüber hinaus die Anfechtung solcher Pflichtteilsberechtigter aus, die nicht bedacht wurden, aber bei den persönlichen Verhältnissen aufgeführt sind.[128]

Vermögensangaben sind anzuraten, wenn bestimmte Vermögensgegenstände anders vererbt werden sollen als der Restnachlass. Bei Ehegatten, die neben gemeinschaftlichem Vermögen auch wesentliche Vermögensbestandteile haben, die nicht gemeinsam erwirtschaftet wurden, wird dies häufig der Fall sein.

Wenn ein Ehegatte an einer Gesellschaft beteiligt ist, ist die Angabe empfehlenswert, damit die Beteiligten auf die Besonderheiten bei der Vererbung von Gesellschaftsbeteiligungen hingewiesen werden. Ggf. sind nämlich gesellschaftsrechtliche Maßnahmen ergänzend zu der letztwilligen Verfügung erforderlich, damit die Gesellschaftsbeteiligung unproblematisch übertragen werden kann. Dem beurkundenden Notar sollte in jedem Fall der Gesellschaftsvertrag mit allen Nachträgen schon bei der Besprechung vorgelegt werden.

3. Sonderproblem: Gesellschaftsbeteiligungen

Wenn ein Ehegatte Gesellschafter ist, bestehen folgende Besonderheiten:

a) Beschränkte Vererblichkeit bzw. Ausschließbarkeit des Erben. Auf Grund gesellschaftsrechtlicher Besonderheiten sind Gesellschaftsbeteiligungen häufig nicht oder nur eingeschränkt vererblich oder der Erbe kann aus der Gesellschaft im weitesten Sinne „ausgeschlossen" werden. Unterschiede bestehen bei der Gesellschaft des bürgerlichen Rechts (GdbR), der offenen Handelsgesellschaft (oHG) und dem persönlich haftenden Gesellschafter einer Kommanditgesellschaft (phG), bei der GmbH und beim Kommanditisten.

aa) GdbR/oHG/phG

(1) Auflösung. Wenn in dem Gesellschaftsvertrag nichts anderes bestimmt ist, wird bei einer GdbR die Gesellschaft durch den Tod eines Gesellschafters aufgelöst (§ 727 Abs. 1 BGB). Bei der oHG und der KG tritt diese Folge nur ein, wenn der Gesellschaftsvertrag es vorsieht (s. u. bei (2)). Folge der Auflösung ist, dass die sogenannte „werbende", also geschäftlich tätige Gesellschaft umgewandelt wird in eine Liquidationsgesellschaft, deren Zweck die Auflösung des Gesellschaftsvermögens ist. In diesem Fall wird der Erbe Gesellschafter in der **Liquidationsgesellschaft.** Wenn mehrere Personen erben, wird die Erbengemeinschaft Erbe, nicht die Mitglieder der Erbengemeinschaft zu Bruchteilen.[129]

Die gesetzliche Regelung kann aber durch den Gesellschaftsvertrag abbedungen werden (s. dazu § 727 Abs. 1 2. Halbs. BGB). Folgende Regelungen sind in Gesellschaftsverträgen als Folge beim Tod eines Gesellschafters möglich:

(2) Ausscheiden beim Tod. Es kann bestimmt sein, dass der Gesellschafter beim Tod ausscheidet und die Gesellschaft unter den verbleibenden Gesellschaftern fortgesetzt wird, bzw. dann, wenn nach dem Ausscheiden nur mehr eine Person aus dem ursprünglichen Gesellschafterkreis verbleibt, dass diese das Gesellschaftsvermögen ohne Liquidation mit allen Aktiva und Passiva übernimmt (§ 736 BGB). Das Ausscheiden ist die regelmäßige Folge beim Tod des Gesellschafters einer oHG oder eines persönlich haftenden Gesellschafters einer KG (§ 131 Abs. 3 Nr. 1 HGB). Eine solche gesellschaftsrechtliche **Klausel bewirkt, dass die Stellung als Gesellschafter nicht vererblich ist.** Der Anteil des verstorbenen Gesellschafters an dem Gesellschaftsvermögen wächst den übrigen Gesellschaftern zu (§ 738 Abs. 1 S. 2 BGB). Diese haben für den Vorteil, den sie durch die Anwachsung des Vermögensanteils erfahren, grundsätzlich eine Abfindung nach § 738 Abs. 1 S. 2 BGB zu bezahlen.[130] Wenn eine solche Regelung im Gesellschaftsvertrag enthalten ist, kann nicht die Gesellschafterposition vererbt werden, sondern nur das Abfindungsguthaben.

(3) **Fortsetzung mit den Erben.** Der Gesellschaftsvertrag kann stattdessen vorsehen, dass die Gesellschaft mit dem oder den Erben fortgesetzt wird. Bei der GdbR wird dies gesetzlich nicht besonders hervorgehoben, ist aber allgemein anerkannt, bei der oHG und beim phG einer Kommanditgesellschaft ergibt sich dies aus § 139 Abs. 1 HGB. Wenn mehrere Personen erben, werden alle Erben Gesellschafter. Sie sind an der Gesellschaft dann allerdings nicht als Erbengemeinschaft beteiligt. Stattdessen wird jeder Erbe entsprechend seinem Anteil an der Erbengemeinschaft Gesellschafter der Gesellschaft.[131] Die Rechtsbeziehungen einer Erbengemeinschaft wären nämlich mit der Stellung des Gesellschafters einer werbenden, d.h. nicht in Liquidation gehenden GdbR, einer oHG oder eines phG der Kommanditgesellschaft nicht zu vereinbaren.

Die Vererblichkeit wirft keine Probleme auf; es muss nicht gefürchtet werden, dass eine erbrechtliche Verfügung ins Leere geht.

Wenn Gesellschaftsbeteiligungen an einer oHG vererbt werden sollen oder die Stellung des phG einer Kommanditgesellschaft, ergibt sich aus der Warte der Gesellschaft allerdings das Problem, dass jeder Erbe sein Verbleiben in der Gesellschaft davon abhängig machen kann, dass seine Gesellschafterstellung in die Stellung eines Kommanditisten umgewandelt wird (§ 131 Abs. 1 HGB – zur Vermeidungsstrategie siehe unten).

(4) **Eingeschränkte Nachfolgeklausel.**[132] Der Gesellschaftsvertrag kann bestimmen, dass die Gesellschafterstellung nur eingeschränkt vererblich ist, und zwar nur dann, wenn eine bestimmte Person (z.B. der Sohn Hans des Gesellschafters) erbt oder der Erbe zu einem bestimmten Personenkreis (ein Abkömmling des Gesellschafters) gehört oder bestimmte persönliche oder fachliche Qualifikationen erfüllt (Dipl. Ing. ist). Soll die Gesellschaftsbeteiligung einer Person zugewendet werden, die nach dem Gesellschaftsvertrag nachfolgeberechtigt ist, ergeben sich keine Probleme.

Die **Gesellschaftsbeteiligung geht** aber **nur dann unmittelbar auf** die in der letztwilligen Verfügung bedachte Person über, die nach dem Gesellschaftsvertrag Nachfolger werden kann, **wenn die bedachte Person Erbe oder zumindest Miterbe ist**, nicht aber wenn sie nur Vermächtnisnehmer ist.[133] Bei der Gestaltung der letztwilligen Verfügung ist bei eingeschränkten Nachfolgeklauseln deshalb **darauf zu achten, dass** derjenige, der die Gesellschaftsbeteiligung erhalten soll, **als Erbe benannt wird,** nicht nur als Vermächtnisnehmer.

Nicht erforderlich ist es, dass der Nachfolger **Alleinerbe** wird. Auch wenn er nur Miterbe neben anderen ist, geht dennoch die Gesellschafterposition kraft einer richterrechtlich entwickelten „Sonderrechtsnachfolge" auf denjenigen Miterben alleine über, der in der letztwilligen Verfügung als Gesellschaftsnachfolger benannt ist.[134]

Probleme für den Erben ergeben sich allerdings, wenn seine Erbquote geringer ist als der Wert der Gesellschaftsbeteiligung. Dann wird er zwar trotzdem alleiniger Gesellschafter. Er ist aber gegenüber den Miterben im Rahmen der Erbauseinandersetzung zur Ausgleichung des zuviel erhaltenen Werts verpflichtet.[135] In der letztwilligen Verfügung muss deshalb darauf geachtet werden, dass die **Erbquote** des Unternehmensnachfolgers **nicht geringer ist als der Wert der Gesellschaftsbeteiligung.**[136]

(5) **Eintrittsrecht.** In dem Gesellschaftsvertrag kann die Vererbung des Anteils ausgeschlossen sein, bestimmten Personen aber ein Recht zum Eintritt in die Gesellschaft eingeräumt werden.

Diese Personen können im Gesellschaftsvertrag entweder namentlich bezeichnet sein, oder es kann einem Gesellschafter das Recht eingeräumt werden, einen Eintrittsberechtigten (ggf. in einer letztwilligen Verfügung) zu benennen. Wenn die letztgenannte Gestaltungsmöglichkeit in dem Gesellschaftsvertrag nicht eingeräumt wurde, besteht das Eintrittsrecht auf Grund des abgeschlossenen Gesellschaftsvertrags und nicht auf Grund einer letztwilligen Verfügung. Deshalb kann das Eintrittsrecht dann in einer letztwilligen Verfügung nicht anderen Personen zugewendet werden.

Wenn der Erblasser wünscht, dass nach seinem Tod Personen in die Gesellschaft eintreten, die nicht als Eintrittsberechtigte benannt sind, muss er auf eine Änderung des Gesellschaftsvertrags drängen.

Selbst wenn die Person, die nach der Ansicht des Erblassers an seine Stelle in die Gesellschaft nachrücken soll, in dem Gesellschaftsvertrag als Eintrittsberechtigter benannt ist, verbleibt noch ein Problem zu lösen: Die Erben des Erblassers scheiden beim gesellschaftsvertraglich vereinbarten Eintrittsrecht aus der Gesellschaft aus. Ihr Anteil am Gesellschaftsvermögen wächst den weiteren Gesellschaftern der Gesellschaft zu (grundsätzlich nicht dem Eintrittsberechtigten!). Die ausscheidenden Erben (grundsätzlich nicht der Eintrittsberechtigte!) haben einen Abfindungsanspruch entsprechend § 738 Abs. 1 S. 2 BGB.[137] Der Eintrittsberechtigte hat umgekehrt zwar das Recht zum Eintritt in die Gesellschaft, muss aber auf

Grund des Gesellschaftsvertrags einen Gesellschaftsbeitrag leisten, in der Regel einen finanziellen Beitrag. Damit er den finanziellen Beitrag nicht aus seinem persönlichen Vermögen leisten muss, ist ihm deshalb durch den Erblasser durch Erbeinsetzung oder vermächtnisweise der Anspruch auf das Auseinandersetzungsguthaben (bzw. der Kapitalanteil) zuzuwenden, damit er nicht nur auf dem Papier, sondern tatsächlich auch wertmäßig begünstigt wird.[138]

bb) Kommanditist einer Kommanditgesellschaft und Gesellschafter einer GmbH

(1) Kommanditist: Nach § 177 HGB löst der Tod eines Kommanditisten die Gesellschaft nicht auf. Das heißt, diese Gesellschafterstellung ist vererblich. Wenn mehrere Personen den Gesellschafter beerben, werden sie nicht in Erbengemeinschaft sein Nachfolger in der Gesellschaft, sondern jeder einzelne von ihnen entsprechend seinem Erbteil. Wenn im Gesellschaftsvertrag zur Vererblichkeit der Kommanditistenstellung nichts ausdrücklich bestimmt ist, ergeben sich also keine vom Erblasser zu berücksichtigenden Besonderheiten.

Allerdings ist die Vererblichkeit der Position eines Kommanditisten gesellschaftsvertraglich einschränkbar. Auf Grund der gesellschaftsvertraglichen Gestaltungsfreiheit sind deshalb dieselben Problemkonstellationen denkbar wie oben bei der GdbR, der oHG und beim phG einer Kommanditgesellschaft dargestellt.

(2) GmbH. Geschäftsanteile einer GmbH sind nach § 15 Abs. 1 GmbHG vererblich. Aus § 15 Abs. 5 GmbH ergibt sich, dass die Vererblichkeit nicht in dem Sinne ausgeschlossen werden kann, dass der Erbe nicht zunächst durch den Erbfall Gesellschafter der GmbH wird. Damit steht aber nicht fest, dass der Erbe seine Gesellschaftsposition behalten darf.

Nach der Satzung können nämlich Geschäftsanteile eingezogen (das heißt letztlich vernichtet) werden. In der Satzung können auch Abtretungsverpflichtungen an Mitgesellschafter, die Gesellschaft selbst oder Dritte vereinbart sein. Enthält die Satzung der GmbH solche Bestimmungen, muss ein Erblasser, der sichergehen will, dass der von ihm berufene Nachfolger auch in der Gesellschaft verbleiben kann, mit seinen Mitgesellschaftern eine Satzungsänderung vereinbaren. Es ist zu bestimmen, dass beim Tod entweder die Einziehung und Zwangsabtretung generell ausgeschlossen wird oder zumindest dann, wenn der vorgesehene Nachfolger Erbe wird. Die Satzungsänderung ist der bloßen Zusage der weiteren Gesellschafter, dass sie die Einziehung oder Zwangsabtretung nicht beschließen werden, vorzuziehen. Solche Stimmbindungsvereinbarungen können zwar getroffen werden. Sie binden aber nur den Gesellschafter, mit dem die Vereinbarung getroffen wurde, nicht seinen Rechtsnachfolger, wenn der Anteil verkauft wird.

b) **Nebenrechte und -ansprüche.** Wenn der Erblasser seine Beteiligung an der Gesellschaft von Todes wegen übertragen will, muss er Folgendes bedenken: Neben der Beteiligung stehen dem Gesellschafter häufig weitere Sachen, Forderungen und Rechte zu, die mit seiner Gesellschaftsbeteiligung zusammenhängen: Guthaben auf Privat- oder Darlehenskonten, ihm gehörendes Vermögen, das der Gesellschaft zur Nutzung überlassen ist (z. B. ein an die Gesellschaft vermietetes Grundstück), Anteile an verbundenen Unternehmen (z. B. bei einer sogenannten Betriebsaufspaltung neben dem Anteil an der GmbH auch der Anteil an der Besitzgesellschaft).

Der Erbe muss sich entscheiden, ob er seinem Nachfolger in der Gesellschaft diese Werte zuwenden will und inwieweit dieser umgekehrt damit evtl. verbundene Verbindlichkeiten zu übernehmen hat.

Bei Ehegatten ist zu berücksichtigen, dass Gesellschaftsbeteiligungen häufig beiden Ehegatten zustehen oder dass einem Ehegatten eine Gesellschaftsbeteiligung zusteht, dem anderen Ehegatten Vermögen, das der Gesellschaft zur Nutzung überlassen (z. B. an sie vermietet) ist. In diesem Fall muss die Entscheidung, wie dieses mit der Gesellschaftsbeteiligung im weitesten Zusammenhang stehende Vermögen beider Ehegatten beim Tod jeweils weiter übertragen wird.

c) **Steuerliche Überlegungen.** In diesen Fällen sind auch steuerliche Überlegungen anzustellen. Speziell einkommensteuerliche Probleme ergeben sich bei folgenden Fallkonstellationen:

aa) Betriebsaufspaltung. Wenn ein Ehegatte (oder beide Ehegatten, auch neben anderen –) an einer betriebsführenden GmbH beteiligt ist und zugleich dieser GmbH betriebsnotwendiges Vermögen (z. B. Betriebsgrundstücke) zur Nutzung überlässt, das ihm persönlich alleine oder neben anderen gehört, liegt eine sogenannte „Betriebsaufspaltung" vor, wenn dieselben Personen oder Personengruppen im Betriebs- und Besitzunternehmen beherrschend sind. Folge ist, dass auch das der GmbH zur Nutzung überlassene Vermögen Betriebsvermögen ist. Bei der Gestaltung der letztwilligen Verfügung ist in der Regel darauf zu achten, dass (der Anteil am) Betriebsunternehmen-GmbH und (der Anteil am) Besitzunternehmen auf denselben Nachfolger übergehen. Sonst droht das dem Betriebsunternehmen zur Nutzung zur Verfügung gestellte Vermögen (Betriebsvermögen des Besitzunternehmens) vom steuerlichen Betriebsvermögen zum steuerlichen Privatvermögen zu werden, was eine in der Regel ungewollte steuerliche Aufdeckung stiller Reserven zur Folge hat.

bb) Wiesbadener Modell. Wenn – umgekehrt zur Betriebsaufspaltung – ein Ehegatte nur an der betriebsführenden GmbH beteiligt ist, während der andere nicht an der GmbH beteiligte Ehegatte der

GmbH betriebsnotwendiges Vermögen zur Verfügung stellt, spricht man von einem sogenannten „Wiesbadener Modell". In diesem Fall ist das Vermögen, das ein Ehegatte der GmbH (im Übrigen auch einem sonstigen Unternehmen, das der andere Ehegatte als Inhaber führt oder an dem er beteiligt ist) zur Verfügung stellt, nicht Betriebsvermögen. Beim Tod ist in der Regel darauf zu achten, dass die personelle Trennung von Betriebsunternehmen und Besitz-„Unternehmen" fortgeführt wird, um nicht – durch nachträgliche Umwandlung zu einer Betriebsaufspaltung – steuerliches Privatvermögen zum steuerlichen Betriebsvermögen werden zu lassen. D. h. für die entsprechenden Vermögensmassen der Ehegatten werden in der Regel getrennte Nachfolger bestimmt (z. B. Sohn übernimmt GmbH des Vaters, Tochter das „Betriebsgrundstück" der Mutter). Zugleich ist sicherzustellen, dass die Nutzungsüberlassung auch in Zukunft erfolgt, z. B. durch Anmietungsrechte.

Die steuerlichen Probleme im Zusammenhang mit der „Vermögensnachfolge im Unternehmensbereich" können hier nur gestreift werden. Empfohlen wird, dass zum rechtlichen Rat zusätzlicher Steuerrat eingeholt wird.

4. Konkreter Fall

In dem Fall, der dem Muster zu Grunde liegt, wird unterstellt und in der Vorbemerkung auch klargestellt, dass die Gesellschaftsbeteiligung des Ehemanns vererblich ist, wenn der Erbe zum Kreis der Abkömmlinge des Gesellschafters gehört. Wegen der Gegenstände, Rechte und Verbindlichkeiten, die im weitesten Sinne zur Gesellschaftsbeteiligung gehören, werden keine Ausführungen gemacht. Diese sind entbehrlich, weil der Unternehmensnachfolger Alleinerbe ist.

§ 2
Verfügungen des Ehemanns

1. Erbeinsetzung. Der Ehemann setzt seinen Sohn Daniel Schütz zum alleinigen und ausschließlichen Erben ein. Sollte dieser gemeinsam mit dem Ehemann versterben, erben ersatzweise dessen Abkömmlinge zu unter sich gleichen Teilen nach Stämmen. Sollten Abkömmlinge von Daniel nicht vorhanden sein, erbt wiederum ersatzweise der Bruder des Ehemanns, Walter Schütz, geboren am 6. 7. 1942.

2. Vermächtnisse. Der Erbe des Ehemanns wird durch folgende Vermächtnisse beschwert:

a) Sollte der Ehemann vor der Ehefrau versterben, gilt:

aa) Der Erbe hat der Ehefrau den Nießbrauch an dem Anwesen Gerolfinger Straße 170 in Ingolstadt auf deren Lebensdauer, längstens jedoch bis zu einer eventuellen Wiederverehelichung einzuräumen. Für das Nießbrauchsrecht gelten die gesetzlichen Bestimmungen. Der Nießbrauch ist im Grundbuch dinglich zu sichern.

bb) Er hat der Ehefrau den hälftigen Miteigentumsanteil des Ehemanns an der Eigentumswohnung in München, Jagdstraße 10 frei von Belastungen in Abteilung II und III des Grundbuchs zu übereignen.

cc) Er hat der Ehefrau als Leibrente einen Betrag in einer Höhe von € 3.500,– (derzeit) monatlich zu bezahlen. Die Verpflichtung zur Zahlung beginnt mit dem Monatsersten, der auf den Tod des Ehemanns folgt. Sie endet beim Tod der Ehefrau, spätestens jedoch bei einer eventuellen Wiederverehelichung. Die Leibrente ist jeweils monatlich im Voraus bis zum Dritten des Kalendermonats auf ein Konto zu überweisen, das der Berechtigte dem Erben benennt.

Der innere Wert der Leibrente soll gegen Wertverlust geschützt werden. Ändert sich deshalb der vom Statistischen Bundesamt in Wiesbaden amtlich festgestellte Verbraucherpreisindex nach dem Tod des Ehemanns gegenüber dem Stand, den dieser zum Zeitpunkt des Todes des Ehemanns aufwies, um mehr als 5 %, ändert sich der als Leibrente zu zahlende Geldbetrag im entsprechenden prozentualen Umfang. Die Änderung ist erstmals in dem Monat zu berücksichtigen, der auf die 5-prozentige Veränderung folgt. Nach einer erfolgten Anpassung ist die vorstehende Klausel jeweils erneut mit der Maßgabe anwendbar, dass die 5-prozentige Änderung gegenüber der Indexzahl eingetreten sein muss, die die letzte Änderung auslöste.

§ 323 ZPO wird ausdrücklich ausgeschlossen: Auch eine wesentliche Veränderung der wirtschaftlichen Verhältnisse des Erben und der Ehefrau führt also nicht zu einer Änderung des Leibrentenbetrages mit Ausnahme der o. a. Indexanpassung.

Der Erbe hat zur Sicherung der Leibrente zugunsten der Vermächtnisnehmerin an dem Anwesen Gerolfinger Straße 170 in Ingolstadt eine Reallast zu bestellen. Auf Verlangen des Vermächtnisnehmers hat er sich in einer notariellen Urkunde wegen der Verpflichtung zur Zahlung der Leibrente in der jeweiligen Höhe der sofortigen Zwangsvollstreckung in sein gesamtes Vermögen mit der Maßgabe zu unterwerfen, dass vollstreckbare Ausfertigungen ohne Fälligkeitsnachweis erteilt werden können. Bei einer Änderung des Leibrentenbetrags ist die Unterwerfungserklärung jeweils abzuändern.

Es wird davon ausgegangen, dass der Vermächtnisnehmer den sogenannten „Ertragsanteil" der Leibrente als Einkünfte aus wiederkehrenden Leistungen versteuert und der Erbe den „Ertragsanteil" als Sonderausgaben steuerlich geltend machen kann. Wenn diese steuerlichen Annahmen – z. B. wegen falsch interpretierter oder geänderter finanzgerichtlicher Rechtsprechung – nicht zutrifft, haben die Beteiligten (Erbe und Vermächtnisnehmer) sich wirtschaftlich entsprechend zu stellen.

dd) Für alle vorbezeichneten Vermächtnisse gilt: Sie sind mit dem Tod des Erben zu erfüllen. Die Kosten der Vermächtniserfüllung trägt der Erbe.

b) Sollte der Ehemann gleichzeitig mit der Ehefrau versterben oder nach dieser, ist die zum Zeitpunkt des Todes im Eigentum des Ehemanns stehende Eigentumswohnung in München, Jagdstraße 10, bzw. gegebenenfalls nur dessen Miteigentumsanteil daran der Tochter Sibylle der Ehefrau frei von Belastungen in Abteilung II und III des Grundbuchs zu übereignen.

Das Vermächtnis ist mit dem Tod des Ehemanns fällig. Die Kosten der Vermächtniserfüllung trägt der Erbe.

3. Testamentsvollstreckung. Der Ehemann ordnet die Testamentsvollstreckung an, wenn der Erbe oder der jüngste der Erben beim Tod des Ehemanns noch nicht 30 Jahre alt ist. Die Testamentsvollstreckung bezieht sich nur auf die Beteiligung des Ehemanns an der Werner und Walter Schütz OHG. Die Testamentsvollstreckung beginnt mit dem Tod des Erblassers und endet mit Vollendung des 30. Lebensjahres des Erben, bei mehreren Erben mit Vollendung des 30. Lebensjahres des jüngsten Erben.

Der Testamentsvollstrecker hat die Beteiligung zu verwalten. Ihm werden sämtliche Rechte eines Verwaltungsvollstreckers eingeräumt. Er ist in der Eingehung von Verbindlichkeiten für den Nachlass nicht beschränkt. Er wird von § 181 BGB befreit.

Dem Testamentsvollstrecker wird bereits heute, aufschiebend bedingt auf den Todestag und bis zum Ende der Testamentsvollstreckung Vollmacht in allen Angelegenheiten erteilt, die die Beteilung des Ehemanns an der OHG betreffen. Insbesondere ist der Testamentsvollstrecker berechtigt, dass Stimmrecht in Gesellschaftsversammlungen auszuüben.

Der Erbe wird im Wege der Auflage damit beschwert, die erteilte Vollmacht nicht ohne wichtigen Grund zu widerrufen, die Vollmacht gegebenenfalls in notariell beglaubigter oder beurkundeter Form mit diesem Inhalt zu wiederholen und sich sämtlicher eigenen Handlungen in Bezug auf den Gesellschaftsanteil zu enthalten, insbesondere sich der eigenen Stimmausübung in Gesellschafterversammlungen zu enthalten, es sei denn, dass ein wichtiger Grund vorliegt, der die eigene Stimmausübung rechtfertigt.

Wenn die Stimmrechtsausübung des Testamentsvollstreckers durch die weiteren Gesellschafter nicht zugelassen wird, hat der Erbe das Stimmrecht nach Weisung des Testamentsvollstreckers auszuüben.

Zum Testamentsvollstrecker wird Hans-Jürgen Kuhnert bestellt, persönlich haftender Gesellschafter der Kuhnert Bank KG. Wenn dieser das Amt des Testamentsvollstreckers nicht annehmen kann oder will oder nach der Übernahme wegfällt, ist zur Benennung des Testamentsvollstreckers Rechtsanwalt Dr. Hans Lachner in München berechtigt, der eine Unternehmerpersönlichkeit benennen soll.

Dem Testamentsvollstrecker steht für die Übernahme seines Amts eine Vergütung in Höhe von 3% des anteilig auf die verwaltete Beteiligung entfallenden Steuerbilanzgewinns der oHG zu. Soweit die Tätigkeitsvergütung umsatzsteuerpflichtig ist, ist zuzüglich zu diesem Betrag die gesetzliche Umsatzsteuer geschuldet. Er ist berechtigt, die Vergütung am Ende eines Kalenderjahres für das abgelaufene Kalenderjahr zu entnehmen.

Von dem verbleibenden Ertrag der Beteiligung hat der Testamentsvollstrecker dem Erben einen Betrag zur freien Verfügung zu überlassen, der es dem Erben gestattet, sämtliche Steuern sowie die Leibrente zu Gunsten der Ehefrau zu bezahlen, und der dem Erben neben seinen sonstigen Einkünften eine angemessene Lebensführung ermöglicht.

Der Testamentsvollstrecker hat den Vermächtnisnehmer an die Verwaltung der Beteiligung heranzuführen, so dass dieser nach Ablauf der Testamentsvollstreckung in der Lage ist, die Verwaltung des Vermächtnisses selbstständig verantwortlich zu übernehmen. Zu diesem Zweck hat der Testamentsvollstrecker dem Vermächtnisnehmer den gesamten Schriftverkehr, der den Geschäftsanteil betrifft, zugänglich zu machen und diesen von Verhandlungen, die in Ansehung des Geschäftsanteils stattfinden, umfassend zu unterrichten. Er hat den Vermächtnisnehmer rechtzeitig vor einberufenen Gesellschafterversammlungen von der Tagesordnung zu informieren und diesem die gesamten eventuell zur Vorbereitung der Gesellschafterversammlung überreichten Unterlagen zugänglich zu machen sowie diese mit ihm zu erörtern. Er hat die Art und Weise, wie er das Stimmrecht in der Gesellschafterversammlung ausüben will, dem Vermächtnisnehmer darzulegen und zu begründen; soweit möglich vor Abgabe der Stimme, sonst nach Abgabe der Stimme. Er hat den Jahresabschluss der Gesellschaft dem Vermächtnisnehmer zugänglich zu machen und diesem zu erläutern. Widerspruchsrechte gegen Maßnahmen des Testamentsvollstreckers stehen dem Erben ungeachtet dessen nicht zu.

4. Auflage. Im Wege der Auflage wird angeordnet, dass der Erbe sein Verbleiben in der o. a. Gesellschaft nicht davon abhängig macht, dass ihm die Stellung eines Kommanditisten eingeräumt wird.

1. Begünstigung des Sohnes

Da der Sohn Daniel des Ehemanns nach dem Gesellschaftsvertrag nachfolgeberechtigt ist (ebenso die Ersatzerben) ergeben sich keine Probleme, bezüglich der Vererblichkeit der Gesellschaftsposition.

Der **Sohn** wurde aus folgenden Gründen **als Erbe** und **nicht als Vermächtnisnehmer** eingesetzt: Dadurch geht das gesamte Vermögen des Erblassers (Aktiva und Passiva) auf ihn über. Die Absicht, alle zu der Beteiligung gehörenden Vermögenspositionen auf den Unternehmensnachfolger übergehen zu lassen, lässt sich so unproblematisch und ohne ausdrückliche Aufführung der mitübertragenen Gegenstände und Rechte bewältigen. Auch Schulden, die mit der Gesellschaftsbeteiligung im weitesten Sinn im Zusammenhang stehen, gehen auf den Unternehmensnachfolger über, ohne dass Gläubiger hierzu ihre Zustimmung erteilen müssten (wie beim Vermächtnis). Auf die Vermächtnisnehmer (Ehefrau und deren Tochter) gehen die Verbindlichkeiten nicht über.

2. Begünstigungen der Ehefrau

Die Versorgung und sonstige Begünstigung der Ehefrau erfolgen durch Vermächtnisse, die der Erbe zu erfüllen hat.

a) Nießbrauch. Das Nießbrauchsrecht gibt der Ehefrau das umfassende Nutzungsrecht an dem nießbrauchsbelasteten Anwesen (§ 1030 BGB). Sie kann es entweder selbst nutzen oder an Dritte zur Nutzung überlassen, entweder im Wege der Miete oder der Pacht.

Im Übrigen ist das **Verhältnis zwischen Nießbraucher und Eigentümer** nach dem Gesetz wie folgt ausgestattet: Der Nießbraucher hat die gewöhnliche Unterhaltung der nießbrauchbelasteten Sache vorzunehmen und hierfür anfallende Kosten alleine zu tragen. Außergewöhnliche Instandhaltungs- und Erneuerungskosten sind dagegen Angelegenheit des Eigentümers (§ 1041 BGB). Der Nießbraucher trägt die laufenden öffentlichen Lasten der Sache, insbesondere die Grundsteuer, während der Eigentümer die außerordentlichen öffentlichen Lasten trägt, insbesondere Erschließungskosten (§ 1047 BGB). Abweichend hiervon könnte bestimmt werden, dass der Nießbraucher auch außerordentliche öffentliche Lasten trägt und Unterhaltungsmaßnahmen auch über die gewöhnliche Unterhaltung hinaus auf eigene Kosten zu tragen hat.[139]

Der Nießbrauch an Grundbesitz kann im Grundbuch eingetragen werden, wodurch der Nießbrauchsberechtigte selbst für den Fall des Konkurses des Eigentümers (hier des Erben) geschützt wird.

b) Laufende Geldleistungen. Der Erbe soll der Ehefrau zur Versorgung monatlich Geld zur Verfügung stellen. Dabei ist zu entscheiden, ob dieser Geldbetrag als sogenannte Leibrente oder als dauernde Last erbracht werden soll.

Die **Leibrente** wird anders als die dauernde Last gleichbleibend erbracht.[140] Sie ändert sich auch bei einer wesentlichen Veränderung der wirtschaftlichen Verhältnisse des Berechtigten und des Verpflichteten nicht. Nur Wertanpassungsklauseln (siehe dazu unten) sind möglich.[141]

Die **dauernde Last** ändert sich dagegen bei einer wesentlichen Veränderung der wirtschaftlichen Verhältnisse.[142] In diesem Fall kann jeder Vertragsteil nach § 323 ZPO im Wege der Klage durchsetzen, dass der zu zahlende Betrag über eine ggf. vereinbarte Wertanpassung hinaus nach oben oder nach unten korrigiert wird.

Die **Entscheidung** zwischen einer dauernden Last oder einer Leibrente muss unter Berücksichtigung zivilrechtlicher und steuerrechtlicher Verhältnisse getroffen werden:

• **Zivilrechtlich.** Wenn die **Versorgung** des Vermächtnisnehmers im Vordergrund steht, ist eine **Leibrente** vorzuziehen. Gerade wenn der Erbe Gesellschafter ist, wird der Begünstigte der Leibrente nicht dem Risiko ausgesetzt, dass der Erbe bei einer Verschlechterung der Ertragslage der Beteiligung von ihm nach § 323 ZPO die Minderung seiner Zahlung verlangt.

Wenn die Zahlung dagegen mit dem „Wohle und Wehe" der Gesellschaft verknüpft werden soll, ist eine **dauernde Last** empfehlenswerter, die dem erbenden Gesellschafter ermöglicht, seine Last zu mindern, wenn die Beteiligung nur geringe Erträge abwirft.

• **Steuerlich.** Die Leibrente muss vom Vermächtnisnehmer bei den sonstigen Einkünften nach § 22 Nr. 1 EStG versteuert werden, allerdings nur mit dem Ertragsanteil (§ 22 Nr. 1 S. 3 EStG),[143] während die dauernde Last in voller Höhe zu versteuern ist. Umgekehrt kommt beim Erben, der eine Leibrente erbringt, der Sonderausgabenansatz nach § 10 Abs. 1 Nr. 1a EStG nur in Höhe des Ertragswerts in Betracht, bei der dauernden Last dagegen der volle Zahlbetrag, jeweils vorausgesetzt, dem Sonderausgabenabzug steht § 12 Nr. 2 EStG nicht entgegen. Nach der Rechtsprechung des X.-ten Senats des BFH gilt für Vermächtnisrenten wie für vermächtnisweise dauernde Lasten, dass diese nur dann als Sonderausgaben vom Erben abgezogen werden können, „wenn sie als vom Erblasser vorbehaltene Vermögenserträge zu Gunsten des Ehegatten oder anderer gesetzlicher erbberechtigter Abkömmlinge des Erblassers zu werten sind".[144] D.h. der Sonderausgabenabzug kommt nur in Betracht, wenn an den Erben Vermögen übergeht, das Erträge abwirft oder abwerfen kann und zusätzlich begünstigter Vermächtnisnehmer die Ehefrau des Erblassers oder ein Abkömmling ist. Ob eine Schwester des Erblassers – steuerlich anerkannt – begünstigt werden kann, ist unklar. Da die finanzgerichtliche Rechtsprechung noch nicht als ausreichend sicher für kautelare Gestaltungen angesehen werden muss, empfiehlt es sich, eine sogenannte „Steuerklausel" mit den angenommenen steuerlichen Folgen aufzunehmen und der Verpflichtung zum wirtschaftlichen Ausgleich, wenn diese tatsächlich nicht eintreten.

Wertsicherung. Sowohl bei der Ausgestaltung als dauernde Last als auch als Leibrente ist Vorsorge gegen den inneren Wertverfall durch Inflation zu treffen. Dabei sind zwei Zeitspannen zu unterscheiden.

(1) Die Zeitspanne **zwischen Errichtung der** letztwilligen **Verfügung und dem Todesfall** und

(2) die Zeitspanne **nach dem Tod des Erblassers** (hier des Ehemanns) **bis zum Tod des Begünstigten** (hier der Ehefrau).

Für beide Zeiträume kann die Sicherung dadurch erfolgen, dass der Ausgangsbetrag an die Höhe eines bestimmten **Beamtengehalts** (z.B. Regierungsrat einer bestimmten Dienstaltersstufe) gekoppelt wird oder an einen bestimmten **Lebenshaltungskostenindex**. Zu berücksichtigen ist: Solche Wertsicherungsklauseln sind i.d.R. nach § 2 **Preisangaben- und PreisklauselG genehmigungsbedürftig.**[145] Damit beim Tod nicht die Wirksamkeit der Wertsicherungsklausel bestritten wird, kann die Genehmigung bereits nach der Errichtung der letztwilligen Verfügung bei der zuständigen Landeszentralbank eingeholt werden. Bei notarieller Beurkundung der letztwilligen Verfügung veranlasst dies der Notar.

Konkretes Muster. Im vorgestellten Muster wird eine Leibrente vermächtnisweise zugewendet. Eine Steuerklausel ist entsprechend der Empfehlung in Abschnitt cc) (2) oben aufgenommen. Die automatische **Wertanpassung** der Leibrente erfolgt erst nach dem Tod des Ehemanns, **nicht schon automatisch für die Zeit zwischen** der **Errichtung** der letztwilligen Verfügung **und** seinem **Tod. In diesem Fall** ist eine **laufende Überprüfung** der letztwilligen Verfügung erforderlich und eine Korrektur veranlasst, wenn der Leibrentenbetrag nicht mehr als angemessen angesehen wird.

c) Anteil an Eigentumswohnung. Nicht zur Versorgung, sondern um der Ehefrau darüber hinaus Vermögen zu übertragen, wird ihr noch der Hälfte-Anteil des Ehemanns an einer Eigentumswohnung vermacht (die beim zweiten Todesfall dann der Tochter der Ehefrau zustehen soll).

d) **Erbschaftsteuer.** aa) Erbschaftsteuerlich hat die Ehefrau als Vermächtnisnehmer zu versteuern:
(1) Den Anteil an der Eigentumswohnung, der nach § 146 Bewertungsgesetz neue Fassung bewertet wird,
(2) den Kapitalwert des Nießbrauchs und
(3) den Kapitalwert der Leibrente.
Für die Vermächtnisse zu (2) und (3) gilt § 23 ErbStG, d.h. sie werden jährlich versteuert oder – abgezinst – als Einmalzahlung.

bb) Der Sohn als Erbe kann wegen § 25 ErbStG nur das Vermächtnis nach aa) (1) von seinem Erwerb abziehen (§ 10 Abs. 1 Satz 2, Abs. 5 Nr. 2 ErbStG), nicht aber den Nießbrauch oder die Leibrente.

3. Ergänzung: Testamentsvollstreckung im „Unternehmensbereich"

Wenn einzelkaufmännische Unternehmen oder Beteiligungen an Gesellschaften vererbt werden sollen, ist es häufig der Wunsch des Erblassers, dass ein nicht geschäftserfahrener Nachfolger nicht oder zumindest nicht gleich unternehmerisch oder als Gesellschafter tätig werden darf. Er will ihn von der Verwaltung ausschließen.

Soweit die Ausschließung des Erben von der Verwaltung nur auf begrenzte Dauer erfolgen soll und der Nachfolger während der Dauer der Testamentsvollstreckung in die „unternehmerische Verantwortung" wachsen soll, ist dieses Motiv anerkennenswert. Wenn der Erblasser allerdings beabsichtigt, den Erben während der ganzen Lebensdauer von der Verwaltung auszuschließen (gemäß § 2210 S. 2 BGB) ist dies sinnlos: Der vorgesehene Nachfolger ist nach Meinung des Erblassers nicht geeignet, die Verantwortung als Unternehmer oder als Gesellschafter zu übernehmen. In solchen Fällen sollte ein Handelsgeschäft oder eine Beteiligung besser an einen anderen Begünstigten übertragen werden oder nach dem Tod verkauft werden.

a) **Zulässigkeit.** Bei der Frage, ob die Anordnung einer Verwaltungsvollstreckung überhaupt zulässig ist und inwieweit sie das Unternehmen bzw. die Beteiligung überhaupt erfasst, ist zu differenzieren:

aa) *Einzelkaufmännisches Unternehmen.* Die **Verwaltungstestamentsvollstreckung** über einzelkaufmännische Unternehmen ist **unzulässig**, weil der Testamentsvollstrecker den Erben nach §§ 2206 und 2207 BGB nur eingeschränkt mit dem Nachlass verpflichten kann.[146]

Es sind allerdings 3 **Ersatzlösungen möglich:**[147]

• **Die treuhänderische Übertragung des Unternehmens auf den Treuhänder,** der während der Dauer der „Testamentsvollstreckung" das Unternehmen im eigenen Namen aber auf Rechnung des Erben führt.[148]

• **Erteilung einer Vollmacht an den Testamentsvollstrecker.** Der als „Testamentsvollstrecker" auserwählten Person kann Vollmacht dazu erteilt werden, nach dem Tod des Erblassers für eine bestimmte Dauer das Unternehmen im Namen und auf Rechnung des Erben zu führen.[149] Dabei kann die Vollmacht entweder bereits im Testament erteilt werden oder der Erbe kann (im Wege der Auflage oder Bedingung) zu ihrer Erteilung verpflichtet werden.

• **Umgründung in eine GmbH.** Im Wege der Auflage kann der Erbe verpflichtet werden, das einzelkaufmännische Unternehmen in eine GmbH umzugründen oder nach § 56a Umwandlungsgesetz umzuwandeln und den Testamentsvollstrecker als Geschäftsführer zu bestellen.[150]

bb) Gesellschaft des bürgerlichen Rechts, offene Handelsgesellschaft und persönlich haftender Gesellschafter einer Kommanditgesellschaft. Die neuere Rechtsprechung und Literatur[151] akzeptieren eingeschränkt die Möglichkeit einer Testamentsvollstreckung an persönlich haftenden Gesellschaftsbeteiligungen. Danach gilt:

(1) **Außenseite der Beteiligung:** Anerkannt wird das Bedürfnis des Erblassers, die Verfügungsmöglichkeit des Erben nach § 2211 BGB und den Zugriff der Eigengläubiger des Erben auf die zum Nachlass gehörende Gesellschaftsbeteiligung einzuschränken. Soweit die Testamentsvollstreckung die sogenannte „Außenseite" der Beteiligung betrifft, wird sie deshalb als **zulässig** angesehen. Dies bewirkt, dass die **Beteiligung** selbst und die aus ihr fließenden **vermögensmäßigen Rechte** (Gewinnanspruch und eventueller Anspruch auf ein Liquidationsguthaben) **nicht der Verfügung des Erben** unterliegen, sondern dass darüber nur durch den Testamentsvollstrecker verfügt werden kann (§ 2211 BGB). **Auf** diese **vermögensmäßigen Rechte können** Eigengläubiger des Erben nicht zugreifen (§ 2214 BGB).[152]

(2) **Innenseite der Beteiligung:** Zur sogenannten „Innenseite der Beteiligung" gehören mit der Gesellschafterstellung verbundene Mitwirkungsrechte, insbesondere das Stimmrecht in der Gesellschaftsversammlung. Ob eine angeordnete Testamentsvollstreckung auch die Innenseite der Gesellschaft erfasst und inwieweit, hängt von dem **Gesellschaftsvertrag** und den **Mitgesellschaftern** ab.

Wird die Anordnung der Testamentsvollstreckung **im Gesellschaftsvertrag nicht** ausdrücklich **zugelassen** oder **stimmen die Gesellschafter** nach dem Erbfall dem **nicht zu,** so **erfasst** eine angeord-

nete Testamentsvollstreckung die **Innenseite der Beteiligten nicht.**
Der Erbe nimmt also selbst das Stimmrecht in der Gesellschafterversammlung wahr und übt Geschäftsführungsfunktionen aus.[153]

In diesem Fall kann dem Testamentsvollstrecker nur entweder durch den Erblasser selbst im Testament eine postmortale Vollmacht zur Ausübung der Mitwirkungsrechte eingeräumt werden oder der Erbe durch eine Auflage verpflichtet werden, eine solche Vollmacht zu erteilen.[154]

Wenn der **Gesellschaftsvertrag** die Anordnung der **Testamentsvollstreckung gestattet** oder **alle Mitgesellschafter zustimmen,** erfasst die Testamentsvollstreckung m. E. (str!) auch die Innenseite der Beteiligung,[155] allerdings mit einer Einschränkung: Der Testamentsvollstrecker ist nicht berechtigt, Verbindlichkeiten zu begründen, die nicht aus dem Nachlassvermögen erfüllt werden können, sondern aus dem sonstigen Vermögen des Erben erfüllt werden müssten. Er ist beispielsweise nicht berechtigt, bei Nachträgen zum Gesellschaftsvertrag mitzuwirken und den Gesellschaftsbeitrag des Gesellschafters zu erhöhen, wenn die Erhöhung nicht aus dem Nachlassvermögen erbracht werden kann. Dies ergibt sich aus § 2206 BGB.[156]

cc) Kommanditbeteiligung. Seit dem Urteil des BGH aus dem Jahr 1989 ist anerkannt, dass die Testamentsvollstreckung an einer Kommanditbeteiligung grds. **zulässig** ist, wenn der Erbe oder Vorerbe nicht schon Kommanditist ist.[157] Uneingeschränkt erfasst die Testamentsvollstreckung nur die **Außenseite** der Gesellschaftsbeteiligung. Die Anordnung der Testamentsvollstreckung erfasst die **Innenseite** der Beteiligung nur **dann, wenn** sie entweder **im Gesellschaftsvertrag zugelassen** ist **oder** nach dem Tod **sämtliche Gesellschafter zustimmen.**[158] Auch hier gilt: selbst wenn die Anordnung der Testamentsvollstreckung die Innenseite der Beteiligung mit umfasst, kann der Testamentsvollstrecker durch eigene Ausübung der Mitwirkungsrechte den Erben nicht mit seinem Vermögen außerhalb des Nachlasses verpflichten.[159] War der Erbe oder Vermächtnisnehmer schon Kommanditist, scheidet wegen der „Einheit der Gesellschaftsbeteiligung" die Testamentsvollstreckung aus.[160]

dd) GmbH. Die Anordnung der Testamentsvollstreckung ist grundsätzlich zulässig.[161] Probleme ergeben sich bei der Ausübung des Stimmrechts durch den Testamentsvollstrecker, wenn nach der Satzung der Gesellschaft das Stimmrecht nur von dem Gesellschafter persönlich ausgeübt werden darf.[162] Dann erstreckt sich seine Stellung nicht auf die Ausübung des Stimmrechts. In solchen Fällen kann der Erbe nur durch eine Auflage verpflichtet werden, das Stimmrecht nach der Weisung des Testamentsvollstreckers auszuüben.

b) Konkretes Muster. Angeordnet wird die Testamentsvollstreckung wegen der Beteiligung an einer oHG. Zum Nachlass gehört noch weiteres Vermögen. Die Testamentsvollstreckung beschränkt sich auf die oHG. Die Beschränkung der Testamentsvollstreckung auf einzelne Nachlassgegenstände ist nach § 2208 Abs. 1 S. 2 BGB zulässig.

Da der Gesellschaftsvertrag nach dem Sachverhalt keine Bestimmung über die Zulässigkeit der Testamentsvollstreckung enthält, ergreift die angeordnete Testamentsvollstreckung automatisch nur die Außenseite der Beteiligung. Damit der Testamentsvollstrecker auch die „Innenseite der Beteiligung" verwalten kann, wird ihm eine postmortale Vollmacht bereits durch den Erblasser erteilt. Damit der Erbe diese nicht ohne wichtigen Grund widerrufen kann und sich unabhängig von der Vollmacht nicht selbst um die Ausübung der mit der Beteiligung verbundenen Rechte kümmern kann, wird ihm im Weg der Auflage der Widerruf der Vollmacht und die eigene Stimmrechtsausübung untersagt, es sei denn, dass ein wichtiger Grund vorliegt.

Da nach dem Gesellschaftsvertrag auch die Stimmrechtsausübung durch den Testamentsvollstrecker problematisch sein kann, wird hilfsweise der Erbe angewiesen, das Stimmrecht in der Gesellschafterversammlung nach den Weisungen des Testamentsvollstreckers auszuüben.

Der Testamentsvollstrecker wird durch den Erben benannt. Wenn der benannte Testamentsvollstrecker das Amt nicht annimmt oder später wegfällt, wird das Benennungsrecht einer Person des Vertrauens übertragen (§ 2198 BGB), statt das Nachlassgericht um die Ernennung des Testamentsvollstreckers zu ersuchen (§ 2200 BGB).

Der Testamentsvollstrecker hat hier nicht nur verwaltende Funktion, sondern auch die Aufgabe, den Nachfolger an die verantwortliche Verwaltung der Beteiligung heranzuführen, damit diese nach dem Ende der Testamentsvollstreckung nicht im wesentlichen unvorbereitet[163] selbst die Verwaltung übernimmt.

c) Ergänzende lebzeitige Gestaltungen. Wenn beabsichtigt ist, dass der Testamentsvollstrecker auch Gesellschafterrechte „der Innenseite" der Beteiligung geltend macht, sollte – zusammen mit den Mitgesellschaftern im Gesellschaftsvertrag bzw. der Satzung – generell oder für einen bestimmten Einzelfall die Testamentsvollstreckung für zulässig erklärt werden und die Stimmrechtsausübung durch den Testamentsvollstrecker zugelassen werden.

§ 3
Verfügungen der Ehefrau

1. **Erbeinsetzung.** Die Ehefrau setzt ihre Tochter Sibylle zu ihrer alleinigen und ausschließlichen Erbin ein, ersatzweise deren Abkömmlinge zu unter sich gleichen Teilen nach Stämmen. Sollte Sibylle ohne Hinterlassung von Abkömmlingen vorverstorben sein, erbt ersatzweise der Ehemann.

2. **Vermächtnis.** Der Erbe wird durch Folgendes Vermächtnis beschwert: Sollte zum Zeitpunkt des Todes der Ehefrau der Ehemann noch leben, ist diesem der hälftige Miteigentumsanteil der Ehefrau an der Eigentumswohnung in der Jagdstraße 10 in 80338 München frei von Belastungen in Abteilung II und III des Grundbuchs zu übereignen. Das Vermächtnis ist mit dem Tod der Ehefrau zu erfüllen. Die Kosten der Vermächtniserfüllung trägt der Vermächtnisnehmer.

3. **Vermögenssorge.** Wenn die Tochter Sibylle der Ehefrau Erbin wird und noch minderjährig ist, erstreckt sich dann, wenn der geschiedene erste Ehemann der Ehefrau noch lebt, dessen Vermögenssorge nicht auf das Vermögen, das Sibylle von der Ehefrau erbt. Zum Pfleger zur Verwaltung des Vermögens, das Sibylle beim Tod der Ehefrau erwirbt, wird dann, wenn der Ehemann die Ehefrau überlebt, dieser bestellt, sonst der Bruder der Ehefrau Erich Maier, geboren am 28.12. 1954.

4. **Nacherbfolge.** Wenn Sibylle Erbin wird, wird die Nacherbfolge angeordnet. Die Nacherbfolge tritt beim Tod der Vorerbin ein. Nacherben von Sibylle sind der Bruder der Ehefrau, Erich Kuhn bzw., wenn dieser vorverstorben ist, dessen Abkömmlinge zu unter sich gleichen Teilen nach Stämmen. Der Vorerbe ist von den Beschränkungen und Verpflichtungen der §§ 2113 ff. befreit, soweit dies gesetzlich zulässig ist.

Die Anordnung der Nacherbfolge ist wie folgt auflösend bedingt: Wenn Sibylle heiratet oder Kinder hat, wird sie ab dem Zeitpunkt der Verehelichung bzw. ab dem Zeitpunkt der Geburt ihres ersten Kindes Vollerbin.

Erläuterungen zu § 3:

1. Vorbemerkung	3. Erbfolge beim Tod des einseitigen Kindes
2. Sorgerecht/Vermögenssorge für Kinder Geschiedener	

1. Vorbemerkung

Die Tochter wird zur alleinigen Erbin eingesetzt. Dem Ehemann wird nur vermächtnisweise ein hälftiger Miteigentumsanteil an einer

Eigentumswohnung zugewendet. Eine „Versorgung" des Ehemanns ist nicht erforderlich. Durch § 2 Abs. 2b des Erbvertrags wird sichergestellt, dass die gesamte Eigentumswohnung beim Tod des Ehemanns, wenn dieser nach der Ehefrau verstirbt, auf deren Tochter übergeht.

Die Bestimmungen in § 3 Abs. 3 und 4 werden getroffen, weil die Ehefrau **geschieden** ist. Daraus ergeben sich **zwei Probleme,** das **Sorgerecht** für die Tochter, wenn die Ehefrau verstirbt, solange die Tochter minderjährig ist, und der **Erbanfall, wenn die Tochter nach der Mutter verstirbt.**

2. Sorgerecht/Vermögenssorge für Kinder Geschiedener

Kraft Gesetzes ist das Vormundschaftsgericht bei geschiedenen Eltern verpflichtet, die elterliche Sorge für minderjährige Kinder nach dem Tod des Sorgeberechtigten dem überlebenden Elternteil zu übertragen, wenn dies dem Wohl des Kindes nicht widerspricht (§ 1681 Abs. 1 S. 2 BGB). Gegen den generellen Vorrang des Sorgerechts des geschiedenen Ehegatten kann sich die Ehefrau grds. nicht schützen. Damit wird der **geschiedene Ehegatte** berechtigt, die **Personen- und Vermögenssorge** zu übernehmen (§ 1626 S. 2 BGB). In den Fällen, in denen die Übertragung des Sorgerechts auf den überlebenden Elternteil dem Wohl des Kindes nach Ansicht des Sorgeberechtigten widerspricht, kann dies im Testament (möglichst unter Angabe der Gründe, z. B. Verletzung der Unterhaltspflicht, Nichtausübung des Umgangsrechts) angegeben werden und ein Antrag aufgenommen werden, die Übertragung des Sorgerechts zu unterlassen. Wenn das Vormundschaftsgericht diesem Antrag entspricht, muss für das Kind ein Vormund bestellt werden. Die Benennung kann in dem Testament erfolgen. Dann soll das Vormundschaftsgericht grundsätzlich die benannte Person zum Vormund bestellen.

Obwohl dem geschiedenen Ehegatten die Stellung als vorrangig Sorgeberechtigter von Ausnahmefällen abgesehen nicht entzogen werden kann, **kann das Vermögenssorgerecht** aber **entscheidend beschränkt werden:** Nach § 1638 BGB kann ein Erblasser durch letztwillige Verfügung bestimmen, dass das von ihm vererbte Vermögen nicht von dem Sorgeberechtigten verwaltet wird. **Zur Verwaltung dieses Vermögens** ist nach § 1909 Abs. 1 S. 2 BGB ein **Pfleger** zu bestellen. Der Pfleger kann in der **letztwilligen Verfügung** des Erblassers benannt werden (§ 1917 Abs. 1 BGB). Hier wird der zweite Ehemann zum Pfleger für das Nachlassvermögen bestimmt, ersatzweise ein Bruder der Ehefrau.

3. Erbfolge beim Tod des einseitigen Kindes

Wenn Sibylle verstirbt, ist ihr **Vater** und sind dessen weiterer Abkömmlinge (z.B. aus einer nachfolgenden Ehe des Vaters) **gesetzliche Erben** der 2. Ordnung und sind die Eltern ihres Vaters gesetzliche Erben der 3. Ordnung. Wenn ihre Mutter **verhindern** will, dass beim Tod von Sibylle das von ihr ererbte Vermögen an diese Personen fällt, muss sie die **Vor- und Nacherbfolge** anordnen.

Im konkreten Muster erfolgt dies. Sibylle wird aber Vollerbin, wenn sie heiratet und Kinder hat. Zwar führt die Heirat alleine nicht dazu, dass das gesetzliche Erb- und auch das Pflichtteilsrecht des Vaters erlischt, sondern erst die Geburt von Kindern (§ 1930 BGB). Damit Sibylle über das ererbte Vermögen aber frei testamentarisch verfügen kann, entfällt die Anordnung der Nacherbfolge auch bei einer bloßen Verehelichung von Sibylle.

§ 4
Rechtsnatur der Verfügungen

Von den Verfügungen des Ehemanns sind nur die in § 2 Abschn. 2. und von den Bestimmungen der Ehefrau sind nur die in § 3 Abschn. 2. erbvertraglich bindend, d.h. einseitig grundsätzlich unwiderruflich vereinbart. Die weiteren Bestimmungen sind jeweils einseitig testamentarisch getroffen.

Erläuterungen zu § 4:

Zwingend erforderlich ist es, dass Verfügungen, die der **Versorgung** eines Ehegatten **dienen, erbvertraglich bindend** getroffen werden. Im vorgestellten Muster handelt es sich dabei um die Vermächtnisse nach § 2 Abs. 2 a) aa) und cc) des Ehemanns. Da sich die Ehegatten wegen der ihnen zur Hälfte gehörenden Eigentumswohnung in München gegenseitig bedenken wollen, wird auch insoweit die erbvertragsmäßige bindende Verfügung gewählt.

Die anderen Verfügungen sind einseitig testamentarisch getroffen, also jederzeit widerruflich.

§ 5
Abänderungsbefugnis bzgl. erbvertraglicher Verfügungen

Nach dem Tod eines Ehegatten ist der überlebende Ehegatte zu Änderungen bezüglich derjenigen Verfügungen, die erbvertraglich bindend getroffen wurden, nicht berechtigt.

Er kann ohne weiteres, wie bereits zu Lebzeiten beider Ehegatten, einseitige testamentarische Verfügungen aufheben oder abändern.

Erläuterungen zu § 5:

Der Ausschluss der Abänderungsbefugnis im ersten Absatz bezweckt für den Fall, dass die Ehefrau vor dem Ehemann verstirbt, dass die Eigentumswohnung in München auf die Tochter der Ehefrau übergeht.

§ 6
Rücktritt von erbvertraglichen Verfügungen

Die Beteiligten wurden darauf hingewiesen, dass sie sich den einseitigen Rücktritt von erbvertraglichen Verfügungen der Urkunde vorbehalten können.
Ein solcher Vorbehalt soll nicht erfolgen.

Erläuterungen zu § 6:

Durch den Vorbehalt eines Rücktrittsrechts nach § 2293 BGB könnten die Ehegatten die Bindungswirkung für die erbvertraglich getroffenen Bindungen lockern und ihnen nur die eingeschränkte Bindungswirkung eines gemeinschaftlichen Testaments (§§ 2270, 2271 BGB) zuweisen: Der lebzeitige Rücktritt wäre möglich (§ 2296 Abs. 2 BGB). Beim Tod eines Ehegatten könnte sich der Überlebende von der erbvertraglichen Bindung befreien, indem er das ihm Zugewendete ausschlägt (§ 2298 Abs. 2 BGB).
Da dadurch der Vorteil des Erbvertrags gegenüber dem gemeinschaftlichen Testament wieder zunichte gemacht würde, wird hier darauf verzichtet.

§ 7
Ausschluss der Anfechtung

Alle einseitigen und erbvertraglichen Verfügungen sind unbeschadet des gegenwärtigen und künftigen Vorhandenseins pflichtteilsberechtigter Personen getroffen.
Erläuterungen zu § 7: Siehe oben Erl. zu 1. Muster, Grundfall, § 8.

§ 8
Pflichtteilsverzicht

Der Notar wies die Beteiligten auf das gesetzliche Erb- und Pflichtteilsrecht hin.

Die Beteiligten verzichten gegenseitig auf das ihnen beim Tod des anderen Vertragsteils jeweils zustehende Pflichtteilsrecht. Der Verzicht wird ausdrücklich auf Pflichtteils- und Pflichtteilsergänzungsansprüche beschränkt und erfasst das gesetzliche Erbrecht nicht.

Erläuterungen zu § 8:

Unterstellt wird hier, dass das Vermögen, das jeder der Ehegatten seinem Kind zuwenden will, wesentlich wertvoller ist als das Vermögen, das dem Ehegatten durch Vermächtnisse zugewendet wird. Der Ehegatte hat dann, wenn der Wert seines Vermächtnisses weniger beträgt als die Hälfte des gesetzlichen Erbteils, die Möglichkeit, die Ergänzung des Pflichtteils nach § 2307 Abs. 1 S. 2 BGB zu fordern oder das Vermächtnis auszuschlagen und stattdessen den Pflichtteil zu verlangen.

Um der letztwilligen Verfügung Bestandskraft auch gegenüber dieser Möglichkeit zu verschaffen, verzichten die Ehegatten gegenseitig auf ihren Pflichtteilsanspruch nach § 2303 Abs. 2 BGB.

§ 9
Verwahrung, Kosten, Ausfertigung

Dieser Erbvertrag verbleibt in der Urkundensammlung des Notars.

Jeder der Beteiligten erhält eine Ausfertigung. Der Notar soll eine beglaubigte Abschrift zu seiner Urkundensammlung nehmen.

Der Ehemann trägt die Kosten der Errichtung und Ausfertigung der Urkunde.

Erläuterungen zu § 9:

Regelfall nach dem BeurkG ist die amtliche Verwahrung des Erbvertrags durch das Nachlassgericht (§ 34 Abs. 2, 1 BeurkG). Die Beteiligten können die amtliche Verwahrung ausschließen (§ 34 Abs. 2 BeurkG). Dadurch werden die Verwahrungsgebühren bei Gericht gespart. Die Verwahrung beim Notar ist kostenfrei.[164]

• **Variante zum 2. Muster**
Ehegatten mit gemeinschaftlichen Abkömmlingen.
Spezialprobleme: Bestimmung eines Begünstigten durch Dritte.
Nießbrauch an Gesellschaftsbeteiligungen.

Erbvertrag

Urkundeneingang siehe Grundmuster

§ 1
Vorbemerkung

Wir, Walter Schütz und Evi Müller-Schütz geborene Müller haben
am 28. 6. 1981 die Ehe geschlossen. Es ist beiderseits die erste Ehe.
Aus unserer Ehe sind drei gemeinschaftliche Kinder hervorgegangen, Hans Schütz, geboren am 2. 2. 1983, Petra Schütz, geboren am
4. 5. 1988, und Fritz Schütz, geboren am 8. 11. 1990. Der Ehemann
ist an der Schütz GmbH mit dem Sitz in Ingolstadt (HRB 487; derzeitiges Stammkapital € 100.000,–; derzeit gehaltener Geschäftsanteil € 50.000,–) beteiligt. Weiter besitzen wir zur Zeit sowohl gemeinschaftliches Vermögen als auch Vermögensbestandteile, die nur
einem von uns gehören.

Die Satzung der o. a. GmbH sieht beim Tod weder die Einziehung
des Geschäftsanteils vor, noch die Ausschließung des Rechtsnachfolgers, noch Ankaufsrechte zu Lasten des Rechtsnachfolgers. Die
Verfügung über Geschäftsanteile bedarf nach § 5 der Satzung u. a.
nicht der Zustimmung der Gesellschaft oder weiterer Gesellschafter,
wenn die Veräußerung an Ehegatten oder Abkömmlinge erfolgt.

§ 2
Verfügungen des Ehemanns

1. Erbeinsetzung. Der Ehemann setzt hiermit zu seiner alleinigen Erbin die Ehefrau ein und als Ersatzerben (wenn die Ehefrau vorverstorben ist, gleichzeitig mit dem Ehemann oder auf Grund derselben
Gefahr verstirbt oder die Erbschaft ausschlägt) unsere gemeinschaftlichen Abkömmlinge zu unter sich gleichen Teilen nach Stämmen.

2. Vermächtnis. a) Der Erbe wird durch Folgendes Vermächtnis
bzw. Vorausvermächtnis beschwert: Er hat die dem Ehemann zum
Zeitpunkt seines Todes zustehende Beteiligung an der Schütz
GmbH an eines unserer gemeinschaftlichen Kinder zu übertragen.

Das Vermächtnis fällt, wenn die Ehefrau den Ehemann überlebt, an, wenn das jüngste unserer Kinder 20 Jahre alt ist, wenn die Ehefrau vorher verstirbt, mit deren Tod. Wenn die Ehefrau den Ehemann nicht überlebt, fällt es mit dem Tod des Ehemanns an.

Wenn die Ehefrau den Ehemann beerbt, ist diese berechtigt zu bestimmen, wer von den Abkömmlingen das Vermächtnis erhält. Sollte nicht die Frau Erbin des Ehemanns werden, so ist die Bestimmung durch den Bruder des Ehemanns, Werner Schütz, vorzunehmen.

Das Bestimmungsrecht ist, wenn die Ehefrau den Ehemann überlebt, nicht auszuüben, bevor das jüngste unserer Kinder 18 Jahre alt ist, wenn die Ehefrau nicht vorher verstirbt. Das Nachlassgericht soll keine kürzere Frist nach § 2151 Abs. 3 S. 2 BGB bestimmen.

b) Der Vermächtnisnehmer wird mit folgenden Untervermächtnissen beschwert:

aa) Er hat der Ehefrau auf deren Lebensdauer den Nießbrauch an dem Geschäftsanteil einzuräumen. Für den Nießbrauch gelten folgende Bestimmungen:

(1) Verwaltungs- und Stimmrechte, die aus der Beteiligung folgen, stehen dem Vermächtnisnehmer als Gesellschafter zu. Falls ihn die entsprechenden Rechte nicht kraft Gesetzes zustehen, hat der Nießbraucher dem Vermächtnisnehmer eine entsprechende Vollmacht zu erteilen und sich einer eigenen Rechtsausübung zu enthalten. Der Gesellschafter ist verpflichtet, bei der Ausübung der bei ihm verbliebenen Rechte alles zu unterlassen, was den Nießbrauch beeinträchtigen oder vereiteln könnte. Der Gesellschafter hat dem Nießbraucher soweit zulässig auf Verlangen Auskunft über sämtliche Angelegenheiten der Gesellschaft zu erteilen.

(2) Dem Nießbraucher steht der Gewinn zu, der während der Dauer der Nießbrauchsbelastung auf den Geschäftsanteil zur Auszahlung kommt.

Zu den Nutzungen des Nießbrauchsrechts gehören nicht bzw. stehen der Nießbraucherin nicht zu:

Der Anspruch auf den Liquidationserlös nach § 72 GmbHG bzw. ein Abfindungsguthaben und ein eventuelles Entgelt für die Einziehung des Geschäftsanteils, das Bezugsrecht auf Geschäftsanteile nach § 55 GmbHG, zurückgezahlte Nachschüsse nach § 30 Abs. 2 GmbHG, Teilrückzahlungen der Stammeinlage nach § 58 Abs. 2 GmbHG und ein Überschuss aus dem Verkauf von Geschäftsanteilen nach § 27 Abs. 2 GmbHG.

(3) Bei Liquidation, Einziehung und sonstigem Ausscheiden des Gesellschafters ist dem Nießbraucher jedoch an dem Liquidationserlös, dem Abfindungsguthaben oder dem Einziehungsentgelt der Nießbrauch erneut zu bestellen.

(4) Bei Kapitalerhöhungen aus Gesellschaftsmitteln ist der Nießbrauch auf den weiteren bzw. erhöhten Geschäftsanteil zu erstrecken. Bei sonstigen Kapitalerhöhungen erstreckt sich der Nießbrauch darauf nicht.

(5) Wenn der Geschäftsanteil während der Dauer des Nießbrauchs der Testamentsvollstreckung unterliegt, hat der Nießbraucher die Vergütung für den Testamentsvollstrecker zu zahlen.

bb) Aufschiebend bedingt auf den Tod der Ehefrau wird der Vermächtnisnehmer weiter mit folgenden Untervermächtnissen beschwert:

(1) Er hat unseren weiteren beiden Kindern den Bruchteilsnießbrauch an dem Geschäftsanteil zu jeweils 20% einzuräumen. Der Nießbrauch ist von dem auf den Tod der Ehefrau folgenden Tag den Untervermächtnisnehmern einzuräumen. Er endet 15 Jahre nach dem Tod des Erblassers. Hat die Ehefrau bereits 15 Jahre oder länger gelebt, entfällt die Anordnung des aufschiebend bedingten Untervermächtnisses.

(2) Im Übrigen gelten für den jeweiligen Bruchteilsnießbrauch die Bestimmungen unter aa) oben entsprechend.

cc) Steuerlich gehen wir davon aus, dass die Einkünfte aus Kapitalvermögen wegen des Nießbrauchs einschließlich Bruchteilsnießbrauchs an den GmbH-Anteilen dem Nießbraucher bzw. Bruchteilsnießbraucher zugerechnet werden einschließlich Kapitalertragsteuer. Sollte diese Ansicht jetzt oder künftig von der Finanzverwaltung oder Finanzrechtsprechung nicht geteilt werden, sind die Beteiligten verpflichtet, die Folgen wirtschaftlich auszugleichen.

§ 3
Verfügungen der Ehefrau

Die Ehefrau setzt zu ihrem alleinigen Erben den Ehemann ein und als Ersatzerben unsere gemeinschaftlichen Abkömmlinge zu unter sich gleichen Teilen nach Stämmen.

§ 4
Rechtsnatur der Verfügungen

Von den Verfügungen des Ehemanns sind die Verfügungen in Abschnitt 2. einseitig testamentarisch getroffen. Alle weiteren vorstehenden Verfügungen sind erbvertraglich bindend vereinbart.

§ 5
Rücktritt von erbvertraglicher Verfügungen

Keiner der Beteiligten behält sich den einseitigen Rücktritt von erbvertraglichen Verfügungen vor.

§ 6
Abänderungsbefugnis bzgl. erbvertraglicher Verfügungen

Nach dem Tod eines Ehegatten ist der Überlebende zur Änderung der Schlusserbfolge berechtigt. Durch Änderungen dürfen aber nur gemeinschaftliche Abkömmlinge begünstigt werden.

§ 7
Ausschluss der Anfechtung

Siehe § 7 des Grundfallmusters (Muster 2).

§ 8
Verwahrung, Kosten, Ausfertigung

Siehe § 9 des Grundfallmusters (Muster 2).

Erläuterungen zu der Variante zum 2. Muster

1. Bestimmungsrecht eines Dritten

2. Nießbrauch an Gesellschaftsbeteiligungen

Gegenüber den bisher dargestellten letztwilligen Verfügungen ergeben sich zwei erörterungsbedürftige Abweichungen: der Erblasser überlässt die Bestimmung desjenigen, der den Gesellschaftsanteil erhält, einem Dritten und räumt vermächtnisweise den Nießbrauch an der Gesellschaftsbeteiligung ein.

1. Bestimmungsrecht eines Dritten

a) **Grundsatz: Unzulässigkeit.** § 2065 Abs. 2 BGB stellt den Grundsatz auf, dass der Erblasser die Bestimmung einer Person, die eine Zuwendung erhalten soll, nicht einem anderen überlassen darf. Dieser Grundsatz gilt uneingeschränkt für die danach **nicht zulässige Bestimmung eines Erben durch Dritte.**

b) **Ausnahme: Vermächtnis.** Dieser Grundsatz erfährt bei Vermächtnissen eine Ausnahme. § 2151 Abs. 1 BGB gibt dem Erblasser die **Möglichkeit zu bestimmen, dass** der beschwerte **Erbe oder ein Dritter bestimmen darf,** wer von mehreren ein **Vermächtnis erhalten soll.** Dabei muss nur der Kreis der Personen, aus denen die Auswahlentscheidung vorzunehmen ist, bestimmt sein.[165] Im Übrigen kann die Bestimmung den Erben oder dem Dritten vollkommen frei überlassen werden. Sie ist gerichtlich nicht nachprüfbar.[166]

c) **Eingeschränkte Zweckmäßigkeit von Drittbestimmungen.** Die Bestimmung durch Dritte wird insbesondere bei der Unternehmensnachfolge als probates Mittel angesehen.[167] Dabei ist aber zu berücksichtigen: Das Bestimmungsrecht kann aus der Warte des Erblassers die Funktion haben, die eigene Säumnis bei der Bestimmung des Unternehmensnachfolgers durch den Dritten heilen zu lassen oder sich der eigenen Verantwortung bei der Bestimmung zu entziehen und diese auf den Dritten zu verschieben. Dies ist unsinnig. Deshalb ist diese Gestaltung meines Erachtens, obwohl zulässig, als sinnvolle Gestaltung abzulehnen, wenn das Vermächtnis sofort mit dem Tod des Erblassers anfallen soll (z.B. wenn eines der Kinder des Erblassers sofort nach dem Tod die Unternehmens- bzw. Gesellschaftsposition erhalten soll). Dem Dritten stehen für die Auswahl unter den Erben nicht mehr und nicht verlässlichere Informationen zur Verfügung als dem Erblasser vor seinem Tod. Wenn das Auswahlrecht unter den Kindern erfolgen soll, hat der Erblasser im Gegenteil den wesentlich besseren Informationsstand über den Entwicklungs- und Reifestand seiner einzelnen Kinder. **In Fällen, in denen die Unternehmens-/Gesellschaftsposition sofort mit dem Tod übergehen soll, ist es deshalb veranlasst, dass der Erblasser sich zu einer eigenen Entscheidung durchringt** und diese ggf. je nach dem Entwicklungs- und Reifestand der Kinder wieder abändert.

Sinnvoll ist das Bestimmungsrecht durch Dritte allerdings dann, **wenn** den Kindern oder einem davon **das Unternehmen/die Beteiligung nicht sofort mit dem Tod anfallen soll,** sondern erst zu einem späteren Zeitpunkt und der Gesellschaftsanteil bis zum Anfall beim Erben verbleibt. Dann kann der Dritte die weitere Entwicklung der Kinder bei seiner Entscheidung berücksichtigen.[168]

Wegen des Zeitraums, innerhalb dessen die Bestimmung des Vermächtnisnehmers zu erfolgen hat, regelt das Gesetz nur (§ 2151 Abs. 3 S. 2 BGB), dass auf Antrag eines Beteiligten das Nachlassgericht dem Dritten eine Frist zur Abgabe der Erklärung zu bestimmen hat.[169] Die Frist unterliegt der Entscheidung des Nachlassgerichts, das aber nicht nach freiem Ermessen entscheidet, sondern unter Berücksichtigung von Sinn und Zweck der Anordnung des Bestimmungsrechts. Wenn das Bestimmungsrecht bezweckt, dass bis zum Anfall des Vermächtnisses noch die weitere Entwicklung von Kindern berücksichtigt werden soll, ist eine Frist zu setzen, die dieses Anliegen unterstützt und nicht zunichte macht.

Im hier vorgestellten Muster wird das Bestimmungsrecht der Ehefrau übertragen, wenn sie den Ehemann überlebt. Die Ehefrau ist als Erbin berechtigt, den Gesellschaftsanteil zu behalten, bis das jüngste der Kinder 20 Jahre alt ist. Das Bestimmungsrecht soll innerhalb eines Jahres vor Anfall und Fälligkeit des Vermächtnisses ausgeübt werden.

Wenn nach der Entscheidung des Erblassers oder des zur Bestimmung des Unternehmensnachfolgers berechtigten Dritten kein Abkömmling zur Nachfolge geeignet ist, sollte speziell bei einzelkaufmännischen Unternehmen, oHG-Beteiligungen, Beteiligungen als persönlich haftender Gesellschafter einer KG oder Mehrheitsbeteiligungen von GmbH überlegt werden, ob nicht eine Unternehmensveräußerung zugelassen wird und allen Kindern zu gleichen Teilen statt des Unternehmens oder der Beteiligung dann der Veräußerungserlös zustehen soll.

2. Nießbrauch an Gesellschaftsbeteiligungen und an einzelkaufmännischen Unternehmen

Wenn Unternehmer und Gesellschafter ihr Unternehmen oder ihre Gesellschafterstellung nur auf einen Nachfolger übertragen, wollen sie häufig, dass die Erträge aus dem Unternehmen oder aus der Beteiligung zeitweise ganz oder anteilig nicht dem Unternehmensnachfolger oder dem Nachfolger in der Gesellschafterposition zusteht. Wenn Kinder Unternehmensnachfolger oder Gesellschaftsnachfolger werden, sollen die Erträge der Versorgung des überlebenden Ehegatten oder von weiteren Kindern des Erblassers dienen. Die Zuwendung von Teilen der Erträge an weitere Kinder kann auch dem Ausgleich des Vorteils dienen, den der Nachfolger dadurch erwirbt, dass er Unternehmer bzw. Gesellschafter wird. Wegen der Zulässigkeit des Nießbrauchs und wegen der Art und Weise, wie dieser bestellt werden kann, muss unterschieden werden, ob es sich um eine Beteiligung einer Gesellschaft oder um ein einzelkaufmännisches Unternehmen handelt.

a) Einzelkaufmännisches Unternehmen. Die Zulässigkeit des Nießbrauchs an einem einzelkaufmännischen Unternehmen wird in § 22 Abs. 2 HGB vorausgesetzt. Der Nießbrauch kann nicht universal an dem einzelkaufmännischen Unternehmen bestellt werden. Er muss an den einzelnen zu dem Unternehmen gehörenden Gegenständen (Sachen und Rechten) bestellt werden (§ 1085 BGB). Die Bestellung des Nießbrauchs an einem einzelkaufmännischen Unternehmen bewirkt, dass der Nießbraucher das Handelsgeschäft als Inhaber betreibt (siehe dazu auch § 22 Abs. 2 HGB).[170] Der Gewinn aus der Unternehmensführung steht dem Nießbraucher zu.

Einkommensteuerlich wird der Nießbraucher Unternehmer und bezieht Einkünfte aus Gewerbebetrieb nach § 15 EStG. Der Nieß-

brauchsbesteller hat m. E. die Möglichkeit, entweder die Betriebs-
aufgabe zu erklären oder einen sogenannten „ruhenden Gewerbebetrieb" weiterzuführen.[171] Zur „Steuerklausel" s. unten bei e).

b) Beteiligung an Personengesellschaften.

Bei Beteiligungen aus Personengesellschaften gilt der Grundsatz,
dass die vermögensrechtliche Position des Gesellschafters nicht
vollständig von der mitgliedschaftsrechtlichen Position abgespalten werden darf. Nur einzelne vermögensrechtliche Ausflüsse aus
der Gesellschafterstellung können übertragen werden, z. B. der
Anspruch auf den Gewinn oder der Anspruch auf ein Liquidations-
oder Auseinandersetzungsguthaben. Die herrschende Meinung steht
trotz eines Urteils des BGH, das die Frage offenlässt,[172] auf dem
Standpunkt, dass eine Nießbrauchsbestellung nach § 1068 BGB gegen das Abspaltungsverbot bei Personengesellschaften verstößt.[173]

c) Ersatzlösungen. Deshalb muss nach Ersatzlösungen gesucht
werden:

aa) Treuhänderische Übertragung des Anteils. Dem Nießbraucher
kann die Beteiligung an der Gesellschaft treuhänderisch auf Zeit
übertragen werden.[174]

Dadurch geht die gesamte Gesellschafterposition auf die Person
über, die eigentlich nur als Nießbraucher begünstigt werden sollte,
der also nur die Nutzung zustehen sollte (§ 1030 BGB). Der Begünstigte ist berechtigt, das Stimmrecht in der Gesellschafterversammlung auszuüben. Diese **überschießende Rechtsmacht muss begrenzt werden:** Entweder muss der Begünstigte im Innenverhältnis
bei der Ausübung des Stimmrechts an Weisungen des „Nieß-
brauchsbestellers" gebunden werden. Oder er erteilt dem Erben eine
Stimmrechtsvollmacht und enthält sich selbst seines eigenen Stimmrechts.

Der „Nießbraucher" ist verpflichtet, für die Gesellschaft tätig zu
werden, soweit dies nach dem Gesellschaftsvertrag nicht ausgeschlossen ist. Nach § 128 HGB bzw. nach §§ 709, 714 BGB haftet
er dann, wenn er Gesellschafter einer GbR oder einer oHG oder
persönlich haftender Gesellschafter der KG wird, für Gesellschafts-
schulden.[175]

Da bei dieser Gestaltung die Gesellschaftsbeteiligung übertragen
wird, muss sie im Gesellschaftsvertrag oder von sämtlichen Gesellschaftern zugelassen werden.

Steuerrechtlich bewirkt diese Form der „Nießbrauchsbestellung",
dass der Nießbraucher Mitunternehmer sein kann und ihm die ge-
werblichen Einkünfte der Personengesellschaft zuzurechnen sind
(§ 15 Abs. 1 S. 2 EStG).[176] Zur „Steuerklausel" s. unten bei e).

bb) Ertragsnießbrauch. Eine andere – wenn auch riskante, s. u. –
Gestaltungsvariante ist der sogenannte Ertragsnießbrauch. Dabei

wird der Nießbrauch bestellt an den einzelnen Gewinnansprüchen, dem Anspruch auf ein eventuelles Auseinandersetzungsguthaben und auf einen eventuellen Liquidationserlös. Da diese Ansprüche nach § 717 S. 2 BGB frei übertragbar sind, ist die Nießbrauchsbestellung daran in der Form eines Rechtsnießbrauchs nach § 1068 BGB ohne weiteres möglich.

Die Nießbrauchsbestellung bewirkt, dass nach § 1074 BGB nur der Nießbraucher zur Einziehung des Gewinnanspruchs berechtigt ist. Nach § 1075 Abs. 2 BGB erwirbt der Nießbraucher das Eigentum an dem überwiesenen Geld. Damit der Nießbraucher nach Beendigung des Nießbrauchs nicht nach §§ 1075 Abs. 2 2. Halbs., 1067 BGB den Wert der empfangenen Gewinnansprüche rückerstatten muss, muss § 1067 BGB für nicht anwendbar erklärt werden.

Gegen die Konzeption des Ertragsnießbrauchs wird geltend gemacht: (1) § 1067 BGB sei nicht abdingbar.[177] Wenn diese Ansicht richtig wäre, müsste der Nießbraucher nach Ablauf der Nießbrauchszeit den Wert der empfangenen Gewinne wieder ersetzen. **Die Gestaltung wäre nicht geeignet.** (2) In Wahrheit liege in diesem Fall keine Nießbrauchsbestellung vor, sondern nur eine zulässige Vorausabtretung der künftigen Gewinnansprüche.[178] **Deshalb ist diese Gestaltung zivilrechtlich riskant.** Einkommensteuerlich hätte dies zur Folge, dass die Nießbraucher nicht Mitunternehmer werden; d.h. die Einkünfte aus dem Gewerbebetrieb müssten dem Erben, nicht dem Nießbraucher steuerlich zugerechnet werden.[179] Zur „Steuerklausel" s. unten bei e).

cc) Nießbrauch am Gewinnstammrecht. Zivilrechtlich wird zum Teil geltend gemacht, dass der bloße Nießbrauch an den Gewinnansprüchen bestellt werden kann. Da der Gewinn selbst die dem Nießbraucher zu verschaffende „Nutzung" ist, setzt die Gestaltung, wenn sie nicht als bloße Vorausabtretung von Gewinnansprüchen konzipiert wird, dogmatisch ein zwischen dem „Gesellschaftsanteil" und dem einzelnen „Gewinnanspruch" stehendes „Gewinnstammrecht" voraus, aus dem die Gewinnansprüche entspringen. Ob ein solches Gewinnstammrecht besteht, ist zivilrechtlich umstritten (siehe dazu näher bei Staudinger/Frank, Rdnr. 77 zu Anhang zu §§ 1068, 1069 BGB).

Einkommensteuerlich würde die Gestaltung wie eine Vorausabtretung von Gewinnansprüchen angesehen; d.h. die Einkünfte würden nicht dem Nießbraucher sondern dem Gesellschafter zugerechnet.[180]

d) GmbH. Die Bestellung des Nießbrauchs an einem GmbH-Anteil ist als Rechtsnießbrauch nach §§ 1068 ff. BGB **zulässig.** Der Nießbrauch muss **notariell beurkundet** werden (§ 15 Abs. 3

GmbHG). Die Nießbrauchsbestellung bewirkt, dass dem Nießbraucher die Vermögensrechte, soweit es sich um Nutzungen handelt, zustehen, während weitere Gesellschafterrechte, insbesondere Mitwirkungs- und Stimmrechte bei dem Gesellschafter verbleiben. Zur Abgrenzung, welche Rechte und Nutzungen dem Nießbraucher und welche dem Gesellschafter zustehen, empfiehlt sich eine genaue Abgrenzung (siehe dazu Muster).

Steuerlich ist Folgendes bedeutsam:

Die Einkünfte aus Kapitalvermögen werden von der überwiegenden Literatur unter Berufung auf den Nießbrauchserlass (BStBl. I, 1984, 561) Rdnr. 50 dem Nießbraucher zugerechnet, s. auch § 20 Abs. 2 a S. 3 EStG.[181]

d) Art der Nießbrauchsbestellung.

aa) Vollnießbrauch. Der Nießbrauch kann bestellt werden, dass sich das Nießbrauchsrecht auf den **gesamten Gegenstand bzw. das gesamte Recht** bezieht. Folge davon ist, dass der Nießbraucher **sämtliche Nutzungen** des Gegenstands oder des Rechts zieht.

bb) Bruchteils- und Quotennießbrauch. Dem Nießbraucher kann nur die **eingeschränkte Nutzung** eingeräumt werden. Rechtstechnisch erfolgt dies dadurch, dass entweder nur der Bruchteil des Rechts oder des Gegenstands belastet wird (z. B. eine Hälfte oder ein Drittel) oder indem ein sogenannter Quotennießbrauch bestellt wird.

Beim sogenannten **Bruchteilsnießbrauch** wird nur ein Bruchteil des Gegenstands oder Rechts mit dem Nießbrauch belastet ist, während der restliche Bruchteil (z. B. $^5/_{10}$ oder $^7/_{10}$) unbelastet bleibt. Dem Nießbraucher steht nur der Anteil der Nutzungen zu, der seinem Bruchteil entspricht.[182]

Im Unterschied zum Bruchteilsnießbrauch wird beim **Quotennießbrauch** der ganze Gegenstand bzw. das gesamte Recht mit dem Nießbrauch belastet, dem Nießbraucher steht aber nicht die Gesamtheit der Nutzungen zu, sondern nur eine bestimmte Quote (z. B. 30 oder 50 Prozent).[183]

e) Steuerklausel. Da speziell bei Unternehmens- oder Anteilsnießbrauch die einkommensteuerlichen Folgen einschließlich der Frage der Zurechnung der Einkünfte äußerst umstritten sind, empfiehlt sich eine Steuerklausel in der angeführt wird, welche Folgen die Beteiligten unterstellen und in der die Beteiligten zu wirtschaftlichem Ausgleich verpflichtet werden, wenn diese Folgen nicht eintreten.

f) Konkretes Muster. In dem vorgestellten Muster wird der Ehefrau der Nießbrauch an der gesamten Beteiligung mit dem Recht zur Ziehung sämtlicher Nutzungen aus der Beteiligung eingeräumt. Den Geschwistern des Vermächtnisnehmers, die ebenfalls im Wege des Untervermächtnisses begünstigt werden, steht dagegen nur ein

Bruchteilsnießbrauch zu. Ein Quotennießbrauch wäre hier nicht möglich gewesen, da dabei der gesamte Gegenstand belastet würde, was aber nur zu Gunsten eines Nießbrauchers möglich ist. In Abschnitt cc) ist die empfohlene Steuerklausel aufgenommen.

3. Muster
Einseitiges Testament eines Ehegatten

§ 1
Eingang

Ich, Frank Müller, bin verheiratet mit Marianne Müller, geb. Mantz. Aus unserer Ehe sind zwei gemeinsame Kinder hervorgegangen: Fritz Müller, geb. am 16. 12. 1982 und Martin Müller, geb. am 4. 3. 1988. Weitere Abkömmlinge habe ich nicht.

Gemeinschaftliche Testamente oder Erbverträge mit anderen Personen habe ich nicht errichtet, speziell nicht mit meiner Ehefrau. Vorsorglich widerrufe ich alle etwa zeitlich vorangegangenen letztwilligen Verfügungen von mir in vollem Umfang, so dass für den Fall meines Todes nur die folgenden Bestimmungen gelten.

Ich bin nicht Eigentümer eines land- oder forstwirtschaftlichen Anwesens und habe ein solches auch künftig nicht zu erwarten.

Ich bin nicht an Personen- oder Kapitalgesellschaften beteiligt, bei denen die Vererbung oder vermächtnisweise Zuwendung eingeschränkt wäre oder bei denen der Erbe oder Vermächtnisnehmer aus der Gesellschaft ausgeschlossen werden könnte.

Erläuterungen zu § 1:

1. Form des einseitigen Testaments
2. Verwahrung des einseitigen Testaments
3. Hindernisse
4. Darlegung der persönlichen und Vermögensverhältnisse
5. Grundentscheidung, Gliederung

1. Form des einseitigen Testaments

Ein einseitiges Testament kann entweder eigenhändig errichtet werden oder zur notariellen Niederschrift errichtet werden.

Voraussetzung für eine formwirksame eigenhändige Errichtung ist, dass das Testament vom ersten bis zum letzten Buchstaben eigenhändig geschrieben wird und eigenhändig unterschrieben wird, möglichst mit Vor- und Familiennamen.[184] Die Verwendung von Maschinenschrift oder der Einsatz eines PC sind ebenso wenig zulässig wie die Führung des Schriftzugs durch weitere Personen.[185] Das eigenhändig unterschriebene Testament soll darüber hinaus den Ort der Errichtung und das Datum enthalten.

Das notariell beurkundete Testament wird üblicherweise dem Notar zur Niederschrift erklärt (alternativ wäre die Übergabe einer verschlossenen Schrift möglich, s. § 2232 BGB; die entsprechende Errichtungsform ist aber ausgesprochen ungewöhnlich).

Von der Wirksamkeit her bestehen bei der eigenhändigen und bei der notariell beurkundeten Errichtung des Testaments keinerlei Unterschiede.

Wägt man ab, welche Argumente für und welche gegen eine notarielle Beurkundung des Testaments sprechen, ergibt sich: Bei der Errichtung eines notariell beurkundeten Testaments kann auf die Mithilfe eines in Erbangelegenheiten versierten Fachmanns zurückgegriffen werden, Wirksamkeitsprobleme ergeben sich bei einem notariell beurkundeten Testament weder in Bezug auf die Form noch in Bezug auf den Inhalt. Umgekehrt löst das notariell beurkundete Testament Gebühren aus (zur Gebührenhöhe s. Einleitung 1.6), während ein eigenhändiges Testament (vorausgesetzt, es wird ohne anwaltliche Beratung errichtet) kostenfrei errichtet werden kann. Speziell bei häufigeren Änderungen des Testaments fallen die Kosten für eine notarielle Beurkundung ins Gewicht. Umgekehrt kann bei Vorlage eines notariell beurkundeten Testaments die Erteilung eines sonst erforderlichen Erbscheins zum Erbennachweis erspart werden, wenn sich im Nachlass Grundbesitz befindet[186] oder Beteiligungen an Handelsgesellschaften[187] (die Gebühren eines Erbscheins sind doppelt so hoch wie die Gebühren für die notarielle Beurkundung eines Testaments).

2. Verwahrung des einseitigen Testaments

Ein notariell beurkundetes einseitiges Testament muss durch den Notar zwingend zur Verwahrung beim Nachlassgericht geliefert werden (§ 34 Abs. 1 S. 4 BeurkG.) Hierfür fällt eine Verwahrungsgebühr (zu deren Höhe siehe Einleitung 1.6.) beim Gericht an; umgekehrt gewährleistet die amtliche Verwahrung des Testaments, dass das Testament beim Tod des Erblassers tatsächlich zum Vorschein kommt; seine Vernichtung und Unterdrückung sind ausgeschlossen.

Beim eigenhändig schriftlich errichteten Testament kann je nach Entscheidung des Erblassers eine Verwahrung beim Nachlassgericht erfolgen; diese löst dann dieselben Kosten wie bei Verwahrung eines notariell beurkundeten Testaments aus und stellt sicher, dass das Testament beim Tod zum Vorschein kommt. Das eigenhändig errichtete Testament kann freilich auch nebst oder bei einer Person des Vertrauens verwahrt werden.

3. Hindernisse

Siehe Erläuterungen zum ersten Muster, § 1 Nr. 3.

4. Darlegung der persönlichen und Vermögensverhältnisse

Siehe Erläuterung zum ersten Muster § 1 Nr. 4.

5. Grundentscheidung, Gliederung

Die Grobgliederung eines einseitigen Testaments eines verheirateten Erblassers hängt im wesentlichen von der Grundentscheidung ab, ob der Erblasser, wenn er vor seinem Ehegatten verstirbt, zunächst diesen als seinen Vermögensnachfolger bestimmen will (mit der Folge dass gemeinschaftliche Kinder dann grundsätzlich erst beim Tod des überlebenden Ehegatten nachfolgen) (Variante 1) oder ob (auch für den Fall, dass der Ehegatte den Erblasser überlebt) im Wesentlichen die gemeinschaftlichen Kinder begünstigt werden sollen und der Ehegatte „nur" eine ihn sicherstellende Versorgung erhält (Variante 2).

Die Gliederung für beide Varianten wird nachfolgend dargestellt.

• **Grundfall:** *Überlebender Ehegatte wird Vorerbe, Kinder werden Nacherben.*

Zu entscheiden sind vor allem folgende Gesichtspunkte:

(1) Zeitpunkt des Eintritts der Nacherbfolge

(1.1.) Grundsätzlich mit dem Tod des überlebenden Ehegatten

(1.2.) Wenn die Wiederverehelichung schärfst möglichst sanktioniert werden soll: mit Wiederverehelichung

(2.) Rechtsmacht des Vorerben

(2.1.) Grundsätzlich von den Beschränkungen und Verpflichtungen der §§ 2113 ff. BGB befreit, soweit Befreiung erteilt werden kann

(2.2.) Falls die Wiederverehelichung nicht zum Verlust der Erbenstellung führen soll, aber die Rechtspositionen der Kinder ab diesem Zeitpunkt gestärkt werden soll: ab Wiederverehelichung entfällt die Befreiung des Vorerben von §§ 2113 ff. BGB

(3.) Person des Nacherben, Quote unter mehreren Nacherben, Auseinandersetzungsbestimmungen zwischen den Nacherben

(3.1.) Benennung der Personen, die beim gewöhnlichen Lauf der Dinge Nacherben werden sollen und ihrer Quote, z.B.: Kinder Fritz Müller und Martin Müller werden je zu $\frac{1}{2}$ Nacherben

(3.2.) Festlegung von Ersatzpersonen bei unvorhergesehenen Ereignissen, z.B. Versterben des Nacherben vor Eintritt des Nacherbfalls

(3.2.1.) Entscheidung des ursprünglich vorgesehenen Nacherbens soll maßgeblich sein: Nacherbenanwartschaft wird veräußerlich und vererblich gestellt

(3.2.2.) Eigene Entscheidung des Erblassers wird getroffen: Festlegung der Person des Ersatznacherben und zugleich Ausschließung der Veräußerlichkeit und Vererblichkeit der Nacherbenanwartschaft

(3.2.3.) Auseinandersetzungsregeln unter mehreren Nacherben

(4.) Anordnung, dass die Nacherben Ersatzerben werden, wenn der vorgesehene Vorerbe vor dem Erblasser verstorben ist (gleichzeitig mit diesem verstirbt oder aufgrund derselben Gefahr verstirbt)

(5.) Zuwendungen, die die Kinder schon vor dem Nacherbfall erhalten sollen

(5.1.) Gegenstand des Vermächtnisses

(5.2.) Begünstigter des Vermächtnisses

(5.3.) Fälligkeit des Vermächtnisses

(5.4.) Kosten der Vermächtniserfüllung

(6.) Vermögen, das der überlebende Ehegatte erhalten soll, das aber nicht der Nacherbfolge unterliegt – Vorausvermächtnisse für den Vorerben.

• **Variante:**
Kinder werden Erben; Ehegatte erhält Versorgung. Zu entscheiden sind folgende Punkte

(1.) Einsetzung der Kinder zu Erben, Erbquote, Auseinandersetzungsregeln

(1.1.) Benennung der Personen, die beim gewöhnlichen Lauf der Dinge Erben werden und ihrer Quote (z.B. Fritz Müller zu $3/5$ und Martin Müller zu $2/5$)

(1.2.) Teilungsanordnung unter den Erben

(2.) Zusätzliche Begünstigung einzelner Erben: Vorausvermächtnis für die Begünstigten

(2.1.) Gegenstand des Vorausvermächtnisses

(2.2.) Begünstigter des Vorausvermächtnisses

(2.3.) Anfall/Fälligkeit des Vorausvermächtnisses

(2.4.) Kosten der Erfüllung des Vorausvermächtnisses

(3.) Versorgung des überlebenden Ehegatten – Vermächtnisse

(3.1.) Nießbrauchsvermächtnis an Immobilien

(3.2.) Nießbrauchsvermächtnis an Beteiligungen

(3.3.) Wohnungsrechtsvermächtnis

(3.4.) Rentenvermächtnis

(3.5.) Vermächtnis einer dauernden Last

(3.6.) Weitere Vermächtnisse

(3.6.1.) Übereignung von Gegenständen/Mobiliar

(3.6.2.) Übereignung von Immobilien

(3.6.3.) Übertragung von Rechten/Beteiligungen
(3.6.4.) Zuwendung von Geldvermögen

• **Grundfall:**
Zunächst soll der Ehegatte als Vorerbe Nachfolger des Vermögens werden; diesem sollen dann die Kinder grundsätzlich erst beim Tod des überlebenden Ehegatten nachfolgen.

§ 2
Letztwillige Verfügungen

1. Bei meinem Tod setze ich meine Ehefrau Marianne Müller zu meiner alleinigen und ausschließlichen Erbin ein. Meine Ehefrau ist aber nur Vorerbin. Die Nacherbfolge tritt beim Tod des überlebenden Ehegatten ein.
– Alternative: wenn die Wiederverehelichung schärfstmöglich sanktioniert werden soll:
Wenn meine Ehefrau aber eine neue Ehe eingeht, tritt die Nacherbfolge abweichend davon bereits mit dem Zeitpunkt der Wiederverehelichung ein.
2. Der Vorerbe ist von den Beschränkungen und Verpflichtungen der §§ 2113 ff. BGB befreit, soweit dies gesetzlich zulässig ist.
– Alternative: falls bei Wiederverehelichung der überlebende Ehegatte Vorerbe bleiben soll, aber die Position der Kinder dennoch gestärkt werden soll:
Für den Fall, dass meine Ehefrau eine weitere Ehe eingehen sollte, entfällt ab Wiederverehelichung die Befreiung von den Beschränkungen der §§ 2113 ff. BGB.
3. Nacherben bei Eintritt der Nacherbfolge werden meine Kinder Fritz Müller und Martin Müller je zu $1/2$. Wenn Fritz Müller und/oder Martin Müller nach meinem Tod aber vor Eintritt der Nacherbfolge versterben, treten dessen Erben an seiner Stelle. Die Nacherbenanwartschaft von Fritz Müller und Martin Müller ist also jeweils vererblich; sie ist auch veräußerlich.
– Alternative: Wenn der Erblasser selbst die Ersatzperson festlegen will:
Wenn Fritz Müller oder Martin Müller oder beide nach meinem Tod, aber noch vor Eintritt des Nacherbfalls vorversterben sollten, treten an die Stelle eines vorverstorbenen Nacherben, wenn dieser Abkömmlinge hinterlässt, dessen Abkömmlinge zu unter sich gleichen Teilen nach Stämmen entsprechend den Regeln der gesetzlichen Erbfolge; sonst tritt an die Stelle von Fritz Müller mein Sohn Martin Müller bzw. dessen Abkömmlinge zu unter sich gleichen Teilen nach Stämmen entsprechend den Regeln der

gesetzlichen Erbfolge und anstelle von Martin Müller mein Sohn Fritz Müller bzw. dessen Abkömmlinge zu unter sich gleichen Teilen nach Stämmen. Die Vererbung der Nacherbenanwartschaft wird ebenso ausgeschlossen wie deren Veräußerung.

4. Nach Eintritt des Nacherbfalls treffe ich noch folgende Auseinandersetzungsregel unter den Nacherben: Wenn zum Zeitpunkt des Eintritts des Nacherbfalls sich im Nachlass noch das Anwesen Auf der Heide 25 in Ingolstadt befindet, steht dieses alleine meinem Sohn Fritz Müller zu, ersatzweise dessen Abkömmlingen zu unter sich gleichen Teilen nach Stämmen entsprechend den Regeln der gesetzlichen Erbfolge; Martin Müller erhält dafür aus dem sonstigen Nachlass entsprechend mehr bzw., wenn der sonstige Nachlass für den Ausgleich nicht ausreicht, hat Fritz Müller bzw. haben dessen Abkömmlinge aus ihrem sonstigen Vermögen Martin Müller entsprechenden Ausgleich zu bezahlen.

5. Sollte meine Ehefrau Marianne Müller bereits vor mir versterben sein, gleichzeitig mit mir oder aufgrund derselben Gefahr versterben, werden die von mir benannten Nacherben (also primär Fritz Müller und Martin Müller je zu ½) Ersatzerben.

6. Wenn zunächst meine Ehefrau Vorerbin wird, erhalten meine Kinder Fritz Müller und Martin Müller dennoch vorab bereits folgende Vermögensgegenstände:

a) Den Sparbrief Nr. 442350 bei der Sparkasse erhält Fritz Müller bzw. erhalten, wenn Fritz Müller vorverstorben sein sollte, dessen Abkömmlinge zu unter sich gleichen Teilen nach Stämmen entsprechend den Regeln der gesetzlichen Erbfolge. Der entsprechende Sparbrief ist dem Vermächtnisnehmer innerhalb von 2 Monaten nach meinem Tod zu übertragen; sollte die Übertragung Kosten auslösen, trägt diese der Vorerbe.

b) Meine goldene Armbanduhr Rolex Daytona erhält mein Sohn Martin Müller. Sie ist ihm innerhalb von 3 Monaten nach meinem Tod zu übereignen.

7. Weiter gilt noch Folgendes:
Im Wege des Vorausvermächtnisses erhält meine Ehefrau meine Eigentumswohnung in München, Maximilianstr. 17, frei von Belastungen in Abt. II und III des Grundbuchs. Diese Wohnung steht meiner Ehefrau völlig frei zu. Sie unterliegt nicht den Bestimmungen der Nacherbfolge. D.h., meine Ehefrau kann selbst bestimmen, ob sie diese Wohnung und an wenn sie diese z.B. verschenken will oder wem sie diese vererben will.

• **Variante:**
Die Kinder werden, auch wenn der Erblasser vor dem Ehegatten verstirbt, Erben, der überlebende Ehegatte erhält nur eine Versorgung.

§ 2
Letztwillige Verfügungen

1. Bei meinem Tod setze ich meine Kinder Fritz Müller zu $^2/_5$ und
Martin Müller zu $^3/_5$ zu meinen Erben ein. Sollte einer der bedachten Erben unter Hinterlassung von Abkömmlingen vorverstorben
sein, treten dessen Abkömmlinge zu unter sich gleichen Teilen nach
Stämmen entsprechend den Regeln der gesetzlichen Erbfolge an dessen Stelle. Sonst tritt an die Stelle von Fritz Müller Martin Müller
und treten anstelle von Martin Müller Fritz Müller.

2. Zur Auseinandersetzung unter den Miterben treffe ich folgende
Teilungsanordnung:

Meinem Sohn Martin Müller steht (in Anrechnung auf seinen
Anspruch auf das restliche Vermögen) meine Beteiligung an der G
& D GmbH mit dem Sitz in München (Amtsgericht München, HR
B 125.137) alleine zu; sie ist in diesem zu seiner alleiniger Berechti-
gung zu übertragen.

3. Darüber hinaus werden meine Erben noch durch folgende
Vorausvermächtnis beschwert: meinem Sohn Fritz Müller steht, ohne dass dies aber auf seine Berechtigung am sonstigen Nachlass angerechnet wird, vorab meine goldene Rolex Daytona alleine zu, die
innerhalb von 3 Monaten nach meinem Tod zu übereignen ist. Sollten hierfür Kosten anfallen, trägt sie der Nachlass.

4. Sollte bei meinem Tod meine Ehefrau Marianne Müller noch
leben, werden meine Erben durch folgende Vermächtnisse zu ihren
Gunsten beschwert. Dies gilt aber nicht, wenn meine Ehefrau
gleichzeitig mit mir oder auf Grund derselben Gefahr verstirbt.

a) An meiner Eigentumswohnung in Ingolstadt/Oberhaunstadt,
Müllerbadsiedlung Nr. 5 ($^{75}/_{1000}$-Miteigentumsanteil an dem Grundstück 1114 der Gemarkung Oberhaunstadt, verbunden mit dem
Sondereigentum an der Wohnung Nr. 12 gemäß Aufteilungsplan
nebst dem dazu gehörenden Kellerraum, eingetragen im Grundbuch
des Amtsgerichts Ingolstadt von Oberhaunstadt, Blatt 1529) und
dem dazu gehörenden Tiefgaragenstellplatz ($^5/_{1000}$ am selben Grundstück, verbunden mit dem Sondereigentum an dem Tiefgaragenstellplatz Nr. 25, eingetragen im Grundbuch von Oberhaunstadt,
Blatt 1542) steht meiner Ehefrau auf deren Lebensdauer, längstens
aber bis zu einer eventuellen Wiederverehelichung der Nießbrauch
zu. Für den Nießbrauch gelten die gesetzlichen Bestimmungen mit
folgender Änderung: der Nießbraucher trägt während der Dauer
des Nießbrauchs sämtliche auf der Sache ruhenden öffentlich-
rechtlichen Lasten einschließlich der außerordentlichen, die als auf
den Stammwert der Sache angelegt anzusehen sind und trägt die

Kosten der Instandsetzung und Instandhaltung der nießbrauchsbelasteten Sache auch insoweit, als sie die gewöhnliche Unterhaltung der Sache übersteigen.

Der Nießbrauch ist auf Kosten der Erben im Grundbuch an 1. Rangstelle in Abt. II und III dinglich zu sichern.

b) Darüber hinaus wird mein Sohn Martin Müller, zugunsten meiner Ehefrau noch mit folgendem Beteiligungsnießbrauch beschwert: An meiner Beteiligung an der G & D GmbH, die Martin Müller im Wege der Erbauseinandersetzung alleine zusteht, steht meiner Ehefrau auf deren Lebensdauer, längstens aber bis zu einer eventuellen Wiederverehelichung ein Quotennießbrauch zu; aufgrund dessen steht ihr ein Drittel der während der Nießbrauchsdauer mit der Beteiligung in Zusammenhang stehenden Erträge zu. Die Beteiligungsverwaltung steht alleine meinem Sohn Martin Müller zu. Soweit der Nießbraucher kraft Gesetzes berechtigt ist, Gesellschafterrechte wahrzunehmen, wird ihm die Auflage erteilt, sich der eigenen Wahrnehmung solcher Rechte zu enthalten und Martin Müller die Vollmacht zu geben, die Beteiligung auch insgesamt wahrzunehmen. Martin Müller hat die Beteiligung aber auch unter Berücksichtigung der Nießbrauchsberechtigten zu verwalten.

c) Darüber hinaus steht meiner Ehefrau an dem derzeit von uns bewohnten Anwesen Auf der Heide 25 in Ingolstadt ein Wohnungsrecht wie folgt zu: Die Wohnungsberechtigte ist zur alleinigen und ausschließlichen Nutzung der abgeschlossenen Wohnung im 1. OG berechtigt. Sie ist zur Mitnutzung der Gemeinschaftsanlagen und der Gemeinschaftseinrichtungen, insbesondere von Keller und Garten befugt. Sie ist zur alleinigen Nutzung der östlich gelegenen Garage befugt. Die Kosten der Ver- und Entsorgung trägt der Wohnungsberechtigte wie folgt: Soweit sich die Verursachung solcher Kosten durch Messeinrichtungen ohne weiteres zuordnen lässt, trägt er die durch ihn verursachten Kosten, z.B. die Kosten für Strom, Wasser und Licht, die jeweils durch gesonderte Zähler erfasst werden. Von den sonstigen Kosten, z.B. Heizkosten und Müllabfuhrkosten trägt er die Hälfte der Kosten für das gesamte Anwesen. Der Grundstückseigentümer hat das Objekt auf eigene Kosten in einem bewohnbaren und benutzbaren Zustand zu erhalten.

Das Wohnungsrecht steht meiner Ehefrau unabhängig von einer eventuellen Wiederverehelichung auf ihre Lebensdauer zu. Die Ausübung des Wohnungsrechts kann Dritten nicht überlassen werden. Das Wohnungsrecht ist nach meinem Tod im Grundbuch an 1. Rangstelle dinglich auf Kosten der Erben abzusichern.

d) Meine Erben haben weiter meiner Ehefrau, bis diese eine eigene Altersrente bezieht, noch folgende Leibrente zu gewähren: meiner Ehefrau steht bis zu diesem Zeitpunkt ab meinem Tod ein Betrag in

einer Höhe von € 800,– monatlich zu. Dieser Betrag dient dem Lebensunterhalt meiner Ehefrau; er ist deshalb wie folgt wertgesichert:
verändert sich der vom Statistischen Bundesamt in Wiesbaden amtlich festgestellte Verbraucherpreisindex ab heute bis zum Zeitpunkt
meines Todes, so verändert sich der erstmals nach meinem Tod an
meine Ehefrau zu zahlende Betrag im entsprechenden Verhältnis.

Nach ersten Zahlungsverpflichtungen wird die Klausel jeweils
erneut mit folgender Maßgabe angeglichen: Veränderungen des Verbraucherpreisindexes führen nur zu einer Anpassung der Leibrente,
wenn die Veränderung die Schwelle von mindestens 5 % gegenüber
der letzten Anpassung überschreitet.

Über diese Anpassung an den Verbraucherpreisindex hinaus erfolgt keine Anpassung an eventuell geänderte wirtschaftliche Verhältnisse, sei es beim Begünstigten, sei es beim Belasteten. § 323 ZPO
(nach seinem materiellen Gehalt) wird ausdrücklich ausgeschlossen.

e) Darüber hinaus ist meiner Ehefrau vermächtnisweise der gesamte Hausrat und das gesamte Inventar einschließlich Mobiliar des
zuletzt von uns gemeinsam bewohnten Hauses oder der zuletzt von
uns gemeinsam bewohnten Wohnung, soweit es mir gehört, alleine
zu übereignen. Die Kosten der Übereignung trägt der Vermächtnisnehmer.

f) Darüber hinaus stehen meiner Ehefrau mein Depot Nr. … bei
der Dresdner Bank AG Ingolstadt mit allen dort verwahrten Wertpapieren zu und ist dieser innerhalb von 3 Monaten nach meinem
Tod auf ihre Kosten zu übertragen.

g) Weiter kann meine Ehefrau, wenn zum Zeitpunkt meines Todes die Ehe mindestens 25 Jahre gedauert hat, innerhalb von
6 Monaten nach meinem Tod von meinen Erben verlangen, dass ihr
die in Abschnitt 4 a) oben aufgeführte Immobilie frei von Belastungen in Abt. II und III des Grundbuchs übereignet wird. In diesem
Fall entfällt dann ab Übereignung der Nießbrauch.

5. Sollte zum Zeitpunkt meines Todes meine Mutter, Helene
Müller, geb. Maurer, noch leben, steht dieser folgende dauernde
Last zu:

Sie erhält ab dem auf meinen Tod folgenden Monatsersten bis zu
ihrem Tod monatlich einen Betrag in einer Höhe von € 400,–, der
monatlich im Voraus bis zum 3. Werktag eines Kalendermonats zur
Zahlung fällig ist. Der Betrag wird nicht wertgesichert. Verändern
sich aber bis zu meinem Tod und auch danach meine wirtschaftlichen Verhältnisse bzw. die der Erben oder die meiner Mutter nachhaltig, kann unter entsprechender Anwendung der Grundsätze des
§ 323 ZPO der Begünstigte oder der Belastete der dauernden Last
eine Anpassung des Betrags an die geänderten wirtschaftlichen Verhältnisse verlangen.

6. a) Sollte eine Person, die in dieser Urkunde als Erbe, Vermächtnisnehmer oder Begünstigter einer Auflage begünstigt wird, mit ihrem Ehegatten im Güterstand der Gütergemeinschaft leben, erhält sie die entsprechenden Zuwendungen nach dieser Urkunde zum Vorbehaltsgut.

b) Sämtliche der o. a. Bestimmungen gelten unbeschadet des gegenwärtigen und künftigen Vorhandenseins pflichtteilsberechtigter Personen.

Ingolstadt, den 16. 5. 2004
Unterschrift Frank Müller

Erläuterungen zur Variante 1:

1. Vor- und Nacherbfolge. Die Steuerung des Vermögensübergangs zunächst auf den überlebenden Ehegatten, dann auf die Abkömmlinge, erfolgt im Wege der Anordnung einer Vor- und Nacherbfolge nach den §§ 2100 ff. BGB. Danach wird zunächst Erbin von Frank Müller Frau Marianne Müller; wenn diese verstorben ist, werden dann Erben – nach Frank Müller – die Abkömmlinge von Frank Müller.

2. Der **Zeitpunkt, zu dem die Nacherbfolge eintritt,** also Frau Marianne Müller aufhört, Erbin zu sein und die Kinder Erben werden, ist grundsätzlich der **Tod des Vorerben,** also von Frau Marianne Müller (§ 2106 BGB). Es kann aber testamentarisch ein anderer Zeitpunkt festgelegt werden. Wenn der Erblasser, hier Frank Müller, möchte, dass der Übergang des von ihm hinterlassenen Vermögens für den Fall einer Wiederverehelichung von Frau Marianne Müller sofort bei Wiederverehelichung auf die Abkömmlinge erfolgen soll, kann angeordnet werden (wie in der Alternative), dass die Nacherbfolge bereits mit **Wiederverehelichung** eintritt.

3. Was die **Befugnisse des Vorerben** anbelangt, über die hinterlassenen Gegenstände zu verfügen, gilt:

Grundsätzlich ist der Vorerbe verfügungsbefugt; die §§ 2113 ff. BGB beschränken diese Befugnis. Wichtigste der gesetzlichen Beschränkungen ist Folgende: der Vorerbe kann über Grundstücke oder grundstücksgleiche Rechte, die zum Nachlass gehören, grundsätzlich nicht verfügen, also Grundbesitz nicht verkaufen oder beleihen, ohne dass die Nacherben zustimmen würden. Darüber hinaus werden dem Vorerben in den §§ 2116 ff. BGB noch darüber hinausgehende Pflichten, wie mit dem Nachlassvermögen umzugehen ist, auferlegt. Der Vorerbe kann von diesen Beschränkungen und Verpflichtungen weitgehend befreit werden (§ 2136 BGB).

Wenn ihm die weitest mögliche Befreiung erteilt wird, verbleiben noch folgende Beschränkungen: in keinem Fall kann der Vorerbe andere Personen zu Nacherben einsetzen. Er kann auch die Position der Nacherben dadurch nicht dadurch aushöhlen, dass er zum Nachlass gehörende Gegenstände verschenkt, also über diese unentgeltlich verfügt (s. § 2113 Abs. 2 BGB).

Wenn der Erblasser für den Fall der Wiederverehelichung seine Kinder gegen „Vermögensverschwendungen" besonders sichern will, aber die Wiederverehelichung nicht mit dem Eintritt der Nacherbfolge (s. dazu oben) sanktionieren will, kann er anordnen (so in der Alternative), dass ab Wiederverehelichung die Befreiung von den Beschränkungen der §§ 2113 ff. BGB entfällt.

4. Die Person des – primär vorgesehenen – Nacherben muss der Erblasser selbst festlegen. Er kann die Festlegung nicht einem Dritten überlassen (s. dazu § 2065 Abs. 2 BGB). Besonderes Augenmerk verdient folgende Problematik: wenn der primär vorgesehene Nacherbe vor Eintritt des Nacherbfalls verstirbt, kann der Erblasser selbst einen **Ersatznacherben** bestimmen. Unterlässt der Erblasser eine entsprechende Bestimmung des Ersatznacherben, geht die Position des Nacherben auf die Erben des primär als Nacherben Berufenen über (s. § 2108 BGB). Die sogenannte „Nacherbenanwartschaft", also die Aussicht des Nacherben, Erbe beim Tod des Vorerben zu werden, ist also vererblich, wenn dies der Erblasser nicht ausschließt. Im Übrigen wird wegen der Vor- und Nacherbfolge verwiesen auf Seiten 72 ff.

5. Wegen **Auseinandersetzungsanordnungen** wird verwiesen auf S. 83 ff. u. 158.

6. Der Vorerbe kann mit **Vermächtnissen** beschwert werden, auch mit Vermächtnissen zugunsten der Nacherben. Die entsprechenden Vermögensgegenstände muss der Vorerbe damit bereits zu seinen Lebzeiten den Nacherben, die den Rest des Nachlasses dann erst beim Tod des Vorerben (oder im sonstigen Eintritt des Nacherbfalls) erhalten, schon vorab übereignen bzw. übertragen. Im Übrigen wird wegen des Vermächtnisses verwiesen auf Seiten 83 ff.

7. Wenn der Erblasser will, dass der Vorerbe – der ja sonst in seiner Verfügungsmöglichkeit über Nachlassgegenstände beschränkt ist (s. oben) und dem auch bzgl. der Nachlassgegenstände Verpflichtungen auferlegt werden (s. o.) und dem hiervon nicht umfassend Befreiung erteilt werden kann (s. o.) – bestimmte Vermögensgegenstände völlig frei erhält, mit der Möglichkeit, diese z.B. auch nach Belieben zu verschenken, kann der Erblasser dem Vorerben ein **Vorausvermächtnis** zukommen lassen. Die Bestimmungen der

Nacherbfolge gelten für dieses Vorausvermächtnisses zu Gunsten des Vorerben nicht.

Erläuterung zur Variante 2:

1. Regelungsbedürftig ist insbesondere, wenn mehrere Abkömmlinge zu Erben eingesetzt werden, deren Verhältnis untereinander. Die Regelung erfolgt durch **Teilungsanordnungen** (s. dazu bei Seiten 83, 158) und durch **Vorausvermächtnisse** (s. dazu bei Seiten 85).

2. Die erforderliche Versorgung der Ehefrau ist hier vermächtnisweise sicher zu stellen (siehe allgemein zu Vermächtnissen bei 83 f.). Hier sind folgende Vermächtnisse vorgesehen:

a) **Nießbrauchsvermächtnis** am Grundstück; diesbezüglich wird verwiesen auf Seiten 130 f.;

b) **Beteiligungsnießbrauch** an einer Gesellschaftsbeteiligung; siehe im Übrigen dazu bei Seite 147;

c) **Wohnungsrechtsvermächtnis** an Grundbesitz; siehe dazu i. Ü. bei Seite 76;

d) **Leibrentenvermächtnis,** siehe dazu i. Ü. bei Seite 131;

e) **Eigentumsverschaffungsvermächtnisse** bzgl. Hausrat, Inventar und Mobiliar und Vermächtnis bzgl. Wertpapieren sowie

f) **bedingtes Eigentumsverschaffungsvermächtnis** bzgl. einer Immobilie, siehe dazu i. Ü. bei Seiten 83 f.

3. Weiter ist hier noch zur Versorgung eines Elternteils **vermächtnisweise** eine **dauernde Last** vorgesehen, siehe i. Ü. bei Seiten 131 f.

4. Rechtswahlmuster

Der Ehemann ist ausschl. italienischer Staatsangehöriger. Die Ehefrau ist deutsche Staatsangehörige. Die Ehegatten hatten bei Eheschließung am 20. 6. 1994 beide ihren gewöhnlichen Aufenthalt in Deutschland. Für sie gilt deshalb nach Art. 15 Abs. 1, 14 Abs. 1 Nr. 2 EGBGB deutsches Güterrecht.

Der Ehemann besitzt in Deutschland und in Italien sowohl Grundbesitz als auch sonstiges Vermögen.

Der Ehemann wählt für sein in Deutschland belegenes unbewegliches Vermögen deutsches Recht. Soweit eine Rechtswahl für sein weiteres Vermögen nach dem Recht des Heimatstaats möglich ist, wählt er auch für sein gesamtes sonstiges Vermögen deutsches Recht.

Erläuterungen zum Rechtswahlmuster

1. Vorbemerkung
2. Maßgebliches Erbrecht bei ausländischem Erblasser
3. Rechtswahlmöglichkeit
4. Zusätzliche güterrechtliche Problematik bei Ehegatten
5. Zulässigkeit von gemeinschaftlichen letztwilligen Verfügungen
6. Beurteilung des Sachverhalts nach dem Recht des ausländischen Staats
7. Sonstiger Auslandsbezug
8. Konkretes Formular

1. Vorbemerkung

Probleme ergeben sich bei der Gestaltung von letztwilligen Verfügungen von Ehegatten, wenn der Sachverhalt so genannten „Auslandsbezug" aufweist. Auslandsbezug liegt vor, wenn zumindest einer der Ehegatten nicht ausschließlich deutscher Staatsangehöriger ist (siehe dazu die nachfolgenden Punkte 2. bis 6.). Auslandsbezug und besondere Probleme können sich aber trotz deutscher Staatsangehörigkeit beider Ehegatten ergeben, wenn die Ehegatten außerhalb Deutschlands Vermögen besitzen (siehe dazu Punkt 7). Im Folgenden kann nur ein kurzer Überblick über die Problemsituation gegeben werden. Wenn ein Sachverhalt Auslandsbezug aufweist, ist unbedingt anzuraten, dass die Beteiligten sachkundigen Rat durch einen Notar oder Rechtsanwalt einholen, der ggf. sogar noch gutachtliche Stellungnahmen des Deutschen Notarinstituts oder von speziellen Universitätsinstituten einholen oder bei der Gestaltung einen ausländischen Kollegen beiziehen wird.

2. Maßgebliches Erbrecht bei ausländischem Erblasser

Wenn ein Erblasser nicht ausschließlich deutscher Staatsangehöriger ist, ist zu prüfen, ob er überhaupt nach deutschem Recht beerbt wird oder nach einer ausländischen Rechtsordnung. Nach § 25 Abs. 1 EGBGB beurteilt sich die Rechtsnachfolge nach dem Recht des Staates, dem der Erblasser zum Todeszeitpunkt angehört. Mit der Feststellung, dass der Erblasser Ausländer ist und eine bestimmte Staatsangehörigkeit besitzt, steht aber noch nicht fest, dass er nach den materiellen Erbrechtsbestimmungen seines Heimatlandes beerbt wird. Es steht z. B. nicht fest, dass ein französischer oder italienischer Staatsangehöriger nach französischem bzw. nach italienischem Recht beerbt wird. Die Verweisung des Art. 25 EGBGB bezieht sich nämlich vorrangig auf das internationale Privatrecht des Staates, dem der Erblasser angehört (Art. 4 Abs. 1 S. 1 EGBGB). Nur dann, wenn das internationale Privatrecht des Staats, dem der Erblasser angehört, bei der Frage, welches Erbrecht für erbrechtliche Sachverhalte anwendbar ist, wie das deutsche Erbrecht ausschließlich auf die Staatsangehörigkeit abstellt, steht endgültig fest, dass der Erblasser auch nach den materiell-rechtlichen Formen seines Heimatstaates beerbt wird. Das Erbrecht des anderen Staates kann aber auf andere oder weitere Kriterien als die Staatsangehörigkeit des Erblassers abstellen. Möglich ist es zum Beispiel, dass das Erbrecht des ausländischen Erblassers nicht auf die Staatsangehörigkeit, sondern auf den Wohnsitz abstellt (z. B. das dänische Recht). Wenn der Erblasser dann zum Zeitpunkt seines Todes in Deutschland lebt, wird er nach den deutschen Erbrechtsbestimmungen beerbt, da das dänische Recht auf das deutsche Recht „zurückverweist". Manche ausländische Rechtsordnungen stellen teilweise nicht einheitlich auf Staatsangehörigkeit, Wohnsitz oder Domizil des Erblassers ab, sondern sehen eine sog. „Nachlassspaltung" vor: Für bestimmte Vermögenswerte gilt ein Anknüpfungsmerkmal, für andere Vermögenswerte ein anderer Anknüpfungspunkt. Häufig ist eine spezielle Anknüpfung des maßgeblichen Erbrechts bei Immobilien.

Zum Beispiel ordnet das türkische internationale Privatrecht an, dass bezüglich der Immobilien das Erbrecht des Staates maßgeblich ist, in dem sich die Immobilie befindet, beim sonstigen Vermögen das Heimatrecht des Erblassers. Dies bedeutet: wenn ein Erblasser türkischer Staatsangehöriger ist, der ein Grundstück in Deutschland, ein Grundstück in der Türkei und Konten sowohl in Deutschland als auch in der Türkei unterhält, gilt: wegen des in Deutschland belegenen Grundstücks wird er nach deutschem Erbrecht beerbt. Wegen des in der Türkei belegenen Grundstücks und wegen der Guthaben bei deutschen und türkischen Banken wird er nach türkischem Recht beerbt.

3. Rechtswahlmöglichkeit

Auch wenn nach Art. 25 Abs. 1 EGBGB in Verbindung mit dem maßgeblichen ausländischen internationalen Privatrecht eigentlich nicht deutsches Recht anwendbar wäre, kann die Anwendbarkeit des deutschen Rechts ggf. gewählt werden. Denkbar ist dabei eine Rechtswahl nach der berufenen ausländischen Rechtsordnung, vorausgesetzt, diese akzeptiert die Rechtswahl. Voraussetzungen und Umfang ergeben sich dann nach der ausländischen Rechtsordnung. Selbst wenn die eigentlich nach internationalem Privatrecht berufene ausländische Rechtsordnung Rechtswahlen nicht kennt oder zulässt, kann (nach deutschem Recht) die Anwendbarkeit des deutschen Rechts für Immobilien gewählt werden, die in Deutschland belegen sind. Dadurch werden diese Immobilien dem deutschen Erbrecht unterstellt. Immobilien im Sinne dieser Bestimmung sind das Eigentum und das Miteigentum an Grundstücken und Grundstücksbestandteilen sowie an Grundstückszubehör, das Wohnungs- und Teileigentum und das Erbbaurecht. Zum unbeweglichen Immobilienvermögen gehören auch Hypotheken und Grundschulden.[188] Umstritten ist, ob der bloße Anspruch auf den Erwerb von Eigentum oder Grundstücksrechten unbewegliches Vermögen darstellt[189] und ob Anteile an Erbengemeinschaften und Gesellschaften unbewegliches Vermögen darstellen, wenn sich im Nachlassvermögen bzw. im Gesellschaftsvermögen Grundbesitz befindet.[190]

4. Zusätzliche güterrechtliche Problematik bei Ehegatten

Selbst wenn durch eine Rück- oder Weiterverweisung oder durch eine Rechtswahl deutsches Erbrecht zur Anwendung kommt, wenn einer der Ehegatten oder beide Ehegatten ausländische Staatsangehörige sind, ergibt sich bei der Frage des gesetzlichen Erbrechts und bei der Frage des Pflichtteilsrechts das Problem, ob die Ehegatten im deutschen gesetzlichen Güterstand der sog. Zugewinngemeinschaft leben oder nicht. **Nur dann, wenn die Ehegatten im deutschen gesetzlichen Güterstand der Zugewinngemeinschaft leben, erhöht sich das gesetzliche Erbrecht des überlebenden Ehegatten nach § 1371 Abs. 1 BGB um ¼.**[191]
Die Feststellung des für die Ehegatten maßgeblichen Güterrechts ist keine Feststellung, die dem internationalen Erbrecht untersteht,

sondern eine Feststellung, die dem internationalen Güterrecht unterliegt und damit von Art. 15 und 14 EGBGB bestimmt wird. Die
Frage des maßgeblichen Güterrechts hängt zunächst davon ab,
ob die Ehegatten bei Eheschließung eine gemeinsame Staatsangehörigkeit hatten (dann ist dieses Recht maßgeblich) oder ihren
Aufenthalt bei Eheschließung im selben Staat hatten (dann ist dieses Recht maßgeblich), oder ersatzweise danach, welchem Recht die
Ehegatten sonst bei Eheschließung am nächsten verbunden waren.[192]
   Kompliziert wird die Situation dadurch, dass nach Art. 15 Abs. 2
EGBGB und nach Art. 15 Abs. 1 in Verbindung mit Art. 14 Abs. 3
und 4 EGBGB auch hier die Rechtswahl ermöglicht wird.[193]

5. Zulässigkeit von gemeinschaftlichen letztwilligen Verfügungen

Ein besonderes Problem wirft die Frage auf, ob die Ehegatten eine
gemeinschaftliche letztwillige Verfügung, das heißt ein gemeinschaftliches Testament oder einen Erbvertrag errichten können. Nach
vielen Rechtsordnungen (z.B. Frankreich, Italien, Niederlande) können gemeinschaftliche letztwillige Verfügungen nämlich nicht errichtet werden.
   Je nachdem, ob nach der ausländischen Rechtsordnung die Frage
der Zulässigkeit von gemeinschaftlichen Testamenten und Erbverträgen als Formfrage angesehen wird (z.B. im französischen oder
niederländischen Recht) oder als materiell-rechtliche Frage (z.B. das
italienische Recht) ist die maßgebliche Norm, nach der diese Frage
entschieden werden muss, Art. 25 EGBGB (bei materiell-rechtlichen
Verboten von gemeinschaftlichen Verfügungen) oder die Sonderbe-
stimmung des Art. 26 EGBGB (wenn das Verbot nach der ausländischen Rechtsordnung lediglich eine Formfrage darstellt, z.B. in den
Niederlanden und in Frankreich).
   Für den Erblasser ist es günstig, wenn die Frage nach dem ausländischen Recht nur unter formellen Gesichtspunkten behandelt
wird, da Art. 26 EGBGB die Wirksamkeit trotz des Formverstoßes
in einer Vielzahl von Fällen anerkennt.
   Generell muss die **Gestaltungsempfehlung** gegeben werden, dass
Ehegatten, von denen auch nur einer ausländischer Staatsangehöriger ist, dann **ergänzend** zu gemeinschaftlichen letztwilligen Verfügungen **einseitige letztwillige Verfügungen** mit dem entsprechenden
Inhalt errichten sollen, damit für den Fall der Unwirksamkeit der
gemeinschaftlichen letztwilligen Verfügung wenigstens die einseitige
Verfügung wirksam bleibt.

6. Beurteilung des Sachverhalts nach dem Recht des ausländischen Staats

Zu berücksichtigen ist bei Auslandsberührung stets, dass der Sachverhalt ggf. nicht nur von einem deutschen Gericht beurteilt wird, das zunächst von dem deutschen internationalen Privatrecht ausgeht, sondern dass derselbe Sachverhalt auch von dem Gericht des Auslands beurteilt werden kann, das seine Prüfung mit dem ausländischen internationalen Privatrecht beginnt. Dadurch können Sachverhalte sich nach der Auffassung deutscher Gerichte ganz anders darstellen als nach der Auffassung ausländischer Gerichte.

7. Sonstiger Auslandsbezug

Selbst wenn beide Ehegatten deutsche Staatsangehörige sind, liegt Auslandsbezug vor, wenn sich nicht der gesamte Nachlass im Inland befindet. Nach Art. 3 Abs. 3 EGBGB gilt nämlich der sog. „Vorrang des Einzelstatuts". Sprich: Wenn die Rechtsordnung des Staats, in dem sich das Vermögen befindet (z. B. das französische Recht bei einem Grundstück von deutschen Staatsangehörigen, das diese dort besitzen) das maßgebliche Erbrecht nicht einheitlich feststellt, sondern hinsichtlich Grundbesitzes andere international privatrechtliche Regelungen kennt als hinsichtlich beweglichen Vermögens, gilt insoweit das Recht des Belegenheitsorts. Im Beispielsfall also französisches Recht.

8. Konkretes Formular

Nach Art. 25 EGBGB unterliegt beim Tod des Ehemanns die Rechtsnachfolge dem italienischen Recht und damit zunächst dem italienischen internationalen Privatrecht (s. oben). Dies stellt wie das deutsche internationale Privatrecht auf die Staatsangehörigkeit ab, akzeptiert also die Geltung des eigenen Rechts, da der Ehemann italienischer Staatsangehöriger ist.

Nach dem italienischen internationalen Privatrecht tritt keine Nachlassspaltung ein. Der Ehemann würde also und zwar hinsichtlich seines gesamten Vermögens nach italienischem Recht beerbt. Art. 25 Abs. 2 EGBGB ermöglicht es ihm, hinsichtlich des in Deutschland belegenen beweglichen Vermögens, insbesondere hinsichtlich Grundstücken, die in Deutschland liegen, deutsches Recht zu wählen. Nach deutschem Recht kann er für sonstiges Vermögen, selbst wenn es in Deutschland belegen ist (z.B. Guthaben bei Kreditinstituten) nicht das deutsche Recht wählen. Diese Rechtswahl führt zu einer „Nachlassspaltung": für den in Deutschland belegenen Grundbesitz gilt deutsches Erbrecht. Für das in Deutschland befindliche sonstige Vermögen und für das in Italien belegene Vermögen (Grundbesitz und sonstiges Vermögen) gilt italienisches Erbrecht.

Da nach dem Sachverhalt für die Ehegatten deutsches Güterrecht gilt, sie somit im gesetzlichen Güterstand der sog. Zugewinngemeinschaft leben, bedeutet dies, dass bezüglich der Erbfolge für das in Deutschland belegene Grundstück § 1371 Abs. 1 BGB gilt, sich das gesetzliche Erbrecht der Ehefrau also um ¼ erhöht.

Trotz der getroffenen Rechtswahl verbleibt das Problem, ob die Rechtswahl von deutschem Recht für deutsche Immobilien in Italien anerkannt wird.[194]

5. Schiedsgerichtsanordnung in letzwilligen Verfügungen

Über Streitigkeiten, die die Wirksamkeit und Auslegung meines Testaments/unseres Erbvertrags oder die Regelung, Abwicklung und Auseinandersetzung meines/unseres Nachlasses betreffen, entscheidet unter Ausschluss des Rechtswegs zu den staatlichen Gerichten ein Schiedsgericht.

Das Schiedsgericht entscheidet insbesondere über Streitigkeiten, die zwischen den Erben untereinander oder zwischen Erben und Vermächtnisnehmern oder zwischen Erben bzw. Vermächtnisnehmern mit dem Testamentsvollstrecker entstehen, einschließlich Maßnahmen des einstweiligen Rechtsschutzes. Das Schiedsgericht entscheidet verbindlich über den Eintritt einer angeordneten Bedingung und über die Bewertung des Nachlasses und seiner Bestandteile. Das Schiedsgericht kann nach seinem pflichtgemäßen Ermessen auch die Auseinandersetzung druchführen. Es ist an die gesetzlichen Teilungsregeln nicht gebunden.

- **Alternative 1:**

Es entscheidet ein Schiedsgericht nach dem Statut des Schlichtungs- und Schiedsgerichtshofs der deutschen Notare – SGH – wobei das Schiedsgericht aus einem einzigen Schiedsrichter besteht. Die Schlichtungs- und Schiedsordnung ist in der Urkunde des Notars Dr. Hans Wolfsteiner in München vom 19. 1. 2000, URNr. 82/2000 enthalten (bei notariellem Testament/Erbvertrag: auf diese wird verwiesen. Eine beglaubigte Abschrift der Urkunde liegt heute vor; der Inhalt ist bekannt. Auf Beiheftung oder Verlesung wird verzichtet.).

- **Alternative 2:**

Es eintscheidet ein Schiedsgericht, das nach den Bestimmungen der §§ 1025 ff. ZPO konstituiert wird und entscheidet.

- **Ergänzung des Musters beim Erbvertrag:**

Das Schiedsgericht entscheidet auch über die Wirksamkeit bzw. das Fortgelten des Erbvertrags.

Erläuterungen:

1. Vorbemerkung
2. Spezielle Schiedsgerichtsbarkeit in erbrechtlichen Angelegenheiten
3. Arten von Schiedsgerichten
4. Begründung der Kompetenz des Schiedsgerichts in letztwilligen Verfügungen
5. Konkrete Musterkommentierung

1. Vorbemerkung

§§ 1025 ff. ZPO lassen grundsätzlich zu, dass Schiedsgerichte über
Streitigkeiten an Stelle von staatlichen Gerichten entscheiden. Auch
erbrechtliche Streitigkeiten sind grundsätzlich der Entscheidung
durch Schiedsgerichte zugänglich (zu Einschränkungen s. u.).
Die Vor- und Nachteile der Entscheidung von Schiedsgerichten
anstelle von staatlichen Gerichten über Rechtsstreitigkeiten können
hier nicht abschließend dargestellt werden. Allgemein werden hier
folgende Vorteile aufgeführt:
- Entscheidung des Schiedsgerichts unter Ausschluss der Öffent-
  lichkeit,
- Kompetente Streitbeilegung,
- Wählbare Verfahrenssprache (bei Auslandsbezug ggf. von Bedeutung).
Schneller und kostengünstiger entscheiden Schiedsgerichte dagegen nicht notwendig: Vorteile ergeben sich insoweit nur, wenn an-
dernfalls mehrere Instanzen der staatlichen Gerichtsbarkeit bemüht
werden.

2. Spezielle Schiedsgerichtsbarkeit in erbrechtlichen Angelegenheiten

Speziell das Argument der Kompetenz der Streiterledigung sollte bei
nicht ganz einfachen testamentarischen Anordnungen Anlass sein,
sich Gedanken zu machen, ob das Schiedsgericht nicht anstelle der
staatlichen Gericht treten soll.
Dabei ist aber zu berücksichtigen: Es besteht eine abschließende
Kompetenzdas Nachlassgerichts für die Erteilung des Erbscheins;
die Erbscheinserteilung kann der Zuständigkeit des Schiedsgerichts
nicht überantwortet werden. Das Nachlassgericht hat aber Vorfra-
genentscheidungen durch das Schiedsgericht im Rahmen seiner Entscheidung mit zu berücksichtigen.[195] Die Bestellung und Entlassung
des Testamentsvollstreckers werden ebenfalls zwingend durch das
Nachlassgericht vorgenommen.
Überwiegend wird auch argumentiert, dass Ansprüche von Nach-
lassgläubigern und Pflichtteilsansprüche von Pflichtteilsberechtigten
gegenüber den Erben nicht durch eine angeordnete Schiedsklausel
der Zuständigkeit der staatlichen Gerichte entzogen werden können.

3. Arten von Schiedsgerichten

Bei den Schiedsgerichten, die an Stelle von staatlichen Gerichten über Streitigkeiten entscheiden, wird unterschieden zwischen ad hoc errichteten Schiedsgerichten, die speziell für dieses Verfahren zusammengestellt werden. Für solche ad hoc zusammengestellten Schiedsgerichte kann das Verfahren vereinbart bzw. bei testamentarischen Anordnungen angeordnet werden bzw. auf das gesetzliche Regelmodell der §§ 1034 ff. ZPO abgestellt werden. Das Regelmodell der ZPO sieht eine Entscheidung durch drei Schiedsrichter voraus, wobei jede Partei einen Schiedsrichter bestellt und diese beiden einen dritten Schiedsrichter als Vorsitzenden bestellen. Mit den Schiedsrichtern wird dann durch die Parteien üblicherweise jeweils ein Vertrag über deren Tätigkeit geschlossen, der auch die Vergütung der Schiedsrichter regelt.

Demgegenüber gibt es sogenannte „institutionelle Schiedsgerichte", die von diversen Organisationen eingerichtet sind. Bei diesen wird in der Regel durch das Schiedsgericht der Schiedsrichter bestellt oder werden, wenn mehrere Schiedsrichter tätig werden, die Schiedsrichter bestellt; bei den instituionell tätigen Schiedsgerichten wird dann nur ein Vertrag mit der Institution über die Durchführung des Schiedsgerichtsverfahrens geschlossen. Institutionell tätige Schiedsgerichte haben in der Regel eine Kostenordnung, die mit vereinbart wird.

4. Begründung der Kompetenz des Schiedsgerichts in letztwilligen Verfügungen

Bei den Schiedsgerichten, die tätig werden aufgrund Anordnung von letzwilligen Verfügugen handelt es sich um sogenannte „außervertragliche Schiedsgerichte" nach § 1066 ZPO. Deren Tätigkeit wird legitimiert durch die entsprechende Anordnung des Erblassers.

Soweit eine Schiedsklausel nicht in einem Testament, sondern in einem Erbvertrag enthalten ist, ist Folgendes zu berücksichtigen: es können nicht nur Streitigkeiten in Ansehung des Nachlasses auftreten und der Zuständigkeit des Schiedsgerichts überantwortet weden, sondern auch Streitigkeiten unter den Vertragsparteien des Erbvertrags. Wenn auch diese durch das Schiedsgericht entschieden werden sollen, müssen die Parteien des Erbvertrags zugleich das Schiedsgericht als Vertragsschiedsgericht nach § 1031 ZPO vereinbaren.[196]

5. Konkrete Musterkommentierung

Im dargestellen Muster wird zunächst nach § 1066 ZPO die Kompetenz des Schiedsgerichts zur Entscheidung anstelle der staatlichen Gerichte begründet.

Alternativ wird hier in Alternative 1 die Zuständigkeit eines institutionellen Schiedsgerichts vereinbart, hier des Schlichtungs- und Schiedsgerichtshofes der deutschen Notare. Bezug genommen wird hier auf die Schlichtungs- und Schiedsordnung. Wenn andere institutionelle Schiedsgerichte entscheiden sollen, sollte auf deren Schiedsordnung Bezug genommen werden.

In Alternative 2 wird die Zuständigkeit einem ad hoc zu bildenden Schiedsgericht überantwortet.

In der Ergänzung des Musters für Erbverträge werden auch Streitigkeiten zwischen den Vertragsparteien des Erbvertrags der Entscheidung durch das Schiedsgericht überantwortet (s. dazu oben bei 4).

C. Weiterführende Hinweise
zu Literatur und Rechtsprechung

Häufig zitierte oder weiterführende Literatur:
Baumann/Schulze zur Wiesche, Handbuch der Vermögensnachfolge, 5. Aufl. 1997;
Kössinger, Das Testament Alleinstehender, 2004;
Langenfeld, Das Ehegattentestament, 1994, jetzt neu „Testamentsgestaltung", 1998;
Nieder, Handbuch der Testamentsgestaltung, 2000;
Spiegelberger, Vermögensnachfolge, 1994;
Bengel/Reimann, Handbuch der Testamentsvollstreckung, 2. Aufl. 1998.

1. Nicht notwendig, siehe dazu *Musielak* in Münchener Kommentar zum Bürgerlichen Gesetzbuch, Band 3, 1997 (im Folgenden zitiert: MünchKomm) vor § 2265 Rdnr. 14 ff.; *Nieder,* Handbuch der Testamentsgestaltung, 2000 (im Folgenden zitiert: Handbuch) Rdnr. 576.
2. §§ 2253 ff. BGB.
3. Zu weiteren wesentlichen Unterschieden s. nachf. c) und d) und MünchKomm/*Musielak* vor § 2265 Rdnr. 19 ff.; *Nieder,* Handbuch Rdnr. 576; *Edenhofer* in: *Palandt,* Bürgerliches Gesetzbuch, 2003 (nachfolgend zitiert: *Palandt*), vor § 2265 Rdnr. 3.
4. BGHZ 31, 5; 36, 201.
5. Ausnahme: bei vereinbartem Änderungsvorbehalt, s. dazu 1. Muster, Grundfall § 6 mit Erl. und nach §§ 2294, 2336 BGB.
6. Ausnahme: vereinbarter Änderungsvorbehalt, s. dazu Muster 1, Grundfall § 7 mit Erl.
7. MünchKomm/*Musielak* vor § 2265 Rdnr. 20; *Nieder,* Handbuch Rdnr. 581 ff., mit umfangreichen Argumenten pro und contra; *Bengel/Reimann* in Beck'sches Notarhandbuch, 2000 (im Folgenden zitiert: Notarhandbuch), C Rdnr. 103.
8. Ohne vorbehaltenen Rücktritt, § 2294 BGB.
9. S. § 1 Abs. 2 EheG.
10. Alternativ ist auch die getrennte Niederlegung des Willens beider Ehegatten möglich, sogar in getrennten Urkunden, sofern die Urkunden nur gegenseitig aufeinander Bezug nehmen, BayObLGZ 1959, 228, 231.
11. Nicht durch lebzeitige vertragliche Abrede, s. § 2302 BGB.
12. § 2289 Abs. 1 S. 2 BGB gilt auch für wechselbezügliche Verfügungen von gemeinschaftlichen Testamenten, MünchKomm/*Musielak* § 2271 Rdnr. 15.
13. Gleichgültig ist es dabei, ob die vertragsgemäße Verfügung gegenseitig oder „wechselbezüglich" ist, s. dazu MünchKomm/*Musielak* § 2298 Rdnr. 2; *Palandt/Edenhofer* § 2298 Rdnr. 1.
14. BGH DNotZ 1987, 430; s. dazu 1. Muster, Grundfall, Erl. zu § 6.
15. Nach *Riegel* in: *Reithmann/Albrecht,* Handbuch der notariellen Vertragsgestaltung, 2001, Rdnr. 1038 und *Bengel/Reimann,* Notarhandbuch C Rdnr. 24 besteht bei notariell beurkundeten letztwilligen Verfügungen eine Dienstpflicht des Notars aus § 17 BeurkG zur Prüfung der Frage.

16. *Nieder,* Handbuch Rdnr. 865.
17. Siehe MünchKomm/*Musielak* § 2078 Rdnr. 23.
18. S. *Nieder,* Handbuch Rdnr. 866 ff.; *ders.* in: Münchener Vertragshandbuch, Band 6, 2003 (im Folgenden zitiert: Vertragshandbuch), Formular XVI.11., XVI.19., XVI.27 und XVI.28.
19. *Bengel/Reimann,* Notarhandbuch C Rdnr. 115.
20. S. Einleitung, 6. b.).
21. § 1967 Abs. 2 BGB; wegen der Möglichkeiten, die Erbenhaftung zu beschränken s. §§ 1970 ff. und 1975 ff.
22. Evtl. auch an Enkel; pro Enkel besteht nach § 16 Abs. 1 Nr. 3 ErbStG n. F. ein Freibetrag von 51.200,– €.
23. Pro Kind nach § 16 Abs. 1 Nr. 2 ErbStG n. F. 205.000,– €; wenn der Erbe durch das Vermächtnis aber wirtschaftlich nicht belastet werden soll, kann die Fälligkeit bis zum 2. Todesfall hinausgeschoben werden; s. *Bengel/Reimann,* Notarhandbuch C Rdnr. 115.
24. Variante: Anfall erst beim 2. Todesfall; Unterschied: sofortiger Anfall führt zur Vererblichkeit des Vermächtnisanspruchs; beim hinausgeschobenen Anfall können Vererblichkeit und Übertragbarkeit ausgeschlossen werden; s. *Weiss* MDR 1979, 812; *Nieder,* Handbuch Nr. 596.
25. Sog. „einfache" und „verbesserte Jastrow'sche Klausel"; s. *Nieder,* Handbuch Rdnr. 596; *Bengel/Reimann,* Handbuch C Rdnr. 126; *Riegel* in: Handbuch der notariellen Vertragsgestaltung, a. a. O. Rdnr. 1203.
26. *Riegel* in: Handbuch der notariellen Vertragsgestaltung Rdnr. 1203.
27. S. auch § 2160 BGB.
28. § 2307 Abs. 1 BGB.
29. So z. B. Muster 1, Grundfall, § 7 Variante 2; wie hier *Riegel* in: Handbuch der notariellen Vertragsgestaltung Rdnr. 1074.
30. Bei einer automatischen Enterbung könnte aus dem Vorhandensein letztwilliger Verfügungen allein nicht auf die Erbfolge geschlossen werden, da Umstände außerhalb letztwilliger Verfügung (Geltendmachung des Pflichtteils) Auswirkungen auf den Inhalt hätten.
31. S. dazu *Wegmann* ZEV 1996, 201.
32. S. dazu BGHZ 118, 49.
33. §§ 2287, 2288 BGB; diese gelten, obwohl unmittelbar nur für den Erbvertrag, entsprechend auch für bindend gewordene wechselbezügliche Verfügungen in gemeinschaftlichen Testamenten, BGHZ 82, 274, 276 f.
34. S. dazu BGHZ 83, 44, 45 f.; 59, 343, 350 und 77, 264, 267.
35. Daraus ergibt sich, dass der überlebende Ehegatte grds. seine letztwillige Verfügung anfechten kann, s. *Bengel/Reimann,* Notarhandbuch C Rdnr. 121; dies kann allerdings durch eine Klausel, die der in § 8 des Musters 1, Grundfall, entspricht, ausgeschlossen werden.
36. *Bengel* in: *Dittmann/Reimann/Bengel,* Testament und Erbvertrag, 1999, Syst. Teil D Rdnr. 97 ff. und Formulare, Anhang A 45 und 46.
37. So auch *Dittmann/Reimann/Bengel,* a., a. O., Anhang A Formular 46.
38. Oder der Anfall.
39. Denn es wird eine Verbindlichkeit des Überlebenden begründet (§ 2174 BGB), der den Pflichtteil eines neuen Ehegatten oder von weiteren Kindern beschränkt.
40. *Nieder,* Handbuch Rdnr. 504 u. 508; MünchKomm/*Skibbe* § 2177 Rdnr. 1; *Palandt/Edenhofer* § 2177 Rdnr. 2.
41. §§ 883 Abs. 2, 3, 888 BGB.
42. §§ 315 ff. InsO.
43. BayObLG Rpfleger 1981, 190; OLG Hamm MDR 1984, 402.

44. Sonst gilt für Vermögensgegenstände, die zum Nachlass gehören §§ 2165, 2166 BGB (der Vermächtnisnehmer ist bis zum Wert des Vermächtnisses zur Übernahme verpflichtet), für Nachlassfremde Gegenstände §§ 2182 Abs. 2, 1, 434 BGB (dem Vermächtnisnehmer vom Erben lastenfrei zu übertragen).
45. § 2166 Abs. 1 BGB.
46. §§ 2182 Abs. 2, 1, 433 Abs. 1, 436, 452, 453 BGB.
47. Sonst kann Streit darüber entstehen, ob dem Erben Verwendungsersatzansprüche gegen den Vermächtnisnehmer nach § 2185 BGB zustehen können.
48. Wenn zulässig, ist ein Rangrücktritt der Vormerkung für die Vermächtnisnehmer erforderlich; s. dazu Mustertext; sonst § 883 Abs. 2 BGB.
49. Sonst kann wieder Streit darüber entstehen, ob Verwendungsersatzansprüche bestehen.
50. S. auch *Bengel* in: *Dittmann/Reimann/Bengel,* Testament und Erbvertrag, a. a. O., Syst. Teil D Rdnr. 102.
51. S. Muster 2, Grundfall, § 8 und Erl. dazu; *Bengel* in: *Dittmann/Reimann/Bengel,* Testament und Erbvertrag Syst. Teil D Rdnr. 102.
52. *Bengel* in: *Dittmann/Reimann/Bengel,* a. a. O. Syst. Teil D Rdnr. 103 ff.; *Reimann/Bengel,* Notarhandbuch C Rdnr. 124.
53. Muster bei *Dittmann/Reimann/Bengel,* a. a. O., Anhang A Formular 47.
54. Gestaltungsalternative: die Kinder erhalten Vermächtnisse, die auf den Zeitpunkt der Wiederverehelichung aufschiebend bedingt sind; s. dazu *Nieder,* Handbuch Rdnr. 610; *Riegel* in: Handbuch der notariellen Vertragsgestaltung, a. a. O. Rdnr. 1240.
55. Anders die erbschaftssteuerliche Behandlung: zweifacher Erbanfall nach § 6 Abs. 1, 2, S. 1 ErbStG.
56. BGHZ 87, 367, 369; 37, 319, 326.
57. Beim Tod des Nacherben vor dem Erblasser entfällt die Anordnung der Nacherbfolge, wenn nicht ein Ersatznacherbe benannt ist (§§ 2108, 1923 Abs. 1 BGB).
58. BGHZ 87, 367, 369; RGZ 101, 185, 187 ff.
59. § 2108 Abs. 2 S. 1, 2. Halbs. BGB.
60. Unklar wird die Lage, wenn ohne Ausschluss der Vererblichkeit nur ein Ersatznacherbe bestimmt wird; s. dazu BGH NJW 1963, 1150 ff.; *Nieder,* Handbuch Rdnr. 537 m. w. N.
61. *Nieder,* Handbuch Rdnr. 520 bis 525; wenn der Nacherbe einer Verfügung zustimmt, ist sie zulässig – die Zustimmung des Ersatznacherben ist nicht erforderlich, BGHZ 40, 115, 119.
62. Die Befreiung muss nicht pauschal erfolgen; sie kann sich auf einzelne Beschränkungen und Verpflichtungen beziehen und nur für einzelne Nachlassgegenstände erteilt werden; s. MünchKomm/*Grunsky* § 2136 Rdnr. 7 bis 9; *Nieder,* Handbuch Rdnr. 528; einschränkend *Bengel/Reimann,* Notarhandbuch C Rdnr. 68.
63. *Nieder,* Handbuch Rdnr. 529; *Bengel/Reimann,* Notarhandbuch C Rdnr. 69.
64. § 2065 Abs. 2 BGB; s. dazu 2. Muster, Fallvariante, Erl. 1. c).
65. BGHZ 2, 35, LS u. 36 f.; RGZ 95, 278, 279; *Nieder,* Handbuch Rdnr. 534; *Reimann* in: *Dittmann/Reimann/Bengel,* Testament und Erbvertrag, a. a. O. Syst. Teil D Rdnr. 27; *Frank* MittBayNot 1987, 231; gegen die Zulässigkeit MünchKomm/*Leipold* § 2065 Rdnr. 10.
66. H. M., OLG Hamm DNotZ 1973, 110; BGHZ 59, 220, 222 f.; *Nieder,* a. a. O.; kritisch MünchKomm/*Leipold,* a. a. O. Rdnr. 11.
67. *Nieder,* Handbuch, a. a. O.; *Reimann,* a. a. O.
68. Muster bei *Nieder,* Vertragshandbuch, Formular XVI.12.

69. Er bestellt einen sog. Ersatznacherben.
70. *Kanzleiter* DNotZ 1970, 693, 697.
71. Einer Regelung bezüglich der Veräußerlichkeit oder Unerblichkeit der Nacherbenanwartschaft bedurfte es hier ebenso wenig wie der Benennung eines Ersatznacherben.
72. BGHZ 84, 36.
73. § 2066 S. 1 BGB gilt in diesem Fall nicht; s. MünchKomm/*Leipold* § 2066 Rdnr. 3; KG JW 1938, 2475.
74. „Mitgift", Aussteuer.
75. Nicht die Kosten einer allgemeinen Schulbildung, aber Kosten für das Studium und den Besuch von Fachschulen sowie Promotionskosten; s. *Palandt/ Edenhofer* § 2050 Rdnr. 13.
76. Beispiel: Der verheiratete A hat 2 Kinder, S und T. S hat schon eine ausgleichspflichtige Zuwendung von 50.000,– EURO erhalten. Er hinterlässt jetzt bei seinem Tod € 500.000,– an seine Ehefrau B zu ½ und an S und T je zu ¼. Die Ausgleichung findet nur unter S und T statt. Ihrem Nachlassteil von € 250.00,– (½ von € 500.000,–) werden € 50.000,– Zuwendung zugerechnet (§ 2055 Abs. 1 S. 1). Dadurch entsteht eine Summe von € 300.000,–, die S und T je zu ½ zusteht. S hat schon 50.000,– EURO erhalten, die sie sich von ihrem rechnerischen Anteil von € 150.000,– (½ von € 300.000,–) abziehen lassen muss (§ 2055 Abs. 1 S. 1), ihr stehen noch € 100.000,– zu, dem T, der keine ausgleichspflichtige Zuwendungen erhalten hat, € 150.000,–.
77. Bei letztwilliger Anordnung ist dies auch nach der Zuwendung möglich; die Regelung gilt dann als Teilungsanordnung oder als Vorausvermächtnis; RGZ 90, 419, 423; MünchKomm/*Dütz* § 2050 Rdnr. 21, 28, 31; *Palandt/Edenhofer* § 2050 Rdnr. 3; für die Pflichtteilsberechtigten hat dies aber nach § 2316 Abs. 3 BGB keine Auswirkung, wenn angeordnet wird, dass Ausstattungen (§ 2050 Abs. 1 BGB) nicht ausgeglichen werden sollen.
78. Und dadurch, dass durch Teilungsanordnungen Nachlass gegenständlich verteilt wird, s. dazu nachfolgend.
79. *Nieder*, Handbuch Rdnr. 750; MünchKomm/*Dütz* § 2048 Rdnr. 17.
80. BGHZ 82, 274, 279.
81. BGHZ 82, 274, 279; BGH NJW-RR 1990, 391, 392.
82. Rechtstechnisch handelt es sich dabei um ein Untervermächtnis zu Gunsten des Erben; s. BGH NJW 1963, 1612; MünchKomm/*Skibbe* § 2166 Rdnr. 2.
83. RG DNotZ 1937, 447; MünchKomm/*Dütz* § 2046 Rdnr. 3.
84. Alternative Formulierung in diesem Fall: Schlusserben beim Tod des Letztversterbenden werden unser Sohn Jakob zu ²/₅ und unsere Tochter Florentine zu ³/₅. Im Wege der Teilungsanordnung wird bestimmt … Übersteigt der Wert des Vermögens, das ein Kind von uns im Wege der Teilungsanordnung erhält, seinen Nachlassanteil entsprechend der o. a. Erbquote, steht ihm der überschießende Wert vermächtnisweise zu. Er hat an den anderen Miterben keinen Ausgleich zu leisten.
85. *Nieder*, Handbuch Rdnr. 490.
86. *Palandt/Edenhofer* § 1938 Rdnr. 3; MünchKomm/*Leipold* § 1938 Rdnr. 4; *Nieder*, Handbuch Rdnr. 490.
87. BayObLGZ 1965, 166, 176; *Palandt/Edenhofer* § 1938 Rdnr. 3.
88. Dann bleibt die Enterbung wirksam, selbst wenn die positive Erbeinsetzung unwirksam ist; s. *Palandt/Edenhofer* § 1938 Rdnr. 3.
89. Sie werden so ermittelt, als ob der Verzichtende nicht existieren würde.
90. Aber der Verzichtende kann sich vertreten lassen; auch die Aufspaltung des Vertragsverhältnisses in Angebot und Annahme ist zulässig.
91. Bei der reinen Anrechnung auf den Pflichtteil nur nach § 2315 Abs. 1 BGB; bei der Ausgleichung nur bei § 2050 Abs. 3 BGB; bei der kombinierten

Ausgleichung und Anrechnung nach § 2316 Abs. 4 BGB nur bei Anordnung.

92. Bei gleichzeitiger Ausgleichs- und Anrechnungsbestimmung erfolgt die Pflichtteilsanrechnung nur mit der Hälfte des Werts; s. § 2316 Abs. 4 BGB; *Nieder*, Handbuch Rdnr. 264 ff.

93. Sog. „Kernsachverhalt" BGH DNotZ 1964, 628, LS.

94. Nicht überleitbar ist das Gestaltungsrecht nach § 2306 Abs. 1 S. 2 BGB; s. *Bengel/Reimann*, Notarhandbuch C Rdnr. 160; *Karpen* MittRhNot 1988, 131, 149; a. A. *van de Loo* NJW 1990, 2852, 2856.

95. *Pieroth* NJW 1993, 173.

96. VGH Mannheim NJW 1993, 152; *Nieder*, Handbuch Rdnr. 1048; *Bengel/Reimann*, Notarhandbuch C Rdnr. 140; *Bengel* in: *Dittmann/Reimann/Bengel*, Testament und Erbvertrag, a. a. O., Syst. Teil D Rdnr. 278.

97. *Nieder*, Handbuch Rdnr. 1048; *Bengel* in: *Dittmann/Reimann/Bengel*, a. a. O., Syst. Teil D Rdnr. 278 und Anhang A Formular 63.

98. Nach Ansicht von *Krampe* AcP 1991, 526, 546 ff. ist der Anspruch auf Ertrag unabdingbar, soweit er zum angemessenen Unterhalt des Erben erforderlich ist; nach h. M. geht der Erblasserwille vor; s. MünchKomm/*Brandner* § 2209 Rdnr. 12; *Palandt/Edenhofer* § 2209 Rdnr. 3; BGH Rpfleger 1986, 434.

99. *Nieder*, Handbuch Rdnr. 183.

100. *Bengel* in: *Dittmann/Reimann/Bengel*, Testament und Erbvertrag, a. a. O., Syst. Teil D Rdnr. 278.

101. S. dazu BGHZ 111, 39; 123, 368; in der zweiten Entscheidung wurde dargelegt, dass die Gestaltung auch bei größerem Vermögen nicht sittenwidrig ist; a. A. *Staudinger/Sack*, Rdnr. 365 zu § 138 BGB.

102. Zu berücksichtigen ist, dass hier eine Regelung getroffen wurde, die sich auf den 2. Todesfall bezieht und beschränkt; schon beim 1. Todesfall stellt sich das Problem, wenn das Kind auch hier nicht auf den Pflichtteil verwiesen werden soll; Muster für Regelung beim 1. Todesfall von *Bengel* in: *Dittmann/Reimann/Bengel*, a. a. O., Anhang A Formular 63.

103. S. dazu *Möhring/Beisswingert/Klingelhöffer*, Vermögensverwaltung in Vormundschafts- und Nachlasssachen, 1992, S. 218 ff.

104. Gleichzeitigkeit kann nach der Rechtsprechung auch vorliegen, wenn die Ehegatten kurz hintereinander auf Grund desselben Ereignisses (z. B. Unfall) versterben; KG FamRZ 1970, 148, 149; kritisch dazu: *Bengel/Reimann*, Notarhandbuch Rdnr. 104; ggf. könnte alternativ formuliert werden: „Dies gilt auch, wenn wir auf Grund gemeinsamer Gefahr versterben."

105. Siehe § 1418 Abs. 2 Nr. 2 BGB; wenn die Gütergemeinschaftsklausel nicht angewendet würde, bliebe dem erbenden Ehegatten nur der Vorteil, dass bei einer eventl. Scheidung ihm der Wert der Erbschaft im Rahmen der Auseinandersetzung erstattet werden müsste, s. § 1478 Abs. 1, Abs. 2 Nr. 2 BGB.

106. *Bengel/Reimann*, Notarhandbuch C Rdnr. 85.

107. Bzw. nur eingeschränkt, z. B. durch Teilungsanordnungen.

108. BGH NJW 1987, 901; BGH NJW 1964, 2056; BGHZ 2, 35, LS u. 37; *Palandt/ Edenhofer* § 2271 Rdnr. 19.

109. *Palandt/Edenhofer* § 2271 Rdnr. 19; MünchKomm/*Musielak* § 2271 Rdnr. 31.

110. BayObLGZ 87, 23, LS u. passim.

111. *Palandt/Edenhofer* § 2271 Rdnr. 24, allerdings etwas unklar: einerseits wird ausgeführt, dass die Einsetzung des Schlusserben nicht wechselbezüglich ist, andererseits wird (wie hier) erklärt, dass § 2270 Abs. 1 BGB bezgl. der Folgen des Widerrufs eingeschränkt wird.

112. *Nieder*, Handbuch Rdnr. 401.

113. BayObLGZ 1962, 137, 139; *Nieder,* Handbuch Rdnr. 612; MünchKomm/ *Musielak* § 2269 Rdnr. 59 m.w.N.
114. S. Fn. oben.
115. KG FamRZ 1968, 331, LS u. 332; *Simshäuser* FamRZ 1972, 273, 276 ff.
116. So auch *Nieder,* Handbuch Rdnr. 612.
117. So auch *Staudinger/Kanzleiter* § 2269 Rdnr. 45 ff.
118. *Dittmann/Reimann/Bengel,* Testament und Erbvertrag, 1986: nicht ausgeschlossen.
119. BGHZ 98, 375 u. 382; dafür ist eine bestimmte Mindestgröße erforderlich, BVerfGE 67, 348, 362 ff.
120. S. dazu *Palandt/Edenhofer* § 2312 Rdnr. 7 m.w.N.
121. Dieser hat grds. die Pflicht zur Übernahme der Vormundschaft, §§ 1785, 1786 BGB.
122. *Nieder,* Handbuch Rdnr. 548; *Bengel* in: *Dittmann/Reimann/Bengel,* Testament und Erbvertrag, a.a.O., Syst. Teil D Rdnr. 74; dort Alternative: alleinige Erbeinsetzung des Elterteils des nichtehelichen Kindes, aber Vermächtnis zugunsten der gemeinschaftlichen Abkömmlinge in Höhe des Nachlasswerts, das beim 2. Todesfall zu erfüllen ist.
123. S. Erl. 2. c) cc) zu § 2 des 1. Musters, Grundfall.
124. S. auch *Bengel/Reimann,* Notarhandbuch C Rdnr. 114.
125. *Nieder,* Handbuch Rdnr. 1036.
126. Nicht nur ein gemeinschaftliches Testament wegen des Widerrufsrechts nach § 2271 BGB, durch das die „Versorgungsregelung" zunichte gemacht werden könnte.
127. BGH NJW 1958, 498; OLG Stuttgart OLGZ 85, 434; MünchKomm/*Musielak* vor § 2274 Rdnr. 7.
128. S. auch Erl. zu § 1, 1. Muster, Grundfall.
129. RGZ 106, 63, 65; § 146 Abs. 1 S. 2 HGB.
130. Nach noch h.M. kann im Gesellschaftsvertrag aber vereinbart werden, dass keine Abfindung bezahlt wird; s. *K. Schmidt,* Gesellschaftsrecht, 1991, 1099; BGHZ 98, 48, 56; 22, 186, 194 f.
131. BGHZ 98, 48, 51; 68, 225, 237.
132. Auch „qualifizierte erbrechtliche Nachfolgeklausel" genannt.
133. MünchKomm/Ulmer § 727 Rdnr. 29; *Nieder,* Handbuch Rdnr. 1006.
134. Seit BGHZ 68, 225, 237.
135. *Nieder,* Handbuch Rdnr. 1012.
136. Alternative: Vorausvermächtnis in Höhe des überschießenden Werts.
137. MünchKomm/*Ulmer* § 727 Rdnr. 40 f.
138. BGH NJW 1978, 264, 265; OLG Frankfurt NJW-RR 1988, 1251, 1252; Alternative: bereits zu Lebzeiten bedingte Schenkung des Kapitalanteils.
139. *Palandt/Bassenge* § 1047 Rdnr. 8; RGZ 143, 231, 234; BayObLGZ 85,6 LS 1 u. 11 f.: dies kann auch als Inhalt des Nießbrauchs mit dinglicher Wirkung vereinbart werden.
140. In gleichmäßigen Abständen und in gleichbleibender Höhe; s. *Jansen/Wrede,* Renten, Raten, dauernde Lasten, 1995, Rdnr. 39 ff.; sie muss auf die Lebensdauer des Berechtigten erbracht werden oder abgekürzt maximal bis zum Tod des Berechtigten; s. *Jansen/Wrede,* a.a.O. Rdnr. 43–46; *Heinicke* in: *L. Schmidt,* EStG § 22 Rdnr. 45.
141. BFH BStBl. II 1986, 348, LS u. passim.
142. *Jansen/Wrede,* a.a.O. Rdnr. 103.
143. Z.B. bei einem Begünstigten, der 50 Jahre alt ist, mit 43%.
144. BFH BStBl. II, 1992, 612; 94, 633; *Fischer,* Wiederkehrende Bezüge und Leistungen, 1994, Rdnr. 307 f. u. 277 ff.

145. Nicht für die Zeitspanne (1) oben; s. früher *Dürkes*, Wertsicherungsklauseln Rdnr. D 499, wohl aber für die Zeitspanne (2); s. früher allg. Genehmigungsgrundsätze der Dt. Bundesbank, 1978.
146. BGHZ 12, 100, LS u. passim; RGZ 132, 138, 144.
147. *Haegele/Winkler*, Der Testamentsvollstrecker nach bürgerlichem, Handels- und Wirtschaftsrecht, 1994, Rdnr. 320 ff. und *Staudinger/Reimann*, Rdnr. 103 f. zu § 2205 BGB sowie *Mayer* in: *Bengel/Reimann*, Handbuch der Testamentsvollstreckung, V, Rdnr. 146 f. zeigen weitere Alternativen auf.
148. *Nieder*, Handbuch Rdnr. 705; *Haegele/Winkler*, a. a. O. Rdnr. 298 ff.; Nachteil der Gestaltung: der Testamentsvollstrecker haftet für Verbindlichkeiten persönlich; ihm steht nur ein Freistellungsanspruch gegen den Erben zu; fraglich ist, ob die Freistellungshaftung auf den Nachlass beschränkt werden kann, s. *Staudinger/Reimann* Rdnr. 95 zu § 2205 m. w. N.
149. *Nieder*, Handbuch Rdnr. 704; *Haegele/Winkler*, a. a. O. Rdnr. 309 ff.; *Staudinger/Reimann* Rdnr. 97 ff. zu § 2205 BGB.
150. *Nieder*, Handbuch Rdnr. 706; *Esch/Schulze zur Wiesche*, a. a. O., II Rdnr. 611 ff.; *Staudinger/Reimann* Rdnr. 105 zu § 2205 BGB.
151. BGHZ 98, 48, 51; 91, 132, 136; *Haegele/Winkler*, a. a. O., Rdnr. 334 a; *Mayer* in: *Bengel/Reimann*, a. a. O., V Rdnr. 154 ff.; *Nieder*, Handbuch Rdnr. 708 jeweils m. w. N.; a. A. *Esch/Schulze zur Wiesche* Rdnr. 622.
152. S. neben den oben Zitierten *Staudinger/Reimann*, Rdnr. 114 zu § 2205 BGB.
153. *Mayer* in: *Bengel/Reimann*, a. a. O., V Rdnr. 15 f.
154. BGHZ 12, 100, 103; offengelassen in BGH BB 1969, 773; die Vollmacht ist freilich grds. widerruflich und verdrängt darüber hinaus die Rechtsmacht des Erben nicht.
155. Unklar z. B. *Bengel/Reimann*, Notarhandbuch C Rdnr. 171 und 173: nicht behandelt bei der oHG, bejaht bei der KG; ähnlich *Nieder*, Handbuch Rdnr. 708; einschränkend: *Mayer* in: *Bengel/Reimann*, a. a. O., V Rdnr. 157; ablehnend *Haegele/Winkler*, a. a. O., Rdnr. 345; MünchKomm/*Brandner* § 2205 Rdnr. 28; *Palandt/Edenhofer* § 2205 Rdnr. 14; *Staudinger/Reimann* Rdnr. 117 zu § 2205 BGB.
156. Ebenso für die KG *Reiman/Bengel*, Notarhandbuch Rdnr. 173 u. *Staudinger/Reimann* Rdnr. 127 ff. zu § 2205 BGB.
157. BGH NJW 1989, 3159 = BGHZ 108, 187.
158. Für die KG ausdrücklich BGH, a. a. O.
159. *Ulmer* NJW 1990, 83.
160. BGHZ 108, 187, 195.
161. BGHZ 51, 209.
162. BGH NJW 1959, 1820.
163. Nach § 2218 BGB besteht zwar eine Auskunfts- und Rechenschaftspflicht; der Umfang ist aber weniger weitreichend als die Pflichten hier; s. MünchKomm/*Brandner* § 2218 Rdnr. 8 ff.
164. Die Eröffnung nach dem Tod wird dadurch gesichert, dass die Geburtsstandesämter Anzeigen erhalten.
165. RGZ 96, 15.
166. MünchKomm/*Skibbe* § 2151 Rdnr. 12; a. A. *Palandt/Edenhofer* § 2151 Rdnr. 2, jeweils m. w. N.
167. S. etwa *Nieder*, Vertragshandbuch, Formular XVI.7.; *ders.*, Handbuch Rdnr. 352.
168. S. auch *Nieder*, Vertragshandbuch, Formular XVI.7. § 2.
169. Zuständig ist nach § 3 Nr. 2 c RPflG der Rechtspfleger.
170. Der Nießbraucher wird Eigentümer des Umlaufvermögens nach § 1067 BGB, das Anlagevermögen bleibt im Eigentum des Erben.

182   C. Weiterführende Hinweise zu Literatur und Rechtsprechung

171. S. BFH BStBl. II 1987, 772 und *L. Schmidt* in: *Schmidt,* EStG, Rdnr. 144 zu § 15 EStG.
172. BGH DNotZ 1975, 735, 737.
173. MünchKomm/*Petzoldt* § 1068 Rdnr. 14; *Nieder,* Handbuch Rdnr. 572 m. w. N.
174. BGH DNotZ 1975, 735.
175. Wenn der Nießbraucher nicht tätig werden und nicht haften will, kann die Beteiligung auf Zeit umgewandelt werden in die Beteiligung eines Kommanditisten, s. *Nieder,* Handbuch Rdnr. 572.
176. *Baumann/Schulze zur Wiesche,* a. a. O., II Rdnr. 291; einschränkend m. w. N. *L. Schmidt* in: *Schmidt,* EStG, Rdnr. 306 zu § 15: erforderlich ist, dass der Nießbraucher einen Teil der Verwaltungsrechte selbst ausübt oder im Verhältnis zu Dritten für Schulden haftet.
177. *Staudinger/Promberger,* 12. Aufl., Anh. zu §§ 1068, 1069 Rdnr. 68.
178. MünchKomm/*Ulmer* § 705 Rdnr. 82.
179. S. BFH BStBl. II, 1976, 592; *Baumann/Schulze zur Wiesche,* a. a. O., II Rdnr. 292; *L. Schmidt* in: *Schmidt,* EStG, Rdnr. 308 zu § 15 EStG.
180. *L. Schmidt* in: *Schmidt,* EStG, Rdnr. 314 zu § 15 EStG; BFH BStBl. II, 1991, 809.
181. S. FG Rhld. Pf. EFG 1986, 570; kritisch: *Heinicke* in: *L. Schmidt,* EStG, Rdnr. 21 zu § 20 EStG.
182. MünchKomm/*Petzold* § 1066 Rdnr. 1.
183. KG JW 1936, 2747; *Staudinger/Frank,* Rdnr. 39 ff. zu § 1030 BGB.
184. § 2247 Abs. 1, Abs. 3 S. 1 BGB.
185. BGH NJW 1981, 1900.
186. § 35 Abs. 1 S. 2 GBO.
187. KG FGPrax 2000, 249.
188. *Palandt/Heldrich* Art. 25 EGBGB Rdnr. 7; MünchKomm/*Birk* Art. 25 Rdnr. 65.
189. Dagegen *Palandt/Heldrich,* a. a. O.; MünchKomm/*Birk,* a. a. O.; a. A. *Dörner* DNotZ 1988, 95.
190. Dagegen *Palandt/Heldrich,* a. a. O.; MünchKomm/*Birk,* a. a. O.; a. A. *Dörner,* a. a. O.; *Pünder* MittRhNot 1989, 4; streitig ist auch, ob die gegenständliche beschränkte Rechtswahl nur einheitlich für alle in Deutschland belegenen Grundstücke möglich ist.
191. OLG Karlsruhe NJW 1990, 1420, 1421, sog. güterrechtliche Qualifikation; fraglich ist, ob daneben auch deutsches Erbrecht anwendbar sein muss, so OLG Düsseldorf IPRspr 1987 Nr. 105; weitere Nachw. bei *Palandt/Heldrich* Art. 15 EGBGB Rdnr. 26.
192. Sog. „Kegel'sche Leiter".
193. *Wegmann* NJW 1987, 1740 ff.
194. S. dazu *Nieder,* Handbuch Rdnr. 457.
195. BayOBLGZ 1987, 325.
196. OLG Celle NJW-RR 1991, 455.

D. Sachregister